# 大学生国学经典读本

主　编／韩　星　朱康有

中国人民大学出版社
·北京·

**图书在版编目（CIP）数据**

大学生国学经典读本/ 韩星，朱康有主编．—北京：中国人民大学出版社，2017.7
ISBN 978-7-300-24160-9

Ⅰ．①大…　Ⅱ．①韩…　②朱…　Ⅲ．①国学-高等学校-教材　Ⅳ．①Z126

中国版本图书馆 CIP 数据核字（2017）第 024165 号

**大学生国学经典读本**
主　编　韩　星　朱康有
Daxuesheng Guoxue Jingdian Duben

| | | | |
|---|---|---|---|
| **出版发行** | 中国人民大学出版社 | | |
| **社　　址** | 北京中关村大街 31 号 | **邮政编码** | 100080 |
| **电　　话** | 010－62511242（总编室） | | 010－62511770（质管部） |
| | 010－82501766（邮购部） | | 010－62514148（门市部） |
| | 010－62515195（发行公司） | | 010－62515275（盗版举报） |
| **网　　址** | http：//www. crup. com. cn | | |
| **经　　销** | 新华书店 | | |
| **印　　刷** | 北京昌联印刷有限公司 | | |
| **开　　本** | 787 mm×1092 mm　1/16 | **版　　次** | 2017 年 7 月第 1 版 |
| **印　　张** | 18. 5 | **印　　次** | 2024 年 8 月第 8 次印刷 |
| **字　　数** | 440 000 | **定　　价** | 39. 00 元 |

# 序 言

古人云："仓廪实则知礼节，衣食足则知荣辱。"当代的中国经过了三十多年改革开放的发展，国家经济水平已经取得了翻天覆地的变化，人民的生活水平获得了不同程度的提高。可是与经济发展形成对比的是，人们的道德水准似乎有所降低。显然"衣食足""仓廪实"仅仅是"知荣辱""知礼节"的必要条件，但不是充分条件，有前件不必然有后件。官员贪腐、学者剽窃、商人造假、学生舞弊之类的新闻不绝于耳。"三聚氰胺"牛奶、"苏丹红"炸鸡、"塑化剂"饮料、"地沟油"餐馆……人们迫切希望知道，造成如此严重社会问题的症结何在？答案显然是多重的。但是道德教育没有跟上无疑也是其中重要的原因。习近平主席指出，国无德不兴，人无德不立。这就告诉我们道德对于国家兴衰、个人能否立足社会的重要价值，也为学校落实立德树人提供了理论基础。

大学生是时代的精英，是我们国家、民族的未来。大学生的思想和行为，往往成为时代的风向标。2016 年 3 月，福建省公安厅发布通缉令，通缉北京大学学生吴某，因为他在 2 月 14 日杀死了自己的母亲。北京大学的学生是令人仰慕的天之骄子，吴某做出这样禽兽不如的事情，显然不能说是因为他没有知识文化，而是因为他的道德出了问题，实在让人感到痛心。同样是近期报刊披露的，一些女大学生为了贷款买手机、高档化妆品，竟然手持身份证拍摄裸照，以此作为获取贷款的抵押物。为了金钱竟可以如此没有道德底线，令人顿足。

说起中国教育界对于大学生的道德教育，似乎比世界上其他国家和地区都更为重视。自新中国成立之初，教育部门就将德、智、体、美、劳全面发展列为教育的指导方针。政治思想课从小学到大学从来没有中断，连考硕士研究生都还要考核政治科目。尽管学生在学校里没有少背诵政治思想课的种种条目，但是其效果确实不能令人满意。究其原因，笔者认为大致不外两条：就其形式而言，以政治课替代道德教育导致了学科性质的混淆；就其内容而言，忽视了道德教育的重要资源——优秀传统文化。

那么应当如何改变目前大学生德育工作的窘境呢？习近平主席在 2014 年 9 月 24 日"纪念孔子诞辰 2 565 周年国际学术研讨会暨国际儒学联合会第五届会员大会"开幕式上的讲话中指出："当今世界，人类文明无论在物质还是精神方面都取得了巨大进步，特别是物质的极大丰富是古代世界完全不能想象的。同时，当代人类也面临着许多突出的难题，比如，贫富差距持续扩大，物欲追求奢华无度，个人主义恶性膨胀，社会诚信不断消减，伦理道德每况愈下，人与自然关系日趋紧张，等等。要解决这些难题，不仅需要运用人类今天发现和发展的智慧和力量，而且需要运用人类历史上积累和储存的智慧和力量。"中华文化不仅是我们民族的根与魂，是我们国家最深厚的文化软实力，也一定能成为涵养当代大学生的思想品德的重要源泉。

提到中国优秀传统文化，人们最先想到儒、释、道三家。孔子、老子和释迦牟尼，是世界公认的文明导师。除此之外，中国先秦时代的法家、墨家、兵家，他们的思想也都是组成中华文化的重要部分。他们的思想经过几千年文明的检验，证明是人类精神文明的精华，具有跨越时空的永恒价值。当今世界人类的科学技术发展了，我们可以上天入地，但是我们基本的人际关系、社会关系并没有发生根本的变化，先哲留下的精神文化遗产，仍然可以成为我们安顿身心的精神家园、理解人生的锐利武器、为人处世的科学指南。

从2016年开始，教育部在中小学生的教育大纲中已经大量加入了传统文化的内容。2017年1月，中共中央办公厅、国务院办公厅印发了《关于实施中华优秀传统文化传承发展工程的意见》，指出要“把中华优秀传统文化全方位融入思想道德教育、职业教育、高等教育、继续教育各领域”“推动高校开设中华优秀传统文化必修课”。我们编纂这本教材，就是为了响应中央弘扬优秀传统文化的号召，为更好地开展大学德育工作而进行的一种尝试。国学的内容非常丰富，我们主要撷取对于大学生树立正确的世界观、人生观、价值观有益的内容，引导青年学生自觉地在传统文化中“涵泳”身心。

国际儒学联合会教育传播普及委员会的宗旨，就是在深入研究儒学家文化的基础上，在社会各个层面大力推广、普及优秀传统文化，大学国学教育也是我们关注的工作重点之一。2015年10月，我们与西北大学现代学院联合举办了“首届国学与大学德育论坛”，邀请国内已经开展国学教育的高校的领导、教师进行座谈。从各校的经验看，中华传统文化可以成为高校德育工作的重要思想资源。本书的主编韩星教授、朱康有教授都是国际儒学联合会教育传播普及委员会的副主任，在儒学研究、普及方面具有很大的影响力。本书的所有作者都是国内著名高校的教授，在各自的学科领域具有很高的学术造诣。我们还邀请国内多所著名大学的国学院担任本书的指导单位，邀请国内在传统文化研究方面德高望重的学术前辈为本书的质量把关。本书由在国内出版界具有极高知名度的中国人民大学出版社组织出版发行。我们相信，本书一定可以在大学德育工作中发挥立德树人的积极作用，为促进中国社会的和谐发展、中华民族的腾飞提供正能量。

**国际儒学联合会教育传播普及委员会主任**

**中国人民大学　张　践**

# 前　言

“经典”一词古已有之，《汉书·孙宝传》：“尚犹有不相说，著于经典，两不相损。”陆德明著《经典释文》，所说的“经典”，包括儒家的主要“经”，也包括《老子》和《庄子》。在中国古代文化中，儒家、墨家、道家、法家、医家及其他诸杂家，都有他们所称的经典，儒家先有“六经”，后来有“四书”，再后来发展到“十三经”；道家的《老子》《庄子》；墨家的《墨子》；兵家的《孙子兵法》；法家的《韩非子》；佛家的《心经》《金刚经》《坛经》；医家的《黄帝内经》；史家的《史记》，这些都属于经典著作。西方也是一样，也有很多西方文化的“经典”，如《荷马史诗》《莎士比亚戏剧集》，等等。可以说，每一种文化、每一个民族都有自己的经典。这是广义的经典。在中国文化史上，自汉武帝“罢黜百家，独尊儒术”之后，一般学人所称的“经典”就专指儒家《诗》《书》等重要典籍，这就是狭义或专称意义的经典。这是由于秦汉以后儒家成为中国文化的主流，儒经成为中国文化的代表性经典。本书所讲的国学经典，是指以儒家为主、包括道佛诸子百家的经典，可以称为中华传统文化经典。这些经典几千年来就一直影响着中国的政治、社会等各方面，甚至随着儒家文化的扩展，对周边的国家如日本、韩国、越南、泰国、新加坡等都有着重大而深远的影响。

儒家经典是孔子在他那个时代对上古以来以圣王之道为代表的文化遗产的传承与发挥，形成了经学传统，从西汉武帝开始，儒家的经学便成为官方意识形态，并逐渐成为主流的文化形态。历史上，皇权以经学作为统治的思想来源，社会以经学作为秩序的价值准则。历代的官方版刻经籍、社会启蒙读本、民间乡约村规，在思想观念上都与儒家经学有密切的关系。由于社会发展的需要，经过历代学者的不断诠释，儒经成为中国文化的代表性经典，经学不断丰富，以至于成为学术的主流。因此，儒经的地位是中国文化自身发展的必然，并不是像有的人说的那样是汉代以后统治者提倡的结果。儒家经典在中国已传承了几千年，蕴含着中华文化精华，凝结着中华民族精神，是中华文明生生不息、发展壮大的深厚动力，在当代社会仍然具有极其重要的价值和意义。

传统中国教育以儒家经典为主。辛亥革命之后，1912 年 1 月 4 日中华民国南京临时政府成立，蔡元培被任命为教育总长。1 月 19 日，蔡元培先生即以教育总长的名义签发了教育部的教育命令，颁发了《普通教育暂行办法》，规定：“小学读经科一律废止”。不久又颁发《普通教育暂行课程标准》，再次明确规定，初等小学校、高等小学校、中学校一概废止“读经”。从此，中国的教育体系中没有了经典教育。这样，除了当今中国大陆的个别学者、港澳台同胞以及海外华侨外，三四代人基本上都没有受过系统的儒家经典的教育，也就是说老、中、青三代人已经没有机会接受经典教育，没有机会接受系统的中国传统文化的熏陶。那么，中国人的文化教养是不是因此更提高了？是不是因为我们时时处处学习西方而文化水平提高了，更受外国人敬重了？显然不是这样。而且，20 世纪中国出现的这么多触目惊心的事情，不能不说与中国人整体失去经典教育有密切的关系。

近一二十年以来，各地学校和家长不满于体制内片面的应试教育和缺乏以道德为核心的人格养成，在十分困难的条件下自发进行经典教学实验，并在立德树人方面取得了明显成果，以至于形成了全国范围内的诵读经典热潮。这种源于基层自发的德育探索就像当年小岗村的农村改革试验一样，代表了大众对于当前以知识教育取代人格教育的弊端的反思与自发纠正，显示出可贵的责任感和担当意识。

目前在大学普遍开展了人文素质教育，但是还是暴露出种种问题，问题到底出在哪里呢？

我觉得起码有两个重要原因：一是我们的大学生人文素质教育仍然是一种知识化的教育；二是我们的大学生人文素质教育是很泛化的传统文化教育，没有集中到经典教育上来。在我看来，人文素质教育应该以经典教育为主体，立足于经典，核心是修身做人。中华民族历史上出现过无数的古圣先贤、志士仁人、英雄豪杰，他们都从小熟读经典，长大后将所学经典化为自觉的人生追求和道德人格，从而成为中华民族的脊梁，这也证明了经典历久弥新的力量。但令人遗憾的是，一百多年来的经典教育断裂，当今大学生人文素质教育往往按照现代西方的学科划分标准把中国文化分解成条条块块，如哲学、宗教、伦理、文学、艺术、科技、教育、军事等，这样的论述尽管条目清晰，但并不能反映中国文化自身的特点，使学生难以见中国文化的一体大全，不能体现中国文化的基本精神，甚至造成对中国文化的肢解，形成碎片化，教育的效果大打折扣，所以我建议高校通识课应以经典为主、其他文化知识为辅来安排课程体系。

近一二十年来，“国学热”首先由民间兴起，研读、诵读经典，中小学的读经活动方兴未艾，随之相关教材也大量出版。但是，目前还没有供大学各学科专业通用，即作为通识课教材的国学教材，为此，在国际儒学联合会教育传播普及委员会指导下，中国人民大学出版社约请相关专家为当代大学生编写了这本国学经典读本。

本书以习近平新时代中国特色社会主义思想为指导，全面融入党的二十大精神，始终把提高学生的思想道德素质与专业素养融为一体，培养学生诚实守信、爱岗敬业等优秀品质，为中国式现代化建设提供高技能人才支撑。本书的编写宗旨：以经典为基础，阐释中国传统文化的核心价值观，促进大学生世界观、人生观、价值观的形成和完善，借以指导自己的人生，规范自己的言行，提高道德修养，增强身心素质，学会做人做事，走好自己的人生之路，在扎实的人生实践中不断追求更高的人生境界。

本书的编写思路：从儒道佛诸子经典中选取材料，提炼主题思想，以儒为主、道佛辅助、诸子附翼，呈现中国文化的本来面貌。通过对经典原文的解读，让大学生理解经典的深刻意蕴，同时联系现实社会、人生，使大学生能够以经典的智慧应世，以经典的道理修身，自觉地担当起中华民族伟大复兴的历史使命。

本书的编写目标：一般目标是培养君子人格，最高目标是希贤希圣，学为圣贤，落实立德树人这一教育的根本任务。

本书主编由中国人民大学国学院教授、博士生导师韩星和国防大学教授朱康有担任，全书的编写分工如下（按照目录出现顺序）：

第一章：陕西师范大学哲学系主任许宁教授

第二章、第三章、第十一章：中国人民大学国学院韩星教授

第四章、第五章：中国人民大学哲学院刘增光老师

第六章、第七章：北京大学德育研究所杨柳新副教授

第八章、第十章、第十八章：国防大学朱康有教授
第九章：北京工商大学马克思主义学院姚洪越副教授
第十二章：中国人民大学国学院林光华副教授
第十三章：湖南女子学院余强军教授
第十四章、第十五章：山东大学哲学与社会发展研究中心吴文新教授
第十六章：香港浸会大学国学院黄蕉风博士
第十七章：中国人民大学国学院宋洪兵副教授

本书是对大学生进行经典教育的初步尝试，由于编著时间紧及编著者水平所限，本书内容还很不成熟，多有不足和疏漏之处，欢迎使用本书的老师和大学生们提出批评指正，以利于我们不断修改完善。谢谢！

**国际儒学联合会教育传播普及委员会副主任**
**中国人民大学　韩　星**

# 目录

# 第一章　天人合一

许　宁

## 概　述

“究天人之际，通古今之变，成一家之言”（司马迁语）颇能代表历代思想家、哲学家的共同使命和崇高理想。传统文化中对于“天人之学”的艰苦探索，成为探讨个体生命价值和研究社会历史现象的根据。《周易·贲》提出：“刚柔交错，天文也；文明以止，人文也。观乎天文，以察时变；观乎人文，以化成天下。”先哲有关“天文”和“人文”的认识，渗透到政治、经济、军事、文化等社会生活的各个领域，并积淀成深厚的理论思维，历经岁月的洗练，愈发深刻而普遍，充分反映了中华人文精神的深度和广度。

钱穆认为：“‘天人合一’论，是中国文化对人类的最大贡献。”本章将“天人合一”概括为四种观点：

其一，天人合德。此说肯定人作为仁、义、礼、智、信等道德价值的承担者，其所遵循的道德规范、义理准则都源于天道，准于天道，在此意义上，天与人相通而成就圣贤人格和境界。

其二，天人感应。此说把天视为赏善罚恶的人格神和意志本体，断言是天按照自己的意志和目的创造了自然界和人类社会的一切，认为天人之间存在微妙的感应关系的根据在于天与人是同类的，因而“人副天数”“类固相召”。与天顺应者，天赏赐以风调雨顺和吉兆祥瑞；与天背离者，天通过灾异现象加以谴告。

其三，天人相参。此说视天、地、人为整个世界不可或缺的组成部分，认为天有其时，地有其财，人有其治，人在其中发挥特殊的主体精神，参赞天地的生成化育，因此追求天时、地利、人和的协调与和谐，强调人不可替代的“能参”的主观作用。

其四，天人一体。此说主张天人是一体的关系。从天人共生的角度看，人意识到自己属于自然界的一部分。身体发肤，受之父母，不敢毁伤。同样的道理，品物万形，受之于天，亦不敢毁伤。要视天地万物为一体，对自然采取敬爱的态度。

# 一、天人合德

原文

夫大人者，与天地合其德，与日月合其明，与四时合其序，与鬼神①合其吉凶。（《周易·乾·文言》）

注释

① 鬼神：这里并不是指我们通常理解的鬼神迷信一类的存在或现象，而是突出一种神妙莫测的能力。鬼：隐秘莫测之事。神：精灵幽眇之行。

解读

所谓“大人”，他的道德品性能合乎天地之德，覆载万物，博厚深广；他的聪明睿智能合乎日月之明，光辉昭著，普照四方；他所实施的政教法度能合乎天时之秩，赏以春夏，刑以秋冬；他显示给人们的吉凶卦象犹如鬼神之隐秘，变化莫测，神妙多端。《易传》的“天”“人”相合相契是以八卦为基础的。一般认为，八卦本是用于占卜的概括性符号，其中包含有远古汉民族对自然现象和社会现象的经验描述和理解。《易传》对此作了哲理性的提升和阐释，把人类历史与整个自然的历史相贯串联系起来，予以系统化。质言之，《易传》“天人合一”观中的“天”与“人”在物质上的相合和心灵上的相契，都是这种系统化和哲理化的结果，堪为先秦时期关于“天人合一”思想的典范论述。尽管它还带有占卜迷信的色彩和痕迹，但已明显地透露出对人（圣人）的主体能动精神的积极肯定。在此基础上，天与人的关系就不再是被动的相合，而是主动的相合。这种主动的相合是由所谓大人（圣人）来完成的。因为“大人”能涵养德性以达到承己奉天，实现天对人的全面给予和人对天的积极回应，以达致天人合德的圆满境界，实现“先天而天弗为，后天而奉天时”的效果。

从这段话出发，我们一方面要积极发挥主观能动性，拼搏进取，奋发有为；另一方面要时常反躬自省，叩问自己的作为是不是顺应天时、合乎天德，在对天地有所敬畏、遵循规范、遵守规律的前提下去发挥自己的潜能，进而实现自己的理想。

### 原文

天行健[①]，君子以自强不息。（《周易·乾》）

### 注释

① 健：《周易·说卦传》曰“乾，健也”，本当作“乾”，后音通为“健”，指天道运行不止的强健特征。

### 解读

天道运行刚正劲健，运动不止；君子效法天道，因此能够自觉勤勉，不断奋发图强。乾卦位居《周易》六十四卦之首，六爻皆阳，象征天。《易传》概括天的总体特征是“健”，天体运行不息，天道流行不止，其中所体现的刚毅精神即“天行健”。人生于天地之间，应当通过观乾卦之象而效法天道，不断砥砺自己的德行，完善自己的人格，涵育自强不息的精神和奋发进取的品格，以达到君子乃至圣人的精神境界，这就是所谓“君子以自强不息”。这表明周人已经突破了“天命论”的桎梏，具有张扬人的主体性的解放意义。

我们在理解“天行健，君子以自强不息”的同时，也要注意结合《周易·坤》中“地势坤，君子以厚德载物”一句。这句意为：广大无垠的大地，无物不载，无物不容，君子应当效法大地随顺安分、包容万物的精神来培养自己的品德。由此，乾的特征是刚正强健，体现了奋发蹈厉、自强不息的精神；而坤的特征是柔顺包容，体现了随和顺从、厚德载物的品格。二卦互补，充分说明《易传》在强调刚健的同时，并未否定柔弱的作用，刚柔相互为用，可以防止将刚强绝对化。任何人都会遇到顺逆的境况、成败的变数、穷达的时运、祸福的遭际，关键是面对艰难复杂的局面时，要有“知其不可为而为之”的坚定意志、“舍我其谁”的无畏气概、“兼济天下”的宽广襟怀。因为天道是高远辽阔的，人亦应志存高远；因为天道是刚健有为的，人亦应奋发蹈厉；因为天道是生生不已的，人亦应自强不息。在古代哲人看来，君子的自强不息精神并非只是表现于一时一地，而应当贯穿于他们的整个生命历程。

对于个体生命如此，对于一个民族、一个国家而言，又何尝不是如此。张岱年先生曾精辟地指出“自强不息，厚德载物”是中华民族精神的核心内容和主要表现，并揭示了其丰富的历史内涵和现代价值。

## 原文

诚①者，天之道也；诚之者②，人之道也。（《中庸》）

## 注释

① 诚：真实无妄。

② 诚之者：是人为的诚，是普通人善守自身人性中本有的至真至纯的“诚”，“择善而固执之”，从而达到至诚境界。诚之：使之诚，使自己做到诚。

## 解读

真实无妄，是天道的法则；至诚无伪，是人道的法则。《中庸》相传为子思所作，文中主要讨论天道性命相贯通之旨。“诚”是《中庸》的重要概念，《说文解字》释“诚”为“信”，意即真实无妄。“诚”作为天道的根本特征，下贯到人道，就表现为人能至诚无伪，成己成物，所以“君子诚之为贵”。按照《中庸》的理路，人与天都统摄于“诚”，“诚”在己性与物性间架起了沟通的桥梁，形成了以“诚”为核心的天人合一论。在子思之后，孟子提出“诚身有道，不明乎善，不诚其身矣。是故诚者，天之道也；思诚者，人之道也”（《孟子·离娄上》）。他认为“人性”在本质上和作为“诚”的“天道”是合一的。孟子所提出的“诚”形成了传统文化“践诺守信”的道德观念，产生了极为深远的影响。

在上述儒家的经典性论述中，我们可以看到，天人的本质都是“诚”，所以在日常生活中，要以诚待人；在经济交往中，要以诚信为本；在政治协商中，要“一言既出，驷马难追”。现在，诚信作为古代社会的道德观念，成为社会主义核心价值观的基本内容之一。它是我们必须恪守的基本道德准则，要求我们树立以诚为本的价值理念，真正做到诚实劳动、信守承诺、诚恳待人，从而营造良好的社会风尚。

## 原文

尽其心①者，知其性也；知其性，则知天矣。存其心，养其性，所以事天②也。夭寿不贰③，修身以俟④之，所以立命也。（《孟子·尽心上》）

## 注释

① 尽其心：充分扩充本心。尽：表示彻底。

② 事天：侍奉天道。

③ 夭：夭折。寿：长命。不贰：指没有二心，不怀疑、不计较。

④ 俟：等待。

## 解读

孟子说："充分扩充善良的本心，这就是懂得了人的本性。懂得了人的本性，就懂得天命了。保持人的本心，涵养人的本性，以此侍奉天道。夭折也罢，长寿也好，没有丝毫疑虑，修养身心，等待天命，以此安身立命。""性"与"命"既有差别又有联系。从差别的层面看，性是人性，命是天命。"性"是人本身所固有的，而"命"则是天地自然所规定的。从联系的层面看，天命和人性又是贯通的，天所赋为"命"，人所受为"性"。故而可以通过护持和涵养本性以奉天命。孟子所言之"性"，是"人之所以异于禽兽者"，既是天赋予人的，又需要人去体贴天道，不断充养"善端"，使之成为仁、义、礼、智的根据。

儒家一贯重视人的安身立命之道，诸如"孔颜之乐""圣人气象""常惺惺""活泼泼地""为天地立心，为生民立命""复尽天理""发明本心""致良知"，都是关于儒家安身立命之道的具体说法。所谓"安身"，就是从内在性出发，肯定人性具有崇高价值，肯定人具有自我完善的内在根据，认为人的精神世界不可能脱离人的生活世界。所谓"立命"，就是主张追求理想人格，追求精神上的超越，追求境界上的提升。现代社会需要高度发达的物质文明，更需要高度发达的精神文明和道德自觉。

### 原文

儒者则因明致诚，因诚致明，故天人合一。致学而可以成圣，得天而未始遗人。（《正蒙·乾称》）

## 解读

儒者通过明德工夫而达致至诚本体，又由至诚本体而达致明德工夫，所以能够天人合一。致力于学习而可以成为圣人，认识掌握天道，也从未忘却人道。张载第一次明确提出了"天人合一"的命题，是古代对天人关系的典范性表述。张载认为，儒者致学成圣就是要达到这种"一天人，合内外"的精神境界。中国传统哲学的"天人合一"思想，包括张载的"天人合一"思想，强调人的行为不但应符合天道的要求，而且应以实现天道的要求为己任，强调天道与人道、人与自然的紧密联系与有机统一，追求天、地、人道整体的和谐、交融和协调，为我们解决人与自然的关系提供了新思路。

## 二、天人感应

原文

敬①之敬之！天维显思②！命不易哉③！无曰高高在上，陟降厥士④，日监在兹⑤。(《诗经·周颂·敬之》)

注释

① 敬：通“儆”，戒慎。
② 显：明白。思：语气助词。
③ 命：天命。易：变更。
④ 陟降：升降。士：庶士，指群臣。
⑤ 日：每天。监：监察。兹：此。

解读

戒慎自儆，戒慎自儆呀！上天是如此的显赫昭彰！天命有常，不容变更！不要说上天不察，高高在上。升降赏罚，施于群臣，日日在此监察，而且毫厘不爽。《诗经》对统治者发出了警告，指出上天高高在上、睿智昭彰、洞察秋毫、明辨是非，要使这双“看不见”的眼睛让统治者如芒在背，自我戒慎。当然，这样的诗歌仅起到讽咏、劝诫的作用，缺乏真正具有强制性的制度约束，仅凭统治者个人的自我修养，是无法确保政治稳定和社会和谐的。面对不再清明的政治现实，诗人只能长歌当哭、浩叹不已了。

原文

顺天意者，兼相爱，交相利，必得赏；反天意者，别①相恶，交相贼②，必得罚。(《墨子·天志上》)

注释

① 别：区别，区分。
② 贼：残害，戕害。

## 解读

顺从天意的人，同时都相爱，交互都得利，必定会得到赏赐；违反天意的人，分别都相恶，交互都残害，必定会受到惩罚。“天人感应说”的内容，是指上天有意志，有感觉，能够对人间的现实政治做出积极的反应，有赏善罚恶的功能。尤其在墨子这里，“天人感应说”则成为论证其学说的有力手段。墨子所谓的“天”是有意志、有感觉的人格神，具有超自然和超人的神秘力量，凌驾于人间的帝王国君之上，对其统治进行监督。墨子的天道观念充分体现了小生产劳动者从自身阶级利益出发对天人关系的把握。他在某种程度上保留了周的天命观，把天看成有意志的人格神，并承认鬼神的存在，这是由于他所代表的小生产劳动者阶级自身力量还很弱小，只好假天之意，以言其志。

## 原文

国家将兴，必有祯祥①；国家将亡，必有妖孽②。（《中庸》）

## 注释

① 祯祥：指吉庆祥瑞的预兆。

② 妖孽：指怪异不祥的事物。

## 解读

国家将要兴盛的时候，一定有吉庆祥瑞的征兆；国家将要覆亡的时候，一定有妖孽灾异的征兆。《中庸》认为国家的运数可以通过天象而表现为吉兆和凶兆，人可以据此预测其兴亡更替。而天为何要显示这种祯祥和妖孽，人又如何能知悉这些征兆呢？原因就在于“至诚之道，可以前知”。因为天是真实无妄的，所以将国家兴亡通过吉凶之征兆来警示天下的君主和臣民；同时，因为人能够体悟和笃行至诚之道，所以能够对天意先知先觉，体察天意，以此与天有所感应。应该说，《中庸》的“国家将兴，必有祯祥；国家将亡，必有妖孽”思想对于秦汉时期天人感应论的正式形成和发展影响甚大。需要指出的是，《中庸》中关于国家兴亡的征兆说是基于天人在“诚”上的合一而言的，这种天人之间的感应虽有宗教性，但还属于理性范畴。到了西汉时期，董仲舒由“天人感应”而发展出“灾异谴告”，则预示着天人感应论最终滑向了谶纬迷信。

而今，我国各项事业蒸蒸日上，经济稳步增长，文化欣欣向荣。拖着蓝色尾焰的“长征七号”成功发射升空，当然是吉兆祥瑞、喜逢盛世的象征。但同时，我们也应该认识到这一切是依靠中国人民的汗水和智慧换来的。因此，《中庸》的天人思想中合理的成分在于，要求重视人事、人为，隐晦曲折地反映了人类社会的发展规律。领导者政治清明，仁爱百姓，国家就会兴盛，有可能出现祥瑞；领导者政治腐败，失去民众的支持，国家必然走向覆亡。

原文

天亦有喜怒之气，哀乐之心，与人相副，以类合之，天人一也。(《春秋繁露·阴阳义》)

解读

董仲舒在《春秋繁露》中将萌发于殷周、发展于战国末期的天人感应思想，结合阴阳家“五德终始”学说，发展出包含“天人同类”“人副天数”“同类相动”等内容的天人感应论。

在董仲舒看来，天人是同类，“天人一也”。天也有喜悦、愤怒之气，悲哀、快乐之心，和人相一致，因此以事类相比拟，天和人是合一的。

一方面，人与天在形体结构上存在着“相副”的关系，如“人有三百六十节，偶天之数也；形体骨肉，偶地之厚也；上有耳目聪明，日月之象也；体有空窍理脉，川谷之象也；心有哀乐喜怒，神气之类也。观人之体，一何高物之甚，而类于天也”(《春秋繁露·人副天数》)。另一方面，人与天在情感意志上也存在着“相副”的关系，天会表现自己的好恶，而人是天的副本，所以天与人能够感应。如“春，爱志也；夏，乐志也；秋，严志也；冬，哀志也。故爱而有严，乐而有哀，四时之则也。喜怒之祸，哀乐之义，不独在人，亦在于天”(《春秋繁露·天辨在人》)。由此可见，人的血气、德行、喜好、厌恶、喜悦、愤怒皆与天有感应，人亦能影响天，天人相互作用。

今天我们如何评价天人感应论呢？一方面要肯定其对天、对自然的敬畏，另一方面，也要在尊崇天、敬畏自然的同时，合理地发挥主观能动性。唯有如此，才可能把我们的国家、我们的世界建设得更美好。

## 三、天人相参

原文

夫人事必将与天地相参，然后乃可以成功。(《国语·越语》)

解读

范蠡运用“三才之道”的整体性思维，提出“持盈者与天，定倾者与人，节事者与地”(《国语·越语》)，这相当于天时、地利、人和。只有天、地、人相互配合时，也即“人事”“与天地相参”时，“乃可以成功”。范蠡不仅注重认识天的发展变化，而且主张对于合适的自然条件要及时加以利用，充分发挥人的主观能动性。在范蠡看来，自然规律是需要了解和尊重的，但是他更强调人要在遵循自然规律的基础上，充分发挥主观的能动精神。范蠡这种知天道、尽人事的观点比春秋前期重人事、轻鬼神的思想更进了一步，给予传统的神学天命观以有力冲击，发展了以人为本的思想。

## 原文

立天之道，曰阴与阳①；立地之道，曰柔与刚②；立人之道，曰仁与义③。（《周易·说卦传》）

### 注释

① 曰阴与阳：指天道的运行是阴阳二气所推动的。
② 曰柔与刚：指万物的变化是柔刚之质的交错。
③ 曰仁与义：指人伦的根本是仁义道德的建构。

### 解读

天道的根本，在于阴阳二气的变化；地道的根本，在于万物柔刚的交错；人道的根本，在于仁义道德的建构。《周易》从八卦推演至六十四卦，其内在的原理就是天、地、人三才的两两相重，其中蕴藏着深微博大的至理。“天地人”的三才维度构成了我们理解《周易》思想体系的关键。“三才之道”的命题树立起人在宇宙万物中的独特地位。尊重人的主体性价值，与天地参赞化育，成为中华民族天地人和的基本价值理念，贯穿于人伦日用之中。由“三才之道”体现出的天、地、人高度和谐的智慧，对于今后协调人与天地即自然环境的平衡和谐发展的关系，以及人与社会、人心与人身的平衡和谐发展的关系，具有积极的借鉴意义。

## 原文

唯天下至诚，为能尽①其性；能尽其性，则能尽人之性；能尽人之性，则能尽物之性；能尽物之性，则可以赞天地之化育②；可以赞天地之化育，则可以与天地参③矣。（《中庸》）

### 注释

① 尽：充分发挥。
② 赞：赞助。化育：化生养育。
③ 参：同“叁”，指天、地、圣人并列为三。

### 解读

唯有天下至诚的圣人，才能充分发挥天赋之本性；能够充分发挥天赋之本性，就能充分发挥众人的本性；能够充分发挥众人的本性，就能充分发挥万物的本性；能够充分发挥万物的本性，就能够赞助天地化育万物；可以赞助天地化育万物，就可以与天、地并列为三了。《中庸》将“至诚”“尽性”和“与天地参”联系起来。“诚”由内而外，由个体而群体，由人类而物类，由物类而天地，层层演进，步步扩大，乃至于充塞天地之间。这实际上体现了思孟学派在心性层面与天地相参的观点，为后来的宋明理学确立了基本的理论取向。其中的“诚”，也成为宋明理学家反复申述的贯通三才之道的核心范畴。

由此可见，只有当人能够深刻把握和充分认识到天所赋予的至诚禀性后，人才有可能参与到天地万物大化流行的过程中。而这里“天人相参”的思想同样是“天人合一”的一种形式。不同于西方突出“主客二分”的对象性思维，“天人相参”要求我们用非对象性的思维去参与世界，而非征服世界，人类不是凌驾于万物之上的神圣存在，而是提倡阴阳和谐，融合共生，使天、地、人三才共同存在于一个和谐的统一体之中，这体现了一种非人类中心主义的立场。

原文

故天地生君子，君子理天地。君子者，天地之参也，万物之总也，民之父母也。（《荀子·王制》）

解读

所以天地生养君子，君子治理天地。君子，是天地造化的参与者，是万物的总管，是百姓的父母。荀子更进一步地论述了君子的“能参”的必要性。肯定“天有其时，地有其财，人有其治，夫是之谓能参”，指出天有四时变化，地有万物出产，人能治理社会，三者既各自独立，又相互补充。在“三才之道”的理论架构中，“人”与“天”“地”并列，既非大自然（“天”“地”）的奴隶，又非大自然的主宰。在这个天、地、人的统一体里，人和自然是相互协调的，而不是相互对抗的。正是在这个意义上，中国很早就出现了保护和合理利用自然资源的生态思想。

我们在现代社会建设生态文明，应当借鉴古代优良的天人思想资源，努力发挥人的能动性，既不能怨天尤人、坐以待毙，更不能杀鸡取卵、涸泽而渔，而要“能参”“与天地参”，积极投身到环保公益事业中去。

## 四、天人一体

原文

天地絪缊①，万物化醇②。男女构精③，万物化生。（《周易·系辞下》）

## 注释

① 絪缊：同“氤氲”，指阴阳二气交感和会的状态。

② 化醇：指万物乃是阴阳二气之化育醇厚的产物。

③ 构精：指男女结合。

## 解读

天地中阴阳二气交感和会，万物化育醇厚。男女异性阴阳交合，人类繁衍生息。《周易》以阳爻“—”和阴爻“－－”为最基础的符号，演变出八卦，之后又互为叠加而成六十四卦。在《周易》的宇宙演生系统中，天地间的万物是由阴阳、男女的刚柔相济、交媾和合而成的。也就是说，新事物的产生需要天地间不同事物双方或同一事物的不同要素之间的结合才能实现，譬如阴阳、男女都具有不同的物质特性。正如荀子所说：“天地合而万物生。”（《荀子·礼论》）“万物各得其和以生。”（《荀子·天论》）本句正是《周易》上述思想的经典表述之一，从天与人的关系层面，说明天地万物的产生都源于阴阳、天地、父母的相感相交相合，皆是一种平衡、融合、和谐关系的产物。就这一性质而言，天地、万物、人类是同源的，一体同在，这就从“和合”的角度体现出天人一体的观念。这有助于我们深入理解“和实生物，同则不继”的可持续发展理念，也有助于我们理性辩证地看待矛盾与斗争，深刻认识到矛盾双方是对立统一的关系。我们要在注重对立面的基础上去把握矛盾双方的和谐与统一，即我们要承认各方的差异，同时也要在差异中去寻求我们的契合和统一，从而实现各方共同的利益和福祉。

## 原文

天地与我并生，而万物与我为一。（《庄子·齐物论》）

## 解读

人本身是大自然的产物，是大自然的一个组成部分，与大自然具有相同的物质基础，因而与大自然具有同构性和同一性。面对自然的无穷、无限与变化不居，人是如此的渺小，人生是如此的短暂与无常，天与人之间存在的矛盾是如此深刻而难以调和，人只能顺从天而不能违逆它，人生充满了悲剧意蕴。道家提出的解决这一悲剧冲突的方法，就是要人们充分认识到人完全可以从精神上向自然回归，与天为一，寄寓自身的社会理想和人生感悟，化解现实社会和人生际遇中的种种矛盾冲突。

## 原文

乾称父，坤称母[①]；予兹藐焉，乃混然中处[②]。故天地之塞[③]，吾其体；天地之帅[④]，

吾其性。民吾同胞⑤，物吾与⑥也。（《正蒙·乾称》）

## 注释

① 乾称父，坤称母：语本《周易·说卦传》："乾，天也，故称乎父；坤，地也，故称乎母。"

② "予兹藐焉"二句：予：我。兹：承接连词。藐：幼小，不仅指形体，而且指态度，即对乾坤父母要秉持尊崇敬畏的态度。混然：混合无间。

③ 塞：充塞。

④ 帅：主宰。

⑤ 同胞：骨肉兄弟。

⑥ 与：同伴。

## 解读

这一段出自北宋理学家张载的名篇《西铭》（《正蒙·乾称》的一部分），意思是：乾称为父，坤称为母。我的形体幼小，心存敬畏，与乾父坤母混然无间，处于天地之中。所以，充塞于天地之阴阳二气，同样充盈了我的形体；作为阴阳之气遵循率导的天地之理，同样成就了我的本性。黎民百姓是我的同胞骨肉，万物群生是我的朋友伴侣。

人与万物（包括生物与非生物）都秉阴阳二气而生，由天地之性而成己之性，所以处于天地间渺小的人与万物有着共同的宇宙生成根源。从"性者万物之一源"的角度，张载推导出人民都是"我"的同胞兄弟，应以仁爱相待；万物都是人类的朋友，应该爱护、保育。

在当今世界，"民胞物与"思想仍然有着独特的价值与意义。从生态文明建设来看，"民胞物与"提醒人类在利用自然界时，要承认、尊重与维护自然界的权利和价值，要有保护自然环境的合理措施。唯有如此，人类才能与生态环境协同进化，从而实现人与自然关系的和谐相处与协调发展。更重要的是，"民胞物与"思想所描述的万物一体、天下大同、世界和谐的美好图景，也是我们从传统文化角度去认识我国提出的"人类命运共同体"这一关于人类社会关系、秩序和格局的新理念的密钥之一。换言之，国际社会不完全是"利益的攸关方"，随着利益而分化组合，更重要的是"命运的共同体"，强调追求本国利益时兼顾他国合理关切，在谋求本国发展中促进各国共同发展，同舟共济、共克时艰，这是基于人类社会发展所提出的高瞻远瞩的战略理念。"人类命运共同体"将国际社会视为一个你中有我、我中有你、休戚与共的大家庭，各国之间是朋友与伙伴的关系。中国将自己的前途与命运，和整个世界、整个人类紧紧地联系在一起，是对一个和谐共生的美好世界的憧憬与期许。而这也正是"民胞物与"思想在当今世界的重要发展。

## 原文

天人本无二，不必言合。（《二程遗书》卷六）

## 解读

天人本来不是两个，所以没有必要谈天人相合。在天人关系理论上，二程认为张载提出的“天人合一”有局限。二程认为天和人二者本是一个东西，不存在“合”的问题。因为“合”意味着两个以上的东西的相合，“合”中包含着“分”的因素。如果否定了天与人二者存在的“合”的问题，就消除了二者“分”的可能因素。“道未始有天人之别”，这二者之间不存在“合”与“分”的问题，不存在“天人之别”。因此，二程把张载“天人合一”命题中的“合”去掉，主张“一天人”，这仍然是强调天与人之间是一种相融一体的关系。

## 原文

夫圣人之心以天地万物为一体，其视天下之人，无外内远近，凡有血气，皆其昆弟[①]赤子之亲，莫不欲安全而教养之，以遂其万物一体之念。（明·王阳明《传习录·中》）

## 注释

① 昆弟：兄弟。

## 解读

此段文字出自王阳明的《答顾东桥书》。王阳明认为，圣人之心无“有我之私”和“物欲之蔽”，所以无论远近亲疏都能视人如己，施以仁爱，终成万物一体的博爱之境。从思想渊源来看，这是对宋代理学中张载“民胞物与”思想和程颢“仁者以天地万物为一体”观念的继承与发展。

王阳明“万物一体”思想强调“心”与万物为一体。他认为，天地万物之所以为一体，是由于圣人之“仁心”的存在，正是这一本有的仁爱之心，所以能视天下之人为我之兄弟，能对万物施以平等的仁爱。王阳明从心学的立场，力图以主观意识投射、包容宇宙万物，使圣人之心充盈宇宙，囊括万有。在解决人与人、人与自然之间的矛盾时，人们不要以自我个体为中心，也不可固执于人类中心主义，要把自己看作是人类中普通的一分子，把人看作是与自然万物平等的一员。人与人之间、人与物之间有着相似的权利和价值，即人与人、人与万物是有生命的整体，血脉相连，痛痒相关；仁人对于他人或自然界受到损害，如己身受到损害一样，应有切肤之痛。在他们看来，一切人与物都是天地间自然万物中平等的一员，人应该像爱护自己一样爱护他人，爱护自然万物，普爱众生，泛爱万物，这才是真正地达到“天地万物一体为仁”的境界。

天地作为“天地”，风雨露雷、日月星辰、禽兽草木、山川土石作为它们本身，其意义只是对人才敞开；就此言，没有人的良知（主体意识及其活动）的在场，便无风雨露雷、日月星辰、禽兽草木、山川土石的意义。这样，人便不能在自身的存在之外去追问超验的对象，而只能联系人的存在来澄明世界的意义；换言之，人应当在自身存在与世界的关系中，而不是在这种关系之外来考察世界。

王阳明关于人的意义世界的建构凸显了中国哲学与文化的独特魅力。现代社会的人的最大病症不在于艾滋病、癌症和禽流感等有形的疾病，而在于意义的危机，这是现代人精神世界最深刻的危机。在先哲看来，这些都是忽视了人与世界的关联意义而造成的，遮蔽世界的同时，也遮蔽了人的心灵的美好与存在的意义。

## 延伸阅读


1. 钱穆．中国文化对人类未来可有之贡献．中国文化，1991（1）．
2. 季羡林．“天人合一”新解．传统文化与现代化，1993（1）．
3. 季羡林．关于“天人合一”思想的再思考．中国文化，1994（2）．
4. 汤一介．读钱穆先生《中国文化对人类未来可有之贡献》．北京大学学报，1995（4）．
5. 任继愈．试论“天人合一”．传统文化与现代化，1996（1）．
6. 张岱年．“天人合一”评议．社会科学战线，1998（3）．
7. 周桂钿．释“天人合一”——兼论传统价值观的现代意义及其现代转换．山东社会科学，2002（1）．
8. 李振纲．解读“天人合一”哲学的四重内涵．中山大学学报，2006（5）．
9. 刘笑敢．天人合一：学术、学说和信仰——再论中国哲学之身份及研究取向的不同．南京大学学报，2011（6）．
10. 景海峰．儒家“天人合一”思想的历史脉络及当代意义．中国文化，2013（2）．

# 第二章　安身立命

韩　星

**概　述**

“安身立命”是指生命能够安顿，精神有所寄托，源于《周易》的“利用安身以崇德”和孟子的“修身立命”说。孔子就非常重视身心和谐，通过修养身心，保持生命的健康。发自于本性的道德必然由内表现于外，呈现一种生理存在与道德存在浑然融会时的崇高生命气象。修身是根本，在修身的基础上才能安人、安百姓。自上层统治者和文化精英直到贩夫走卒，都应将修身作为根本。由修身出发，便可能家齐、国治、天下平。礼也是用来端正自身，规范人的思想意识、言行举止的。孔子重视天命，主张知天命、尽人事，强调敬畏天命，不知命何以为君子。《中庸》提出君子“素其位而行”“居易以俟命”，孟子提出修身立命，区分正命和非正命。荀子提出“制天命而用之”是裁取利用之意，他还有“顺天”的内容。儒家的安身立命是一种天人合一、身心合一、内外一体的修养之道，以人文理性为基本精神，也具有信仰维度，同时具有包容性，可以同人们的其他信念相兼容、相融通，实现现代转化，有助于现代人正确处理身与心、人与人、人与社会、人与自然的关系，为现代人找到精神家园。

## 一、身心和谐

**原文**

尺蠖①之屈以求信也，龙蛇之蛰②以存身也。精义入神③以致用也，利用安身④以崇德也。过此以往，未之或知也。穷神知化⑤，德之盛也。（《周易·系辞下》）

## 注释

① 尺蠖（chǐ huò）：尺蛾科昆虫幼虫，身体细长，行动时一屈一伸向上弯成弧形，像人用大拇指和中指量距离一样，所以叫尺蠖。

② 蛰：动物冬眠，藏起来不吃不动。

③ 精义入神：精深的义理达到神妙的境地。

④ 利用安身：使义理发挥效用可以安顿生命。

⑤ 穷神知化：谓穷究事物之神妙，把握事物之变化。

## 解读

尺蠖屈缩身子是养精蓄锐，等待时机，以求伸展。龙蛇冬眠，是为了保全它们的生命。人如果深入地研究事物的义理，进入神妙的境界，寂然不动，就能发挥其作用。利用这些义理，安顿身心，就能提升我们的德行。精义入神以致用，利用安身以崇德，是人道最高的道理。如果超过二者以外，那就是穷究事物之神妙，把握事物变化之道，这只有圣人才能做到，是德行功夫的鼎盛。这里通过尺蠖、龙蛇的生存习性说明人不能浑浑噩噩地过日子，要广博地学习，精研人生道理，安顿身心，提升德行，希贤希圣。因为圣人在这些方面已经远远地超越了我们，达到了德盛仁熟的境界。现代社会人们遇到的人生困惑就是身心不能安顿的问题。这段话告诉我们，如果广博地学习传统文化知识，精研人生哲理，就能够安顿身心，提升道德修养，达到理想的人格境界。

## 原文

富润屋①，德润身②，心广体胖③。（《大学》）

## 注释

① 润屋：修饰房屋。润：增美。

② 润身：滋养自身。

③ 胖（pán）：大，舒坦，安泰舒适。

## 解读

财富可以装饰屋子，德行可以滋养自身。一个人内心宽大平和，身体自然舒泰安康。朱熹《大学集注》：“故心无愧怍，则广大宽平，而体常舒泰，德之润身者然也。”是说一个人如果能够修身自清，仰不愧，俯不怍，心胸宽广，心态平和，身体舒泰安康，是以德润身的结果。这里说的主旨是德润身，源于《礼记·儒行》：

"儒有澡身而浴德。"澡身即沐浴，浴德为斋戒。古代之儒在主持礼仪前都必须浴身斋戒，所以这里说"儒有澡身而浴德"。据徐中舒《甲骨文中所见的儒》一文考证，商代已有"儒"了，甲骨文中的"儒"作"需"字，从"大"（而）从"水"（雨），整个字形象以水冲洗沐浴濡身之形。《礼记·儒行》孔颖达疏："澡身，谓能澡洁其身不染浊也；浴德，谓沐浴于德以德自清也。"是说修养身心，使纯洁清白。内心宽广就可以身康体健，也就是说个人的道德修养有助于养生。纵观古今长寿之人，大多是些有修养的人，与"仁者寿"也有相通之处。

## 原文

夫志①，气之帅②也；气，体之充③也。夫志至焉，气次焉。故曰：持④其志，无暴⑤其气。（《孟子·公孙丑上》）

## 注释

① 志：本义为志向，心之所向，这里为心志。

② 气：人的精神状态，如气魄、豪气、怒气等，这里指意气。帅：统帅、统摄、主导之意。

③ 充：塞，满，实。

④ 持：持守，坚守。

⑤ 暴：损害，伤害。

## 解读

孟子和学生公孙丑在讨论心性修养的方法，指出心志是意气的主帅，意气是充满体内的。心志关注到哪里，意气就停留在哪里。所以说：要把握住心志，不要妄动意气。孟子强调先以"心"中的"志"去统帅"气"。此处的"志"，赵岐注："志，心之所念虑也。"朱子《孟子集注》："志固心之所之，而为气之将帅。"而此处的"气"是春秋战国诸子一般论述的"气"观念，在本质上并不具有价值含义，仅是属于自然性的生理之气。"志"之所以能率领"气"，是因为"志"是由道德价值判断的"心"生发出来的，结合《孟子》一书其他篇章，孟子一般言"心"皆是指"道德心"。孟子在心为主宰的前提下，强调"志"去统帅"气"。但"志"统帅"气"不要造成对"气"的伤害，应该引导这种自然性的生理之气升华为具有道德性的"浩然之气"。那么，什么是浩然之气？《孟子·公孙丑上》载告子问孟子，什么是他所长。孟子回答说："我知言，我善养吾浩然之气。"告子又问："敢问何谓浩然之气？"孟子回答说："难言也。其为气也，至大至刚，以直养而无害，则塞于天地之间。"这究竟是怎样的一种气，使孟子感到如此难以言说呢？天地之间至大至刚的只有乾元。《周易·乾·文言》上说："大哉乾乎！刚健中正，纯粹精也。"这里所说的"乾"也就是天，只有天纯阳无阴，所以至大至刚。孟子又说："其为气也，配义与道，无是，馁也。"（《孟子·公孙丑上》）意思是说"浩然之气"非天生固有，在先天人性本善的基础上的自然、客观之气，经过后天与义、道的配合，持之以恒地调养，精心认真地培育，才能成就出凛然于世间、至大至刚的天地正气。

## 原文

君子所性，仁义礼智根于心，其生色也，睟然①见于面，盎②于背，施于四体③，四体不言而喻。(《孟子·尽心上》)

## 注释

① 睟然：面色清和润泽的样子。

② 盎：本义为腹大口小的盛物洗物的瓦盆。这里作为动词，指充溢、显现。

③ 施：延及。四体：指人的四肢。

## 解读

君子的本性发为仁、义、礼、智四德，四德都植根在他的心中。深厚的德性产生的气色是清和润泽的，显现在脸上，充溢于躯体，延伸到四肢，不必言语，别人就能够明白，是一种生理存在与道德存在浑然融会时的崇高生命气象，表现了儒家追求身心合一、内外一体的修养之道，与《周易·坤·文言》的“黄中通理”正相互发明。曾国藩曾经在此基础上写《治心经十三篇·治心篇》发挥说：“治心之道，先去其毒，阳恶曰忿，阴恶曰欲；治身之道，必防其患，刚恶曰暴，柔恶曰慢；治口之道，二者交惕，曰慎言语，曰节饮食。凡此数端，其药维何？礼以居敬，乐以导和。阳刚之恶，和以宣之；阴柔之恶，敬以持之；饮食之过，敬以检之；言语之过，和以敛之。敬极肃肃，和极雍雍，穆穆绵绵，斯为德容，容在于外，实根于内。动静交养，睟面盎背。”曾国藩细化为治心之道、治身之道、治口之道，归结为内本外末、内外交养，值得我们今天修身参考。

## 原文

君子黄中通理①，正位居体②，美在其中③，而畅于四支，发于事业，美之至也。(《周易·坤·文言》)

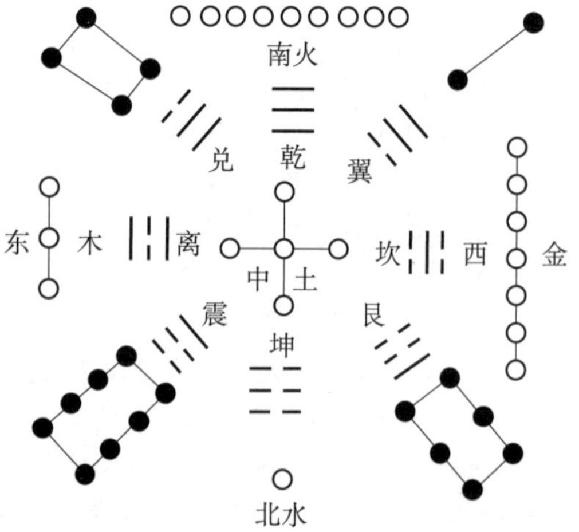


## 注释

① 黄中：古代以五色配五行五方，土居中，故为黄，为中央正色。就人体而言，心居五脏之中，故称黄中。通理：通晓事理。

② 正位居体：居体于正位。五为尊位，是全卦之正位。

③ 美在其中：表示六五有柔顺的美德，蕴藏于心中。

## 解读

这一段是对六五爻辞“黄裳，元吉，文在中也”的解释。古代，裳是指下衣，下衣一般是被上衣遮罩住的。所以这句爻辞的含义就是，黄色的下衣被遮罩住了，体现了内在的美，是一种谦逊、中庸的美德，所以吉利。从卦象来说，六五这一爻阴居阳位，有柔顺的美德蕴藏在心中，就可以体现在举手投足上，得到充分发挥，就可以建功立业。意思是，君子心为主宰，通晓事理，居体正位，美德内藏，贯彻于行动，扩大于事业，这样由内而外，内外合一，天人合一，是美德的极致啊！

## 原文

礼者，养也。刍豢稻粱①，五味调香②，所以养口也；椒兰芬苾③，所以养鼻也；雕琢、刻镂、黼黻④、文章⑤，所以养目也；钟鼓、管磬、琴瑟、竽笙，所以养耳也；疏⑥房、檖貌⑦、越席⑧、床笫⑨、几筵⑩，所以养体也。故礼者，养也。（《荀子·礼论》）

## 注释

① 刍豢（chú huàn）：指牛羊猪犬之类的肉类。稻粱：谷物的总称。

② 香：王先谦《荀子集解》引清王念孙曰：“香当为盉，《说文》：‘盉，调味也，从皿禾声。’今通作‘和’。”

③ 芬苾（bì）：芳香。

④ 黼黻（fǔ fú）：绣有各种华丽花纹的服装。

⑤ 文章：错杂的色彩花纹。

⑥ 疏：通，指敞亮。

⑦ 檖（suì）：深远。貌（mào）：同“貌”，这里指朝堂。

⑧ 越席：蒲席。

⑨ 笫（zǐ）：竹编的床席。

⑩ 几筵：古代人席地而坐，依靠的叫几，垫席叫筵。

## 解读

荀子对礼的认识与传统的事神致福、天命天道不同，他提出，因为人天生就有各种自然欲望，有欲望就有需求，但用来满足欲望的资源是有限的，如果资源的分配没有标准界限，必然会导致纷争和祸乱，因此，古代圣王不愿意看到人们无序竞争而导致混乱，就制礼作乐，提出标准，划定界限，以礼调养人们的欲望，满足人们的欲求，并与自然资源相平衡。所以他认为，礼的起源是人类自身合理分配自然资源的需要，礼是调养人们欲望的。牛、羊、猪、狗等肉食，稻米、谷子等粗粮，五味调和的佳肴，是用来调养嘴巴的；椒树兰草香气芬芳，是用来调养鼻子的；在器具上雕图案，在礼服上绘彩色花纹，是用来调养眼睛的；钟、鼓、管、磬、琴、瑟、竽、笙等乐器，是用来调养耳朵的；窗户通明的房间、深邃的朝堂、柔软的蒲席、床上的竹席、矮桌与垫席，是用来调养躯体的。荀子认为，礼的目的在于养口、养鼻、养目、养耳、养体，肯定了礼调节人们的欲望、满足人们的身体需求的作用，这就给人的物质欲望以存在的合理性，既不是禁欲主义，也不是纵欲主义，是符合儒家的中庸之道的。荀子的“养欲说”与孟子的“寡欲说”非常接近，但比较起来，孟子的“寡欲”是立足于内在心性修养的自制自律，而荀子则是立足于外在礼义的节制他律。

**原文**

君子之学也，入乎耳，箸①乎心，布乎四体②，形乎动静③，端而言④，蠕而动⑤，一可以为法则。小人之学也，入乎耳，出乎口。口耳之间，则四寸耳，曷⑥足以美⑦七尺之躯哉！（《荀子·劝学》）

**注释**

① 箸（zhù）：本义指筷子，这里通“著”，牢记。
② 布：分布，引申为表现。四体：四肢。
③ 形：体现。动静：指举止。
④ 端而言：说话语意精微。端：通“喘”。
⑤ 蠕而动：比喻举止文雅。蠕：虫类爬行的样子。
⑥ 曷：何。
⑦ 美：使动用法，使……有美好品德。

**解读**

君子求学问，是听到耳朵里，牢记在心里，表现在行为上，体现在举止上。他说话语意精微，他行为举止文雅，都可以垂范于人。小人求学问，从耳朵听进去，从口中说出来，口耳之间仅仅四寸间距罢了，不牢记，不实践，怎么能美化七尺身躯，提高自己的品德呢？也就是说，君子之学是身心合一、内外一体的，可以使人的生命呈现出美好的光辉；而小人则仅仅停留在口耳之间，没有深入内心，其生命自然不可能呈现出美好的光辉。儒家之学不是记问之学、口耳之学，而是身心性命、躬行践履之学。

## 二、修身为本

**原文**

子路问君子。子曰：“修己以敬。”曰：“如斯而已乎？”曰：“修己以安人。”曰：“如斯而已乎？”曰：“修己以安百姓。修己以安百姓，尧舜其犹病诸①？”（《论语·宪问》）

## 注释

①　病：难，不易。诸：代词，相当于“之”，这里指代“修己以安百姓”，做宾语。

## 解读

君子是儒家追求的具有普世性的理想人格。有一次子路问孔子怎么样才算得上是君子。孔子说：首先得修养自己，自敬其身。子路说：这样就够了吗？孔子说：当然不够，自己修养好了，还要使周围的人们安乐。子路说：这样就够了吗？孔子说：还不够，修养自己，更要使天下百姓都安乐。不过，修养自己使所有百姓都安乐这大概很难做到，即使尧舜这些古代圣王也仍然有缺憾呢。孔子的意思很清楚，修身是根本，是安人、安百姓的起点，本立而道生，只有修身的根本确立了，才谈得上安人、安百姓。因此，我们应以恭敬的态度进行自我修养，自己的修养好了，再进一步使他人安乐，为天下百姓谋福利。修己安人、修己安百姓，我们通常也看成是内圣外王之道的体现——修己相当于内圣，安人、安百姓相当于外王。内圣外王对具体的普通人来说就是做人与做事，儒家强调先学做人，人做好了则事也能做好。做人不行，事肯定也做不好，即使侥幸做成，那也会出现偏差，结果是害己害人，危害社会。汉初陆贾《新语·术事》：“立事者不离道德，调弦者不失宫商。”建立功业的人要有道德修养，正如调弦试音的人要懂得音律一样。唐吴兢《贞观政要·教诫太子诸王第十一》：“人之立身，所贵者惟在德行，何必要论富贵？”做人最可贵的是德行，而不是金钱、地位。

## 原　文

其①身正，不令而行；其身不正，虽令不从。（《论语·子路》）

## 注释

①　其：指在上位的人。

## 解读

孔子告诫在上者，若其自身端正、德高望重、身体力行，则不用下命令，下属也就会跟着行动起来；相反，如果在上者自身不端正，而要求下属端正，那么，纵然三令五申，下属也不会服从。孔子主张身正民行，上感化下，才能施不言之教，对群众产生潜移默化的影响。《论语·子路》中还说：“苟正其身矣，于从政乎何有？不能正其身，如正人何？”这是说：“如果端正了自身的行为，对于政事还有什么困难呢？如果不能端正自身的行为，怎能使别人端正呢？”孔子把“正身”看作从政为官的重要方面是有深刻的思想价值的。他认为为政者一定要具有高尚的德行，严格要求自己，以身作则，严格约束自己的一言一行，遵守各种社会规范，这样，为政者起表率作用，就会上行下效，政通民和，国家得治。

## 原文

曾子[①]曰："吾日三省[②]吾身，为人谋而不忠乎？与朋友交而不信乎？传不习乎[③]？"（《论语·学而》）

## 注释

① 曾子：孔子的学生，名参，字子舆。

② 三省：有两种解释：其一，多次自我反省。"三"表示多次，不是实指三次。其二，每天就下面所说的三件事进行自我反省。今从后说。省：《说文解字》："省，视也。"《尔雅》："省，察也。""省"有察看的意思。

③ 传：有两解：其一，老师传给我的学业；其二，我要传授给别人的学业。习：与"学而时习之"的"习"字一样，指温习、实习、演习等。

## 解读

本章的关键词是"省身"：对一般人而言，通常察看的对象是外面的东西，其意识活动也是向外的。但曾子这句话提出的察看对象不是别人而是"吾身"，这样一来，察看的对象和方向就发生了反转——由外而内，由外向变为内向，由外求变为内求。曾子讲做人为学修养工夫，每天应该就三件事进行自我省察：替别人谋划办事是否尽忠？与朋友交往是否诚信？先生传给我的学业是否践习？这三件事都与人际交往、传道授业相关，是一个人为人处世的三个重要方面，每天自觉地反省这三个方面是一个人自我修养的基本内容。朱熹《论语集注》说："曾子以此三者日省其身，有则改之，无则加勉，其自治诚切如此，可谓得为学之本矣。而三者之序，则又以忠信为传习之本也。"所以，"三省吾身"的实质是内省。曾子是孔门弟子当中注重内省的一派，内省就是在内心省察自己的思想、言行有无过失，有则改之，无则加勉，也就是说要认识自我、完善自我、提升自我、超越自我，希贤希圣，不断提高人格境界。儒家自曾子始便很注重这种内心的道德修养，内省后来成为儒家正统思想的源头。宋明理学家继承了内省的修养方法，还推导出一些具体的方法，如主敬、集义、克己、改过等。当今社会物欲横流，人心不古，道德沦落；世道纷纭，追名逐利，几乎失去真我；只知道求诸外欲，而忽略了内在的本心真性。儒家强调内省对于我们在自我反省、内在修养的基础上处理好自我身与心、自我与社会、自我与他人的关系，构建和谐社会，有着积极的意义。

## 原文

自天子以至于庶人[①]，壹是[②]皆以修身为本[③]。（《大学》）

## 注释

① 庶人：原指没有爵位的人，这里指平民百姓。

② 壹是：都是，一切。
③ 本：根本。

## 解读

《大学》提出格物、致知、诚意、正心、修身、齐家、治国、平天下，后世称为“八条目”，这为我们展示了环环相扣的人生修养阶梯，其中心环节或轴心是修身，循着这进修阶梯一步一个脚印，你就会追随圣贤的足迹，超凡入圣，优入圣域。以“修身”为界，又可以分为前后两个部分：格物、致知、诚意、正心所要达到的结果是修身，离开修身的格、致、诚、正都失去了意义；修身又是齐家、治国、平天下的前提，齐、治、平是修身的主体推衍。在“八条目”中，修身是本，齐家、治国、平天下是末，齐家、治国、平天下要以修身为条件，所谓“欲治其国者，先齐其家，欲齐其家者，先修其身”；而由修身出发，便可能家齐、国治、天下平，所谓“身修而后家齐，家齐而后国治，国治而后天下平”。修身是格物、致知、诚意、正心所要达到的目的，是齐家、治国、平天下的根本，作为关键环节，具有内外相合的特点，所以“按照《大学》的说法，自上层统治者和文化精英直到贩夫走卒，都应以修身作为根本。根本不立则道不得流行。所有为着人的发展的道德的、社会的以及政治的制度设施都依赖于修身，由此方可达致家庭稳固、社群规整、邦国安定乃至天下太平。这种与道德、社会和政治相通的个人主义基于一种简单的观念，即整体健全取决于它的各组成部分的活力。人的终极完善意味着家庭、学校、社群、国家乃至天下之每一以及一切成员的良好修养”。因此，“修身在自我与形形色色的政治、社会、文化团体构成的社群的链环中居于中心地位。就个人方面而言，修身涉及复杂的经验学习与心智锻炼过程。就人类总体发展而言，修身则为家庭稳固、社会有序和世界和谐的基础……修身的核心地位促使中国思想家们将伦理付诸实施，将审美作为经验，将形上学转化为智慧，将认识论运用于沟通。”(1)

## 原文

凡为天下国家有九经①。曰：修身也，尊贤也，亲亲也，敬大臣也，体②群臣也，子庶民③也，来百工④也，柔远人⑤也，怀⑥诸侯也。修身则道立。(《中庸》)

## 注释

① 凡：总共。为：治理。经：常，常行的。
② 体：体察，体恤。
③ 子庶民：以庶民为子，指爱护平民百姓。子：动词。庶民：平民。
④ 来：招徕。百工：各种有技艺的工匠。
⑤ 柔远人：安抚远方邦国的人。

---

(1) 修身//杜维明．杜维明文集：第4卷，武汉：武汉出版社，2002：628－629，614－615.

⑥ 怀：抚慰。

## 解读

《中庸》也把修身放在非常重要的地位，提出了治理天下的九条大纲——九经：修身、尊贤、亲亲、敬大臣、体群臣、子庶民、来百工、柔远人、怀诸侯。修身在这里被放在第一位，是下面八个方面的前提和条件，并强调“修身则道立”，即修身对于确立人生之道的基础性作用。根本不立则道不得流行。在《中庸》中，修身是践行中庸之道的中心环节，是治理天下、国家的前提和保证，其他八个方面由内而外，由近而远，层层推衍，实际上是《大学》里提出的修身、齐家、治国、平天下几个阶段的具体展开，朱熹《中庸集注》引吕氏曰：“天下国家之本在身，故修身为九经之本。然必亲师取友，然后修身之道进，故尊贤次之。道之所进，莫先其家，故亲亲次之。由家以及朝廷，故敬大臣、体群臣次之。由朝廷以及其国，故子庶民、来百工次之。由其国以及天下，故柔远人、怀诸侯次之。此九经之序也。”这就是说，这九条原则是有严密的逻辑次序的，是不可颠倒混乱的，只有修养自身了才能够去尊崇贤人，只有亲爱亲族了才能够去敬重大臣和体恤群臣，而只有做到了以上这些，才能够去爱民如子，否则是做不到的。当然，这里的爱民如子不仅仅是天子一人的事，也同样包括了大臣和群臣在内，他们都要做到爱民如子。治国平天下要遵循这九条原则，就必须以诚心去实行，这是使天下国家达到太平和合理想的重要保证。

## 原文

天下之本在国①，国之本在家②，家之本在身。（《孟子· 离娄上》）

## 注释

① 本：根本。国：指西周、春秋时期的诸侯国。
② 家：指西周、春秋时期大夫统治的区域。

## 解读

孟子对《大学》的“修身为本”做了进一步的发挥，以层层逆推的方式更明确地把修身看成是齐家、治国、平天下的开端和基础。《孟子·尽心下》还说：“君子之守，修其身而天下平。”《中庸》也说：“好学近乎知，力行近乎仁，知耻近乎勇。知斯三者，则知所以修身；知所以修身，则知所以治人；知所以治人，则知所以治天下国家矣。”后世的儒者在这方面有更多发挥，如南宋朱熹《癸未垂拱奏札》说：“臣闻《大学》之道，自天子以至庶人，壹是以修身为本，而家之所以齐，国之所以治，天下之所以平，莫不由是出焉。”元代许衡在《大学直解》里也说：身为家国天下的根本，身若不修，则其根本先乱了，如何得家齐国治而天下平。明代王艮提出“安身立本”的观点。他说："身与天下国家，一物也。惟一物而有本末之谓。……修身，立本也。立本，安身也。"（《心斋王先生全集·卷三·答问补遗》）身与家国天下是一体的，所以修身就是立本，立本就是安身。王艮"安身立本"思想的主要观点在于以身为本，以家国天下为末。"安身以安家而家齐，安身以安国而国治，安身以安天下而天下平也。故曰修己以安人，修己以安百姓，修其身而天下平。不知安身，便去干天下国家事，是之为失本。"（《明儒学案·卷三十二·泰州学案》）

**原文**

礼者，所以正身也，……无礼何以正身。（《荀子·修身》）

**解读**

荀子把礼看成是修身的根本，认为礼是用来端正自身，规范人的思想意识、言行举止的。生命有待于礼的塑造，"身"必定要有"礼"来"正"，没有礼，用什么来端正身心呢？这就是"无礼何以正身"。荀子强调礼的修身作用，是因为礼是区分人与动物的标志。《荀子·非相》："人之所以为人者，非特以其二足而无毛也，以其有辨也。夫禽兽有父子而无父子之亲，有牝牡而无男女之别。故人道莫不有辨。辨莫大于分，分莫大于礼。"人之所以成为人，并不只是因为他们有两只脚而身上没毛，而是因为他们能够自觉地把自己与动物区别开来。禽兽有父有子，但没有父子之间的亲情；有雌有雄，但没有男女之间的分别。而之所以为人之道，就在于能够把自己与动物区别开来。因区别就形成了名分，因名分而有礼。荀子还将"礼"视为"人道之极"（《荀子·礼论》），把礼看成是做人的最高价值原则。礼是"道德之极"（《荀子·劝学》），是人道德修养的最高境界。所以，《荀子·劝学》中当有人问"学恶乎始，恶乎终"时，荀子回答说："其数则始乎诵经，终乎读礼。"学习从哪里开始，到哪里结束呢？回答是：从读《尚书》《诗经》等经典开始，到读《礼经》结束。这样，就能够实现王道政治的理想。《荀子·致士》说："礼及身而行修，义及国而政明，能以礼挟而贵名白，天下愿，令行禁止，王者之事毕矣。"是说以礼修身，以义明政，就可以美名远扬，受人仰慕，王道的事业就达到最完美的地步了。

## 三、知命立命

**原文**

五十而知天命。（《论语·为政》）

## 解读

这是孔子谈到自己的一生时说的，从孔子生命成长的历程来说，大概在他五十岁时，他经过教育学生、教化天下，人生的经验越来越多，对天道的觉悟越来越高，知晓了天地自然运行的规律，知道了上天所赋予万物和人类的命运，也包括自己的命运。春秋时期，“天道”自然、“重人事”、“重人文”等天道观和人道观的发展，在一定程度上淡化了“天命观”。但孔子仍然肯定“天命”，强调“知天命”：《论语·颜渊》中说“死生有命，富贵在天”，富贵是非人力所能及的，不要强求。人有主动性可以弘扬“道”，“人能弘道”，但“道”的兴废却要受制于“天命”。“道之将行也与？命也。道之将废也与？命也。”（《论语·宪问》）在与天命的关系中，人的能动性是不能超越天命的，一旦逆乎天命，则要受到天的无情惩罚，“获罪于天，无所祷也”（《论语·八佾》）。所以，孔子看到了外在天命的客观必然性，主张“知天命”。他主张知天命，尽人事。遵循天命，但又不是听天由命，废弃人事的努力；相反，强调积极有为，乃至被隐士讥为“知其不可为而为之者”。这种尽人事，是以“仁”为标准的。孔子的仁道原则确认人有行仁的能力，人不仅仅是目的，被尊重的对象，而且是施人以爱的道德主体。人作为道德主体，其为仁的意愿及行为就是主体自身力量的体现。出于此，孔子说：“为仁由己，而由乎人哉?”（《论语·颜渊》）“我欲仁，斯仁至矣。”（《论语·述而》）为仁是道德选择，人在这一点上完全应当做自己的主宰。到了晚年，孔子愈发相信天命，并把知天命视为成为君子、圣人的必备条件。所以又有《论语·季氏》中的“君子有三畏”之说。

## 原文

畏①天命，畏大人②，畏圣人之言。小人不知天命而不畏也，狎③大人，侮圣人之言。（《论语·季氏》）

## 注释

① 畏：据甲骨文的意思是鬼手拿杖打人，使人害怕。本义是害怕，这里是敬服的意思。

② 大人：汉唐注多说是圣人，也有说是天子诸侯为政教者。

③ 狎（xiá）：亲昵，亲近而不庄重。

## 解读

孔子告诉人们：君子应该有三点敬畏：敬畏天命，即上天的意志，现在也可说就是自然规律；敬畏德高望重的王公大人或者圣人；敬畏圣人留在经典之中的言论。小人不知道有天命，因而他没有敬畏之心。他轻慢德高望重的王公大人，蔑视圣人的言论。这一章过去曾经被一些人当成孔子宣扬唯心主义天命论的证据，其实这是很大的误解。在“君子三畏”这个问题上，天命、大人、圣人之言，是放在同一平台上的，或者说三者之间是相通的。大人、圣人之言是天命的另一表现形式，君子可以在大人或圣人之言处聆听天命，那么大人或圣人之言便是天命意志的人间使者。孔子希望君子敬畏天命，无违天命，随时谨慎小心，不敢恣意胡为，在行为上多做检讨；而小人不知敬畏天命，因而行无忌惮，肆意妄为，对通天地、知晓天命的大人、圣人多有轻慢，甚至污蔑，多行不义必自毙，其结局往往是可悲的。

### 原文

君子居易以俟命①，小人行险以徼幸②。（《中庸》）

### 注释

① 居易：居于平安的地位，也就是安居现状的意思。易：平安。俟（sì）命：等待天命。

② 徼（jiǎo）幸：即侥幸，妄想得到不该得到的东西。

### 解读

君子安居现状来等待天命，小人却铤而走险妄想得到不该得到的东西。居易俟命，是儒家对待自身境遇和天命的一种态度。朱熹对《中庸》里的这段话做注曰："易，平地也。居易，素位而行也。俟命，不愿乎外也。"把居易俟命与素位而行联系起来，是很有道理的。后儒经常说君子"素位而行，居易俟命"，怎么素位而行？如处在富贵之地，就做富贵人应做的事。一般人富贵了，便春风得意，傲慢无礼，吃喝玩乐，纵情声色，以极口体耳目之欲。如果是有修养、懂得中庸之道的人，即使富贵了，也能心态平常，富而好礼，视金钱如粪土，视名利如浮云。对于处在贫贱的人，道理也是一样的，不以贫贱累其心，能够安贫乐道，像颜回那样，箪瓢陋巷不改其乐。清代王夫之《张子正蒙注·太和篇》中也说："是以君子安生安死，于气之屈伸无所施其作为，俟命而已矣。"君子修身养性，安分守己，无论出于什么样的境遇，甚至生死之际，都能够平心静气，不急不躁，以待天命或合适的机遇。当然，这里的等待并不是什么都不做，而是尽当下该尽的本分，该干什么仍尽力干好。

### 原文

不知命，无以①为君子也。（《论语·尧曰》）

### 注释

① 无以：无法，不能。

### 解读

孔子说："不知天命，就没有办法成为君子。"命运问题始终是困扰人生的大问题。命运处在可知与不可知之间，即命运肯定存在，所以有修养的人要知天命。邢昺《论语注疏》云："命，谓穷达之分。言天之赋命，穷达有时，当待时而动。若不知天命而妄动，则非君子也。"天命在人身上体现为困顿或显达，困顿或显达都有一定的时间期限，困顿的时候不要失望、消极、沉沦，显达的时候也不要骄傲、狂妄、自大，要顺应天时，待时而动，这才是君子的修养。如果不知天命，肆意妄动，那就不是君子的修为。朱子《论语集注》引程子语云："知命者，知有命而信之也。人不知命，则见害必避，见利必趋，何以为君子？"君子乃儒门之理想人格，而"知命"为君子之要。人不知天命，则一定只从现实利益出发考虑问题，见利必趋，见害必避，怎么能够成为君子？反过来说，知天命者，见利不必趋，见害不必避，唯"道义"是从，是君子的应有修养。

### 原文

莫非命也，顺受其正[1]。是故知命者，不立乎岩墙[2]之下。尽其道而死者，正命也。桎梏[3]死者，非正命也。（《孟子·尽心上》）

### 注释

① 顺受其正：听天命、顺天道，正道而行，接受的便是正命。

② 岩墙：将要倒塌的墙，此指危险之地。

③ 桎梏（zhì gù）：拘禁犯人的刑具。

### 解读

孟子像孔子一样，承认没有一样不是天命决定的，人的生死是由天命所决定的，而他把命又分成"正命"和"非正命"。听天命、顺天道，正道而行，接受的便是正命。因此，懂天命的人不会站立在将要倒塌的墙下面，不把自己置于危险之地。当然，这不是胆小怕死。孟子强调，尽自己努力行正道而死的人，所接受的是正命；而那些违法犯罪、受刑而死的人，与站立在将要倒塌的墙下面的人一样，都是不知天命，咎由自取，所接受的不是正命。这就可以说命是掌握在自己手中的。明代吕坤在《呻吟语》中则这样发挥说："正命者，完却正理，全却初气，未尝以我害之，虽桎梏而死，不害其为正命。若初气凿丧，正理不完，即正寝告终，恐非正命也。"意思是说："能按照正理完成人生使命而死的人，完满地保存了正理，保存了人生之初的元气。正理和元气没有因为我而受到损害，这样，虽然被拘禁而死，也可以称作正命。如果最初的元气丧失了，正理不完备，即使能寿终正寝，恐怕也不能称作正命。"

### 原文

从天而颂之，孰与制天命而用之[1]！望时而待之，孰与应时而使之！（《荀子·天论》）

## 注释

① 孰与：何如，意谓还不如，常用于反诘语气。制：本为“製”，《说文解字·衣部》：“製，裁也。”裁取、裁度、剪裁。

## 解读

长期以来，人们把“制天命而用之”理解为荀子在天人相分思路下控制、制服天命，并引申为“人定胜天”“人能征服自然”，其实荀子并没有这样的意思，他只是突出人的主动性、能动性，强调人类应该在尊重和掌握自然规律的基础上有选择地利用即“裁取”那些能够为人类所用的自然规律为人类服务。唐代学者杨倞注解这句话说：“颂者，美盛德也，从天而美其盛德，岂若制裁天之所命而我用之。谓若曲者为轮、直者为桷，任材而用也。”王先谦的《荀子集解》也继承了这一说法。可以看出，荀子的所谓“制”有裁取利用之意，并没有所谓“斗争”“征服”之意。其实，在荀子的思想中还有着“顺天”的内容，强调“备其天养”“顺其天政”，要在顺应天地规律的过程中发挥人事的功能：“春耕、夏耘、秋收、冬藏，四者不失时，故五谷不绝，而百姓有余食也。污池渊沼川泽，谨其时禁，故鱼鳖优多，而百姓有余用也。斩伐养长不失其时，故山林不童，而百姓有余材也。圣王之用也：上察于天，下错于地，塞备天地之间，加施万物之上。”（《荀子·王制》）认为人在天地之间有着特殊的地位，圣王顺应天地规律，才能使人的功用得到最大程度的发挥。

## 延伸阅读

1. 张立文．儒家安身立命论．社会科学战线，1993（1）．
2. 罗义俊．儒家智慧与安身立命．中国哲学史，1994（3）．
3. 郭齐家．中国古代研究生命的学问——“安身立命”说．洛阳大学学报，1998（1）．
4. 武才娃．儒家“安身立命”的现代价值．北京建筑工程学院学报，1999（Z1）．
5. 谢扬举．李二曲安身立命思想述评．中国哲学史，2000（1）．
6. 宋志明．孟学与安身立命之道．邯郸学院学报，2009（2）．
7. 肖群忠．儒者的安身立命之道．哲学研究，2010（2）．
8. 向世陵．儒家“安身立命”思想发微．社会科学战线，2010（4）．
9. 郭清香．何以安身？立命何处？——“安身立命”问题之当代价值．河南社会科学，2011（3）．
10. 祖伟．儒家文化中的安身立命思想．牡丹江教育学院学报，2013（4）．
11. 吕纪立．论《周易》中“安身立命”的四大关系．学术探索，2015（11）．

# 第三章　仁者爱人

韩　星

**概　述**

“仁”是儒家思想核心价值观之核心，其基本含义是爱人。有仁德的人才能正确地好人恶人，他们是非清楚，爱憎分明，能够举用贤人，也能够摒弃奸佞。人与人之间的仁爱是相互的，如果你对别人的爱没有得到相应的反应，那就应该反求诸己。“知者知人，仁者爱人”，既能爱人，又能知人，既仁且智，仁智并建。“知者自知，仁者自爱”，自爱首先是爱自己的身体，其次是自尊自敬，成为一个明达君子。自爱是仁的极致，自敬是礼的极致，自敬自爱是人与人相亲相爱的前提和基础。儒家把仁爱还扩展到天地之间的其他万物，强调爱物惜命，君子远庖厨，这既体现了“仁爱生命”这一善良而美好的心愿，也体现了可贵的环境保护、珍惜自然资源的意识。

## 一、仁者爱人

**原 文**

樊迟[1]问仁。子曰：“爱人。”（《论语·颜渊》）

## 注释

① 樊迟：即樊须，名须，字子迟，春秋末鲁国人（一说齐国人），孔子的学生，从小贫穷，但读书刻苦，还懂种田。

## 解读

儒家思想的核心观念之一是“仁”，其内涵非常丰富，范围非常广泛，几乎统摄着一切美好的德性。“仁”字在《论语》中出现109次，孔子对“仁”从不同方面和角度做了全面深入的阐释。孔子的学生樊迟向孔子请教什么是“仁”时，孔子回答说“爱人”，直接提出了“仁者爱人”这一主题思想。孔子站在“人之为人”的高度来反思春秋社会礼乐崩坏过程中人与人（包括君臣、诸侯卿大夫、父子等方面）的关系变化，在以人为本的基础上重建全新的文化模式，这样就开启了儒家人本理性的思维路向。正如有学者所论：“《论语》中多处为‘仁’规定界说，其特点是：‘仁’不是以祖先神的崇拜为出发点，而是以人的理性为基点；不是以民族群体为出发点，而是以个人修身为基点；不是以维护一方而牺牲另一方为出发点，而是力求照顾到人际双方的利益为基点。孔子将‘仁’解释为‘爱人’就显示了这样一些特点。”(1) 孔子强调“仁爱”，对我们的民族精神产生过积极和深远的影响。我们中华民族的“尊老爱幼”“雪中送炭”“济困扶弱”“成人之美”等美德都是儒家仁爱思想的成果。

### 原文

子曰：“唯仁者①能好人，能恶人。”（《论语·里仁》）

(1) 张岂之．儒学·理学·实学·新学．西安：陕西人民出版社，1991：6.

## 注释

① 仁者：具有仁德的人。

## 解读

孔子从仁者角度谈如何正确地好人恶人。好恶乃人的天然情感之一，但在现实生活中人的好恶之情往往不恰当地发出，或者过分，或者错误，都是不懂得正确地好恶的缘故。孔子告诉我们，你先做个仁者，有仁心，有仁德，这样你的好恶才能是正确的。所以，成为一个仁者是关键。如果联系书中别处孔子与学生对这个问题的讨论，也会有启发。子贡曾经向孔子请教说："乡人皆好之，何如?"子曰："未可也。""乡人皆恶之，何如?"子曰："未可也。不如乡人之善者好之，其不善者恶之。"（《论语・子路》）又有一次，孔子说："众恶之，必察焉；众好之，必察焉。"（《论语・卫灵公》）可见，对一个人的好恶一定要有是非标准，既不能只凭个人的私心得失来判断，也不能被社会舆论所左右，人云亦云。正是从这一点出发，孔子提出了只有有仁德的人才能够正确地去喜爱人、才能够正确地憎恶人的看法。这是要求我们具有仁心仁德，加强内在修养，克服偏私之见，正确对待他人，处理好人与人的关系。

## 原文

子之武城①，闻弦歌之声②。夫子莞尔③而笑，曰："割鸡焉用牛刀?"子游④对曰："昔者偃也闻诸⑤夫子曰：'君子学道⑥则爱人，小人学道则易使也。'"子曰："二三子！偃之言是也。前言戏之耳。"（《论语・阳货》）

## 注释

① 子：孔子。之：动词，到。武城：邑名，在鲁国。

② 弦歌之声：以琴瑟伴奏而歌。当时子游为武城的长官，用礼乐教化百姓，所以老百姓喜欢弹琴唱歌。

③ 莞（wǎn）尔：微笑的样子。

④ 子游：姓言，名偃，字子游，孔子的弟子。

⑤ 诸：相当于"之于"。之，代词，这里代指"君子学道则爱人，小人学道则易使也"。

⑥ 道：这里指礼乐。

## 解读

孔子有一次到武城去看他的学生子游，当时子游为武城的长官，用礼乐教化百姓，所以老百姓喜欢弹琴唱歌。孔子一入城邑，就听到弹琴唱歌的声音，便微笑着对子游说："杀鸡哪里用得着宰牛刀呢?”子游回答道：“以前我听老师说过，‘君子学了礼乐就会爱人，小人学了礼乐就容易听使唤。’”孔子说：“弟子们，子游的话是对的。我刚才讲的话不过是开玩笑罢了。”孔子用“割鸡焉用牛刀”这个形象比喻说明治理武城这么一个小地方何必用礼乐大道，是说子游有点治小用大。但孔子并没有否定子游的意思，最后他还是肯定子游是对的。因为，孔子把礼乐之治是看得非常高的，他一生梦寐以求的就是实现西周那样礼乐文明的社会秩序。但他深知，礼乐的内在精神就是“仁”。在孔子之前，尽管人们已大量使用“仁”“礼”范畴，但还没有把二者联系起来加以认识。孔子说：“人而不仁，如礼何！人而不仁，如乐何!”（《论语·八佾》）礼乐之中，如果抽去了“仁”的精神，便没有什么有价值的东西了。“仁”是礼乐的价值之源，是礼乐文化的实质内容，是人之为人的必然要求。离开了“仁”，礼乐就成了没有任何意义的并异化于人的具文。因此，以礼乐治国就要体现仁爱精神。

### 原文

宓不齐①，鲁人，字子贱，少孔子四十岁。仕为单父宰，有才智，仁爱，百姓不忍欺，孔子美之。（《孔子家语·七十二弟子解》）

### 注释

①　宓（fú）不齐：春秋末年鲁国人，一说宋国人。字子贱，孔子的学生，注重道德修养，有君子之德。

### 解读

宓不齐担任单父地方的官员，有才智，仁爱百姓而不欺侮他们，这很符合孔子的政治理想，因此孔子对他大加赞赏，这一方面体现出老师对于学生的嘉许，另一方面也表达了孔子对执政者的期望。孔子强调“为政以德”，此“德”即是“仁德”，其实质内涵就是“爱人”，体现在政治上就是“仁政”。宓不齐作为孔子的弟子，继承孔子的思想，将仁爱精神贯彻于政治生活中。据《韩诗外传》记载，他治单父“时发仓廪，振困穷，补不足”“赏有能，招贤才，退不肖”，关心民生疾苦，对底层人民施以恩惠，基本保障了百姓的生活，贯彻了“仁者爱人”的政治理念，当他向孔子述其政绩以后，孔子称赞说：“惜乎！不齐（之所为者小也），为之大，功乃与尧舜参矣。”意即宓不齐还可以担当更大的职责，做出与尧舜可以相提并论的功业。《吕氏春秋·察贤》也记载，他为单父宰时，用弹琴来感化人们，结果是“身不下堂而单父治”，人们夸奖他是“鸣琴而治”。唐开元二十七年（739 年）追封宓不齐为“单伯”，宋大中祥符二年（1009 年）加封为“单父侯”，明嘉靖九年（ 1530 年）改称“先贤宓子”。

### 原文

唯仁人放流之①，迸诸四夷②，不与同中国③。此谓唯仁人为能爱人，能恶人。（《大学》）

## 注释

① 放流：流放，驱逐。之：指上文所说的“不能容”之人。

② 迸：即“屏（bǐng）”，除去、排除、驱逐。四夷：四方之夷，古代对中国边疆文化程度较低的各族的泛称，即东夷、南蛮、北狄和西戎的合称。

③ 中国：指中原地区的华夏诸侯国，与现代的“中国”一词意义不一样。

## 解读

有仁德的人会把那些嫉贤妒能的人流放，把他们驱逐到边远的四夷之地去，不让他们同住在中原地区。这说明，有仁德的人能够爱护人，也能够憎恶人。就是说，真正有仁德的人是非清楚，爱憎分明，集中体现在举用贤人和屏弃奸佞两方面。君子在位，没有见贤而不举用的，举用必因其器而重用之。贤者好比君主的四肢，也是国家的栋梁，君子求之、爱之、尊之。君子辨恶而不善者，不为巧言而有所迷惑，不因其善辩而有所动。奸佞之人就像君主身上的疮毒，也是国家的大患，君子去之、远之、诛之，不使其以莠害良。本章与《论语·里仁》“唯仁者能好人，能恶人”意思一样。

## 原文

君子所以异于人者，以其存心也。君子以仁存心，以礼存心。仁者爱人，有礼者敬人。爱人者人恒爱之，敬人者人恒敬之。（《孟子·离娄下》）

## 解读

孟子认为，君子和一般人的差异在于居心不同。君子把仁放在心中，把礼放在心中。有仁爱之心的人爱戴别人，有礼让之心的人尊敬别人。爱戴别人的人，别人也总爱戴他；尊敬别人的人，别人也总尊敬他。这说明爱戴和尊敬都是相互的，孟子教导人们要对他人友爱、尊重，要能够与他人和谐相处。但是，现实世界当中，人的个性、气质、修养、素质差别很大，人与人之间的关系也是非常复杂的，尽管你抱着仁爱的心肠、良好的愿望、善良的动机，也不一定能事事做得令人人满意，赢得人人的爱戴和尊敬。很多情况下可能是你自己心善事不善，或者遇到了麻烦的人和事。在这种情况下，君子就要反躬自问，只要自己没有做什么不仁之事，没有无礼的地方，就会心安理得。因为君子常常有忧患的意识，注意自己的道德修养，所以一般是不会发生什么突然的祸患的。即使有祸患突然发生，君子也不会感到忧患。他内省不疚，何忧何惧啊！

## 原文

孟子曰：“爱人不亲反其仁，治人不治反其智，礼人不答反其敬。行有不得者，皆反

求诸己，其身正而天下归之。《诗》云：‘永言配命，自求多福。’[①]”（《孟子·离娄上》）

### 注释

① “永言配命”二句：出自《诗经·大雅·文王之什》。

### 解读

孟子告诉我们，如果你爱别人而别人却不亲近你，你就应反问自己的仁爱之心够不够；你管理别人而未能管理好，就应该反问自己的知识能力够不够；你礼貌地对待人而得不到回应，就要反问自己的态度够不够恭敬。行为得不到预期效果，都要反过来求问自己，好好检查自己：别人为什么拒绝你的仁爱，别人为什么不服从你的管理，别人为什么不以礼待你，这就是“反求诸己”。你应该反省，自己的仁爱是否真诚，自己的智慧是否太低，自己的礼仪是否恭敬。一般来说，通过别人对你的态度，可以看到自己的缺点，进而加以改正，积极主动地与人为善。如果反躬自问自己的仁已够了，礼也够了，那么一般说来，是会得到别人相应的仁爱和礼遇的。这样，如果你来治理天下，自身端正了，天下的人就会来归附你。

## 原文

子贡[①]人，子曰：“赐！知[②]者若何？仁者若何？”子贡对曰：“知者知人，仁者爱人。”子曰：“可谓士君子矣。”（《荀子·子道》）

### 注释

① 子贡：端木赐，字子贡，是孔门七十二贤人之一，且列言语科之优异者，利口巧辞，善于雄辩，办事通达，曾任鲁、卫两国之相。他还善于经商之道，曾经经商于曹、鲁两国之间，富致千金，为孔子弟子中的首富。

② 知：通“智”，下同。

### 解读

子贡进来。孔子说：“端木赐！明智的人是怎样的？仁德的人是怎样的？”子贡回答说：“明智的人能了解别人，仁德的人能爱护别人。”孔子说：“你可以称为士君子了。”“知者知人，仁者爱人”应该来源于《论语·颜渊》：樊迟问仁。子曰：“爱人。”问知。子曰：“知人。”既能爱人，又能知人，既仁且智，仁智并建。在孔子学说中，仁与智不是外在的对立关系，而是密切联系、相辅相成的：一方面仁与智是内在的统一关系；另一方面仁与智的地位并不完全相同，仁对智有超越作用，仁是统摄智的，而不能反过来。蒙培元先生论仁与智的关系说：“辨别是非善恶是知之事，是其是而施以仁，便是仁之事。但反过来说，如果没有仁心，没有实行仁的道德情感，是非善恶也就无从辨别。因此，知（智）和仁不仅是相辅而行的，而且是互为前提的。仁知（智）合一就是情感和理性的合一。”(1)

### 原文

仁者爱人，义者循理①……彼仁者爱人，爱人故恶人之害之也；义者循理，循理故恶人之乱之也。（《荀子·议兵》）

### 注释

① 循理：依照道理或遵循规律。

### 解读

荀子在战国末期提倡仁人之兵，因为到了这个时候不可能一味地反对战争，所以他在孟子“仁者无敌”的基础上提出“仁人之兵”。这些“仁人之兵”停留的地方会得到全面治理，他们经过的地方会受到教育感化，就像及时雨的降落，没有人不欢喜。因此尧讨伐欢兜，舜讨伐三苗，禹讨伐共工，汤讨伐夏桀，周文王讨伐崇国，周武王讨伐商纣，这六位帝王都是使用仁人之兵驰骋于天下的。所以近处喜爱他们的善良，远方仰慕他们的道义；兵器的刀口上还没有沾上鲜血，远近的人就来归附了；德行伟大到这种地步，就会影响到四方极远的地方。以仁义之兵，禁暴除害，可以达到兵不血刃的地步，近悦远来，四海若一家。对此，他的学生陈嚣提出质疑，“先生议论用兵，经常把仁义作为根本。仁者爱人，义者遵循道理，既然这样，那么又为什么要用兵呢？大凡用兵的原因，是为了争夺啊！”荀子不像墨子那样主张“非攻”，而是取中庸之道，所以他回答说：“这道理不是你所知道的。那仁者爱人，正因为爱人，所以就憎恶别人危害他们；义者遵循道理，正因为遵循道理，所以就憎恶别人搞乱他们。大凡用兵的原因，是为了禁止横暴、消除危害，并不是争夺啊！”荀子的仁人之兵后来演变成为仁义之兵、仁义之师，都是指伸张仁爱正义、讨伐邪恶的军队。

## 二、自爱自敬

### 原文

身体发肤①，受之父母，不敢毁伤②，孝之始也。（《孝经·开宗明义》）

(1) 蒙培元．心灵超越与境界．北京：人民出版社，1998：33.

## 注释

① 身体：躯干为身，四肢为体，指全身而言。发：毛发。肤：皮肤。
② 毁伤：毁坏，残伤。

## 解读

践行孝道要从爱护敬重自己的身体开始，因为我们的身体四肢、毛发皮肤是父母给予的，与父母血脉相通、情感相系，因此要爱护我们的身体。这是从孝道的角度说的，如果从生命实体角度说就是珍爱生命，重视生命的价值。人的生命是天地所赐，毛发躯体是父母所生，所以应该珍惜自己的生命。因为人的生命不仅仅属于自己，人活着还应该对天地负责，对父母负责，对社会负责。对自己身体的爱护敬重当然不是宣扬自私的活命哲学，而是一种自爱、自尊，可以使我们爱护生命，体现在日常生活中就是生活有规律，早睡早起，按时吃饭，注意锻炼，没有不良嗜好，避免自杀、铤而走险、违法犯罪等行为的发生。有的青少年常出入网吧、酒吧、游戏厅、KTV 等场所，这些地方空气污浊、人声嘈杂，未成年人身在其中沉溺于感官刺激，忘了学习，不知吃饭、睡觉，昼夜颠倒，首先伤害身体，其次败坏德性。这种现象应该引起全社会的重视，采取措施进行综合治理，还青少年一个清静幽雅的学习环境和干净高雅的生活环境。

## 原文

身也者，父母之遗体①也，行父母之遗体，敢不敬乎？（《礼记·祭义》）

## 注释

① 遗体：子女的身体为父母所生，因此称子女的身体为父母的“遗体”。

## 解读

这是《礼记·祭义》记载的曾子说的话：“我们的身体，是父母亲遗留给我们的。我们以父母的遗体行事，怎么敢不常怀敬畏呢？”《大戴礼记·曾子大孝》也有类似的一段话：“身者，亲之遗体也。行亲之遗体，敢不敬乎！”意思是一样的。《吕氏春秋·孝行》：“父母生之，子弗敢杀；父母置之，子弗敢废；父母全之，子弗敢阙。故舟而不游，道而不径，能全肢体，以守宗庙，可谓孝矣。”父母让生存的，儿子就不敢杀掉；父母设置的，儿子就不敢废除；父母保全的，儿子就不敢损害。所以渡河就要乘船而不游水，行路就要走大路而不走小道，能保全四肢躯体，用来守住宗庙，可以说是孝了。《颜氏家训》还进一步提出“爱先人之遗体”，即爱护生命。珍惜生命，爱护生命，这就是儒家建立在孝道基础上的生命观。

## 原文

颜渊[①]入，子曰：“回！知者若何？仁者若何？”颜渊对曰：“知者自知，仁者自爱。”子曰：“可谓明君子[②]矣。”（《荀子·子道》）

## 注释

① 颜渊：名回，字子渊。春秋末期鲁国人。在孔门弟子中，其品德与学业均翘居群首，是孔子多次赞许的弟子。颜渊勤奋好学，不为生活艰苦所困。尽管颜渊没有著述传世，但他以其习行与品德为后世儒者树立了一个光辉的典范。

② 明君子：贤明君子。

## 解读

颜渊进来，孔子说：“颜回！明智的人是怎样的？仁德的人是怎样的？”颜渊回答说：“明智的人有自知之明，仁德的人能自尊自爱。”孔子说：“你可以称为贤明君子了。”这里指明为人之道是以利己的“仁者自爱”为基点推衍而达致利他的“仁者爱人”的境界。对仁爱的理解如果仅仅停留在对“爱人”（为他）的单纯强调之上，则仁爱就可能陷入一种对行动者自身缺乏积极价值关怀的自我否定。长期以来，我们过分强调爱人，没有注意到自爱。这样，“爱人”也就趋于苍白、僵硬，或者出于外在道德规范的强制约束，或者出于行动者的刻意造作，而缺失由内而生的植根于行动者生命本源的内驱力。自爱不是自恋，是自律、自尊、自强。一方面，依推己及人的原则，一个人如果不知自爱，没有自己的情感体验，如何能够爱人呢？自爱与爱人是相通的。另一方面，自爱不仅是自己对自己的事情，它也要在人—我关系中实现，即有被他人尊重的要求。一个人如不自爱又何来他人爱己的需求呢？没有自爱作为基础，爱人也是悬空的。今天我们要建设和谐社会，爱己爱人都是我们要关注的。

## 原文

君子之自行[①]也，敬人而不必见敬，爱人而不必见爱。敬爱人者，己也；见敬爱者，人也。君子必在己者，不必在人者也。必在己，无不遇[②]矣。（《吕氏春秋·孝行览·必己》）

## 注释

① 自行：自己实行，自己处理。

② 不遇：不得志，不被赏识。

解读

这段话告诉了我们君子的行事准则。尊敬别人而无须别人也一定尊敬自己，关爱别人而无须别人也一定关爱自己。尊敬和关爱是自己的事，而被别人尊敬和关爱是别人的事。君子一定要严格要求自己，而不必在意别人是否回报了自己。只要严格要求自己，并不因外部变数而荒殆自己，终究是会被社会赏识的。说明人与人之间的爱和敬是相互的，每个人爱和敬别人当然也渴望被别人爱和敬，但不能强求，自爱自敬是被别人爱和敬的前提和基础，只要自爱自敬，自己的人生道路就越走越宽广。

原文

人必其自爱也，而后人爱诸；人必其自敬也，而后人敬诸。自爱，仁之至也；自敬，礼之至也。未有不自爱敬而人爱敬之者也。（《法言·君子》）

解读

人必须先自爱，而后别人才能爱他；人必须先自敬，而后别人才能敬他。自爱是仁的极致，自敬是礼的极致。世界上没有不自爱自敬而能够被别人爱和敬的。这句话强调了人要自爱自敬。意思是人一定要自爱，而后才能被他人所爱；人一定要自敬，而后才能被他人尊敬。世界上没有不自爱自敬而被别人爱和敬的。也就是说，自爱自敬是关爱他人的必要前提。一个自暴自弃的人，不会对他人产生友好行为。丧失了自信心和责任感的人，也常常对别人采取损害的行为。北宋王安石还说："爱己者，仁之端也，可推以爱人也。"（《荀卿》）是说自爱是仁的开始，由此可以推广到对别人的爱。

## 三、爱众仁民

原文

安民则惠①，黎民怀之。（《尚书·皋陶谟》）

注释

① 惠：仁爱。

## 解读

使民众安居乐业就是爱民，爱民就会得到老百姓的怀念。夏禹曾经与他的大臣皋陶讨论治国问题，皋陶提出“安民”问题，并以之为治国的法宝之一。后来，孔子就十分重视安民问题，他说：“修己以安百姓。”（《论语·宪问》）孟子还提出了安民的具体办法，就是“制民之产”。

## 原文

民罔常怀[①]，怀于有仁。（《尚书·太甲下》）

## 注释

① 罔（wǎng）：不。常怀：指固定不变的归向。怀：心所向往。

## 解读

民众并不是永远归附某一位君主，他们只归附有仁德的君主。孔安国传：“民所归无常，以仁政为常。”老百姓的归向看似没有常规，其实是有常规的，就是谁行仁政就以谁为依归。这是伊尹对太甲的教诲。伊尹为商朝初年著名贤相、政治家、思想家，太甲为商汤嫡长孙，商朝第四位君主。太甲继位之初，由四朝元老伊尹辅政，伊尹教导太甲遵照祖先的法制，努力做一位明君。在伊尹的督促下，太甲在继位后前两年，其作为还过得去，但从第三年起，他任意地发号施令，一味享乐，暴虐百姓，朝政昏乱，又破坏汤制定的法规。伊尹虽百般规劝，他都听不进去，伊尹只好将他放逐到商汤墓地附近的桐宫（今河南省商丘市虞城县北），让他反省，自己摄政当国，史称“伊尹放太甲”。太甲在桐宫三年，悔过自责，伊尹又将他迎回亳都（今商丘谷熟镇），还政于他。在伊尹的耐心教育下，太甲复位后勤政修德，继承成汤之政，诸侯都归顺商朝，百姓得以安宁，商朝的政治又出现了清明的局面，于是伊尹又作《太甲》三篇，《咸有一德》一篇褒扬太甲。“民罔常怀，怀于有仁”就是伊尹教育太甲要成为一个仁政爱民的贤明君主。

## 原文

子谓子产[①]，有君子之道四焉[②]：其行己也恭[③]，其事上也敬[④]，其养民也惠[⑤]，其使民也义[⑥]。（《论语·公冶长》）

## 注释

① 谓：此指评价。子产：姓公孙，名侨，字子产，做过正卿，是郑穆公的孙子，为

春秋时郑国的贤相，颇有政绩。

② 焉：在他身上。

③ 其：指子产。行己：自己的行为。恭：发自内心的敬重。

④ 事：为某人做事。上：上司，上级。敬：谨慎做事而且尽力。

⑤ 惠：仁惠，把好处给人。

⑥ 使：使唤，支使。义：宜，指合乎道义。

## 解读

孔子评论子产说：他有君子的四种德行：他自己行为庄重，他为君主做事恭敬，他养护百姓有仁惠，他役使百姓合乎道义。孔子通过对子产的评价讲的君子之道，也是为政之道。子产在郑简公、郑定公、郑献公、郑声公四朝执政二十二年。其时正是晋楚两国争强、战乱不息的时候。郑国地处中原要冲，而周旋于这两大国之间，子产却能不低声下气，也不妄自尊大，使国家得到尊敬和安宁，的确是中国古代一位杰出的政治家和外交家。孔子对子产的评价甚高，认为治国安邦就应当具有子产的这四种德行。另外，《左传·昭公二十年》："子产卒，仲尼闻之，出涕曰：古之遗爱也。"

## 原文

子曰："道千乘之国[1]，敬事而信[2]，节用而爱人，使民以时[3]。"（《论语·学而》）

## 注释

① 道：即"导"，领导、治理。乘（shèng）：由四匹马拉着的一辆兵车为一乘。车上有穿铠甲的军士三人，车后有步兵七十二人。拥有一千辆兵车的国家，在当时是一个中等规模的诸侯国。

② 敬：谨慎认真地办事。信：使民信任。

③ 使：役使，征用。时：季节，这里指农闲时节。

## 解读

孔子说："治理一个有一千辆兵车的中等规模的国家，要谨慎认真地对待政事，获得民众信任，节俭用度，爱护下属，征用百姓要在农闲时节。"孔子这句话是对治理国家的领导人讲的，"敬事""信""节用""爱人""使民以时"，虽然简单明了，却包含着很深的道理。敬事而信则民心悦诚服，节用物力则足食，爱人使民以时则足兵，足食足兵则民信之矣。五者相互联系，互为支撑；五者足具，方能治国。这里都是浅近的话，实实在在地说出来，体现的是王道政治的精义和治国平天下的大道理。道理人人都懂，但要做起来却不容易。孔子所说的五点也具有普遍意义，完全适用于当今世界对国家的治理。根据历史的经验教训，在上位者能做到这五点，国家便可稳定并兴盛；反之，国家便会衰落甚至倾覆。治理中等规模的国家是这样，小则为政一方、大则平治天下也是同样。

### 原文

孟子曰："三代[①]之得天下也以仁，其失天下也以不仁。国之所以废[②]兴存亡者亦然。天子不仁，不保四海；诸侯不仁，不保社稷；卿大夫不仁，不保宗庙[③]；士庶人不仁，不保四体。今恶死亡而乐不仁，是犹恶醉而强[④]酒。"（《孟子·离娄上》）

### 注释

① 三代：指夏、商、周三代。

② 废：衰败，跟"兴"相对。

③ 宗庙：代指卿大夫的采邑领地。

④ 强：勉强。

### 解读

孟子说："夏、商、周三代获得天下，是由于仁政；他们失掉天下，是由于不仁。国家衰败、兴盛、生存、灭亡的道理也是这样。天子如果不仁，不能保住天下；诸侯如果不仁，不能保住国家；卿大夫如果不仁，不能保住宗庙；士人和百姓如果不仁，不能保全自身。现在有些人害怕死亡，却又乐意干不仁的事，这就像害怕喝醉却硬要多喝酒一样。"孟子以夏、商、周三代行仁政获得天下的历史事实概括了国家废兴存亡的基本规律，这就是是否推行仁政。按照孟子的看法，尧舜之道就是以仁政平治天下的样板。是否行仁政是古代圣王与暴君的根本区别。是否推行仁政、具有仁德，不是天子一个人的事情，是对自天子以至普通百姓来说都至关重要、性命攸关的。以仁政为核心的先王之道是孟子心目中理想政治的象征，为政者不效法先王之道是最大的不明智。孟子的仁政学说是中国古典政治的优秀遗产，直至今天推行仁政仍然是老百姓对政府的期望，仁政爱民仍然具有现代意义。

### 原文

孟子曰："不仁哉，梁惠王也！仁者以其所爱，及[①]其所不爱。不仁者，以其所不爱，及其所爱。"公孙丑问曰："何谓也？""梁惠王以土地之故，糜烂[②]其民而战之，大败。将复之，恐不能胜，故驱其所爱子弟以殉[③]之，是之谓以其所不爱及其所爱也。"（《孟子·尽心下》）

### 注释

① 及：推及。

② 糜烂：指战争使老百姓暴尸郊野，骨肉糜烂。

③ 殉：古代用人或物随葬，这里指为某种目的而牺牲生命。

解读

孟子推崇“亲亲”“仁民”，认为统治者为一己之私而驱使百姓去战斗，那便是一种祸害。所以当梁惠王抱着利用百姓为其重振旗鼓，前去报仇雪耻的私心，向孟子请教诱民迁居于梁的时候，孟子毫不留情地戳穿了他的私心，并且狠狠地指责梁惠王为了扩张土地的缘故，糟蹋百姓的生命驱使他们去打仗，打了败仗，又准备再战，担心不能取胜，所以又驱使他所爱的子弟去为他送死，这样的行为是极为不仁的。爱人民，人民都来归附，而人民所赖以生存的土地也会随之而归附。如果为了扩张土地，将自己国家的人民牺牲过半，那么争得来的土地又有什么用呢？即使争得良田千顷万顷，由于无人耕种，不久也要荒芜。从孟子对梁惠王的评价来看，梁惠王就不懂得自己到底爱什么，是爱土地还是爱人民？这里孟子对统治者直接的批评痛快淋漓，反映了孟子在权贵面前正义凛然，说大人而藐之，不因君王权力而不敢言语、畏缩行事，铁骨铮铮，壁立千仞的人格。到了明代，朱元璋试图加强封建专制，就删去了《孟子》当中直白批评梁惠王的话。

## 四、爱物惜命

原文

子钓而不纲[①]，弋不射宿[②]。（《论语·述而》）

注释

① 纲：提网的总绳，这里指有大纲的渔网。

② 弋：射鸟器。宿：歇宿了的鸟。

解读

孔子在钓鱼时就只用一个鱼钩的钓竿，而不用渔网；打猎时，只射飞鸟，不射在巢中歇宿之鸟，这就充分体现了孔子爱物及取物有节的思想。孔子既尊重了生物的规律——不竭泽而渔，又包含了仁爱之心——保护老幼。孔子强调仁者“爱人”，同时他也重视对动物的保护，反对人类的滥捕滥猎和破坏生态平衡。孔子的行为是我们今人应该学习和效法的。

原文

君子之于物也，爱之而弗[①]仁；于民也，仁之而弗亲。亲亲而仁民，仁民而爱物。

（《孟子·尽心上》）

注释

① 弗：不。

解读

君子对于禽兽草木这些“物”，爱惜它，但谈不上仁爱；对于百姓，仁爱之，但谈不上亲爱。亲爱亲人而仁爱百姓，仁爱百姓而爱惜禽兽草木。孟子讲清楚了仁爱的差等性。对于禽兽草木这些“物”，主要是爱惜。爱惜的具体表现就是取之有时，用之有节。这种思想，已经有了我们今天环境保护、珍惜自然资源的意识。对于民，也就是老百姓，需要仁爱。仁爱的具体表现就是孟子在《孟子·梁惠王上》里面所说的“老吾老以及人之老，幼吾幼以及人之幼”。而这种推己及人的仁爱，对禽兽草木等“物”是谈不上的。对于亲，也就是自己的亲人，则是一种以血缘关系为纽带的亲爱，是爱之中最自然、最亲密的一个层次。但是，只有当你能够亲爱亲人时，才有可能推己及人地去仁爱百姓；只有当你能够仁爱百姓时，才有可能爱惜万物。不然，爱就成了无源之水、无本之木，是不可能维系下去的。所以，爱虽然有亲疏，有差等，但这些亲疏差等之间却又有着内在的必然的联系。从亲爱自己的亲人出发，推向仁爱百姓，再推向爱惜万物，这就形成了儒学的“爱的连锁”。从仁的角度看，“亲亲”是仁的自然基础，“仁民”是仁的核心和重点，“爱物”则是仁的最终完成。对万物的爱心，实际上是仁爱需要完善化的内在逻辑要求。

原文

君子之于禽兽也，见其生，不忍见其死；闻其声①，不忍食其肉，是以君子远庖厨②也。（《孟子·梁惠王上》）

注释

① 声：指被宰杀时的哀鸣声。

② 远：形容词的使动用法，使……远离。庖（páo）厨：厨房。

解读

君子对于动物，看到它们活蹦欢跳的，就不忍心看见它们死去；听到它们哀叫悲鸣，就不忍心再吃它们的肉。正因为这样，君子要使自己远离厨房，看不见宰杀动物的残忍场面。《孟子·梁惠王上》中有这样一个故事：齐宣王看见被赶去祭祀的牛可怜兮兮的样子，就动了恻隐之心，命令用一只羊去代替它；对此，孟子认为齐宣王不让那头牛被送去作祭祀之用，是出于一种仁爱之心，但是齐宣王这样做是“见牛未见羊”，不知道以羊代替牛去做“牺牲”时羊也是极其痛苦的。所以，孟子认为，真正的君子，对有生命的东西，看到它们活着，便会不忍心再看到它们死去；而听到它们的悲鸣或哀叫，便更不会忍心再去吃它们的肉。他认为，君子之所以远离残害生命的厨房，正是源于“仁爱生命”这一善良而美好的心愿，这是一种仁爱的心术。

### 原文

君无故不杀牛，大夫无故不杀羊，士无故不杀犬、豕，君子远庖厨①，凡有血气②之类，弗身践③也。(《礼记·玉藻》)

### 注释

① 君子远庖厨：见《孟子·梁惠王上》。
② 血气：指有血液、气息的动物。
③ 弗身践：“弗身翦”声之误，“翦”即杀也。

### 解读

国君无故不宰杀牛，大夫无故不宰杀羊，士无故不宰杀狗、猪。君子要有仁爱之心，远离厨房这些地方，对于有血气的动物都不要亲手去杀它们，这显然与孟子“仁爱生命”的思想相通。汉代贾谊在《新书·礼篇》中引述了《孟子·梁惠王上》的话后说：“故远庖厨，仁之至也。”把“君子远庖厨”作为仁慈的品德加以提倡，这倒也是符合孟子的原意的。后世有不少人曲解了“君子远庖厨”这句话强调有修养的人要有“仁爱生命”之心的合理内核，或者片面轻率地说君子应该远离厨房，或者说孟子很虚伪，既要吃动物的肉，又不做不仁的事情，但实际上总有人要宰杀动物，于是只能是小人来做不仁的工作了。这些都是一些片面的理解和认识，并不符合孟子的本意。

### 原文

质于爱民①，以下至于鸟兽昆虫莫不爱。不爱，奚足谓仁？(《春秋繁露·仁义法》)

### 注释

① 质：事物的根本、本体、本性。

### 解读

最根本的是仁爱人民，再往下以至于鸟兽昆虫没有不爱的。如果没有这样广大的爱，怎么够得上称为仁呢？董仲舒进一步将孔子的“仁者爱人”引申到人们对自然环境的爱护上，把仁爱的道德范畴从人扩展到鸟兽鱼虫，这是难能可贵的。就生命哲学而言，可以说董仲舒完成了“仁”从“爱人”到“爱物”的转变；就生态伦理学而言，董仲舒把道德关心从人的领域扩展到整个自然界。儒家这种“生生”“利物”“爱万物”的思想，也是基于人类自身需要的，爱物是要人们爱惜自己周围的一切，爱护自己赖以生存的物质环境，而“爱物”归根结底是使人生活得更幸福，爱物其实就是爱人类自己。

## 延伸阅读

1. 王美凤．论孔子的“仁者爱人”．西安电子科技大学学报，2001（1）．
2. 朱琳．“仁者爱人”思想在当代大学生道德教育中的现实价值．法制与社会，2008（31）．
3. 王恩来．仁者爱人——孔子的核心价值观．理论界，2009（3）．
4. 万光军．孔孟仁学比较：仁者爱人与恻隐之心仁也．同济大学学报，2010（4）．
5. 陈功文．《论语》“仁者爱人”说新论．名作欣赏，2010（8）．
6. 韩美群．儒家“仁者爱人”思想的人本基础及其现代意蕴．江西社会科学，2011（10）．
7. 韩星．儒家仁爱思想与生态文明．廊坊师范学院学报，2013（3）．
8. 韩星．仁者爱人——儒家仁爱思想及其普世价值．梧州学院学报，2013（4）．
9. 郭齐勇．仁者爱人：孔夫子的伦理道德思想．人文天下，2015（15）．
10. 钱耕森，沈素珍．孔孟“仁者爱人”说与生态文明．齐鲁学刊，2016（2）．
11. 傅永吉．仁：中华美德之总枢．中国德育，2016（4）．

# 第四章　孝亲尊师

刘增光

## 概　述

孝是中华民族的传统美德，西周金文中就已经出现了“孝”字，所以孝德源远流长；孝也是中华文化所孕育出的道德体系中最为根本的美德，《论语》开篇第二章就说：“孝弟（悌）也者，其为仁之本与!”所以说“百行孝为先”。父母是人生的第一位老师，与孝道相对应的便是师道。约与重孝同时，中华民族自先秦始就尊师重教，推崇师道，孔子本人即学无常师。我们每个人出家庭，而入学校，父母生育我，老师教导我，老师就相当于再生父母。孝敬父母、尊敬师长，这也是当代大学生最基本的美德。

## 一、孝贵养志

### 原文

子游问孝。子曰：“今之孝者，是谓能养。至于犬马，皆能有养。不敬，何以别①乎?”（《论语·为政》）

### 注释

① 别：区别。

## 解读

我们今天谈到孝时，经常说到“孝敬”，这正是源出孔子。孔子说：现在的这些所谓行孝的人，以为能奉养父母，让父母吃好喝好，那就是孝。但这其实只是“养体”，这样的孝，并不是真正的孝。真正的孝，还要“敬”，否则和狗、马有什么区别呢？人养犬马，也供给饮食加以饲养，假如仅是供养父母而无敬心，与养犬马有何区别？敬，就是尊敬。尊敬父母，是要从内心里尊敬父母，而这就不是单纯地让父母吃饱穿暖了。我们往往对陌生人友善，却不善待父母。所以家庭之内的敬非常重要，“是亲三分客”。古代社会的流动性没有今天这样频繁和强烈，身处当代社会，我们常常处在与父母异地而居的状态，有的家在东北，但人却在广西工作，这无疑给行孝造成了空间上的困难，供养父母吃穿就显得非常困难。在这样的状态下，内心的“敬”显得更加重要。很多人养着猫狗当宠物，称之为“儿子”“宝宝”，但对于父母却不能孝敬，这是一种人性的缺失。

## 原文

子夏问孝。子曰：“色①难。有事，弟子服其劳；有酒食，先生馔②，曾是以为孝乎？”（《论语·为政》）

## 注释

① 色：和颜悦色。

② 馔（zhuàn）：饮食。

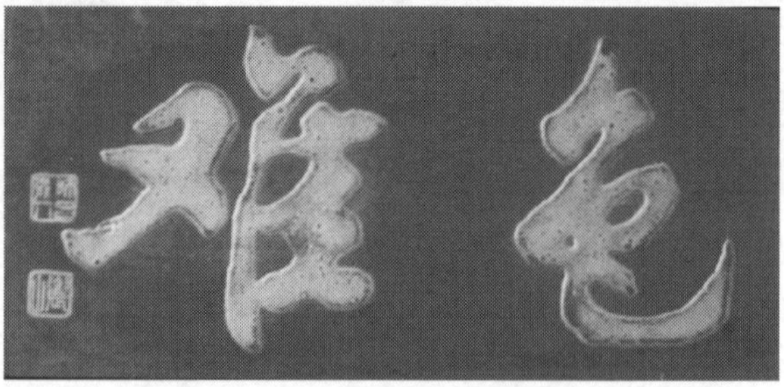

“色难”牌匾

## 解读

孔子的弟子子夏问孝。孔子说：孝的关键就是“色难”。在父母面前，始终和颜悦色是很难的。有事情，年轻人去帮着做；有了酒饭，让长辈吃，难道孝就仅此而已吗？“色难”的关键还是“敬”，心敬方能和颜悦色，心不敬自然不会有好脸色。在父母面前始终和颜悦色，就意味着内心要始终保持敬，不论是父母赞扬我，还是父母批评我；不论是父母健康时，还是父母生病时；不论是父母年轻矫健时，还是父母年老衰弱时。汉代的桓宽说过一句话："上孝养志，其次养色，其次养体。"（《盐铁论·孝养》）"养色"就是此处的"色难"。俗话说"久病床前无孝子"，能做到始终孝敬确实非常不易。而这种孝在父母去世后仍要如此，孔子就说："父在，观其志。父没，观其行。三年无改于父之道，可谓孝矣。"（《论语·学而》）我们的内心要始终保持爱敬之心。孝是一生的事情，而不是一时。古人说："靡不有初，鲜克有终。"行孝"有始有终"，才是君子。

### 原文

天地之性[①]人为贵，人之行莫大于孝。（《孝经·三才章》）

### 注释

① 性：通"生"。

### 解读

孝感动天

人为宇宙之精华、万物之灵长，所以说：天地之生人为贵。天地之间的万物都是天覆地载，天生地养，但是人之所以为天地万物中之最贵，则在于人能行孝，而其他动植物不能，所以说：人之行莫大于孝。"百行孝为先"所说的也正是此意。人与动物的区别就在于是否有孝心，这是人与生俱来的真实情感。李白《将进酒》开篇就说："君不见黄河之水天上来，奔流到海不复回。君不见高堂明镜悲白发，朝如青丝暮成雪。"黄河之水是自天而来，同理，父母之亲也是自天而来的天生之情。这是不能加以质疑的，也无法质疑。它不是逻辑推理，不可以从中寻找逻辑漏洞。

### 原文

君子有三乐，而王天下不与存焉[①]。父母俱存，兄弟无故[②]，一乐也；仰不愧于天，俯不怍[③]于人，二乐也；得天下英才而教育之，三乐也。（《孟子·尽心上》）

### 注释

① "君子有三乐"二句：在君子看来，这三乐是最高的，即使是让君子当天下的君王，他也不会拿三乐来交换。王天下：为天下之王或统治者。

② 故：事故，指灾患病丧。

③ 怍：愧怍，惭愧。

解读

孟子的“三乐”说流传久远，三乐的第一乐是父母兄弟都健康安好，无灾无病；第二乐是我们的所作所为要对得起天，对得起人；第三乐是能够将天下的英才都聚集在我这里进行教育，使他们都成才。第一乐主要涉及家庭或家族生活，第二乐与治理国家有关，第三乐则关涉社会和教育，三者是从不同层面上说的。对每个人来说，都对家庭的安顿负有责任，这是首要的，也是最基本的，否则“一屋不扫，何以扫天下”。若家庭不和，有人生病，那么自己肯定不能安心工作。我们每个人的所作所为是要造福天下苍生的，不能自私自利，“各人自扫门前雪，不管他人瓦上霜”就是自私自利的行为。所以“俯不怍于人”的“人”并不仅仅是指别人，而更是指自己，自己做的事情要对得起自己，对得起自己的良心，若内心不安就不去做。问心无愧才能乐，若有愧则会惶惶不可终日。就教育而言，只有当自己的知识和德性足以为社会之典范时，才会有学生来学。若自己的才德不能胜任，就没有学生愿意来。若很多学生自愿前来学习，那真是值得高兴的事。

## 二、孝顺几谏

原文

子曰：“事父母几谏①。见志不从，又敬不违，劳而不怨。”（《论语·里仁》）

注释

① 几谏：委婉劝谏，即微谏。几：委婉。

解读

孔子说：“子女侍奉父母，若父母有过失，应婉言劝告。话说清楚了，父母仍然没有听从采纳，子女依然要尊敬他们，而不能违逆对抗，子女要继续按照父母的意愿去做事而不怨恨。”若怨恨，就失去了父子之情意。《孔子家语》中记载了一则关于曾子孝亲的故事：曾子在瓜地锄草，不小心将一棵瓜苗锄掉了。曾子的父亲曾点认为曾子用心不专，便用棍子责打他。由于出手太重，曾子被打昏。当曾子苏醒后，并没有因为被打而怨恨或愤愤不平，反而回家后在屋子里弹琴，故意让父亲听到，表示自己已经安好无恙。孔子知道这件事后教训曾子说：“小杖则受，大杖则走。”如果大杖时不躲，被父亲在盛怒之下打死，就会令父亲承受恶名，造成终身遗憾。在这件事中，曾子虽然失却了孔子所说的谏诤的精神，但是他却做到了“劳而不怨”，这一点是我们要学习的。

## 原文

曾子曰：若夫慈爱恭敬，安亲扬名，则闻命矣。敢问子从父之令，可谓孝乎？子曰：是何言与？是何言与？昔者天子有争[1]臣三人，虽无道不失其天下。诸侯有争臣三人，虽无道不失其国。大夫有争臣三人，虽无道不失其家。士有争友，则身不离于令名。父有争子，则身不陷于不义。故当不义，则子不可以不争于父，臣不可以不争于君，故当不义则争之，从父之令，又焉得为孝乎。（《孝经·谏诤章》）

## 注释

① 争：通“诤”，谏诤。

## 解读

我们现在谈到孝时，总会说到“孝顺”，其实这并不是孝的全部含义，顺只是孝的一方面，孝还包括了谏诤。《孝经》中的这段话就是在讲这个道理。儿子顺从父亲的命令并不就是孝，就像诸侯国的君主有谏诤之臣一样。当君主做了错误的决策，那么臣子有责任去纠正，甚至犯颜劝谏，若一味任从君主的错误，那就会误国误民。历史上的海瑞就是这样的一位敢于谏诤的忠臣，他甚至自备一口棺材，为了利国利民的大局，甘愿以死劝谏。同样的道理，在子女与父母的关系中，子女不可以一味顺从父母，如果父母所做的事情是错的，不合道理，子女就应当劝谏，此即“当不义则争之”。所以，对于“孝”应当辩证地看待，而不能像后来有些人所说的那样，以为孝就是顺从，会导致封建专制，这样的看法是违背中国文化的精神的，也扭曲了孝的真精神。当代大学生在交友时，也正应如《孝经》所说，“士有争友”，真正的好朋友是诤友，而不是酒肉朋友。诤友在你犯错误时会及时指出，酒肉朋友却往往会同流合污或落井下石。我们应当珍惜自己身边的诤友。

## 原文

入孝出弟，人之小行也；上顺下笃，人之中行也；从[1]道不从君，从义不从父，人之大行也。……孝子所以不从命有三：从命则亲危，不从命则亲安，孝子不从命乃衷；从命则亲辱，不从命则亲荣，孝子不从命乃义；从命则禽兽，不从命则修饰，孝子不从命乃敬。故可以从而不从，是不子也；未可以从而从，是不衷也。明于从不从之义，而能致恭敬、忠信、端悫[2]以慎行之，则可谓大孝矣。《传》曰：“从道不从君，从义不从父。”此之谓也。（《荀子·子道》）

## 注释

① 从：遵从。

② 端悫（què）：正直诚谨。

## 解读

在荀子看来，遵从道义，而非君父，才是真正的孝行。为了道义，可以劝谏君父，甚至不遵从，这正是《孝经》所说“立身行道，扬名于后世”的意思。关于不从命，有很多经典故事。比如舜，我们知道尧将自己的两个女儿嫁给了舜，但是古人讲“父母之命，媒妁之言”，而舜娶妻却是他父母不知道的，因为舜的父母和兄弟是非常暴戾的，他们屡屡加害舜。但是“不孝有三，无后为大”，舜若不娶，有悖孝道，所以舜就背着父母娶妻生子。还有一个故事说：有位诸侯国的君主生前有个年轻貌美的侍妾，这位君主曾跟自己的儿子说：“如果我将来去世了，你就让她改嫁。”但是这位君主在临死时又对病床边的儿子说：“你要让她陪葬。”这位君主死后，他的儿子把父亲的侍妾改嫁了，有人提出质疑，他说：“父亲临死时已经头脑昏聩，所以我没有听从。”这就是“从命则亲辱，不从命则亲荣”的一个典型例子。

## 原文

孝子之谏，达善而不敢争辩；争辩者，作乱之所由兴也。由己[①]为无咎，则宁；由己为贤人，则乱。（《大戴礼记·曾子事父母》）

## 注释

① 由己：自己劝谏父母的出发点。

## 解读

曾子为孝子劝谏父母的尺度定下了标准，这个标准就是“达善而不争辩”，即如果父母做错了事，通过劝谏让父母明了是非善恶，知道错在了哪里，这就够了。要达到这个效果，婉言劝谏就可以，不需要面红耳赤地与父母争辩。争辩是作乱，因为伤了一家的和气。言语争辩的下一步就是动手了。在曾子看来，如果子女劝谏父母的出发点是为了让父母没有过失，是担心父母会受到社会的批评或者是自己伤害自己，那么这个出发点就是爱父母的心，劝谏的最终结果会是家人和睦。但是，如果劝谏父母的出发点是要体现自己的聪明，或者想要博取孝子的美名，那么这个出发点就是名利念头，就是大乱的根源。曾子的这段话直入人心，犹如“一杖一条痕，一掴一掌血”，敦促我们在劝谏父母时必须注意自己的出发点。此出发点必须是真诚的心，而不能是名利心，若是名利心，就是伪君子。

孝是最本源的情感，因而孝应当是真诚的，而不是虚伪的。

## 三、事亲五致

### 原文

子曰："孝子之事亲也，居则致[1]其敬，养则致其乐，病则致其忧，丧则致其哀，祭则致其严。五者备矣，然后能事亲。"（《孝经·纪孝行章》）

### 注释

① 致：尽心尽力，专心一志。

### 解读

孔子说：大凡有孝心的子女们孝敬他们的父母，要做到五点：第一，在平居无事的时候，应尽其敬谨之心，冬温夏凊，晨省昏定，早晚问安，衣食起居，多方面注意。第二，在奉养父母的时候，要尽力让父母保持愉快的心情，在父母面前，一定要和颜悦色，笑容承欢，而不敢使父母感到任何不安。第三，父母有病时，要尽其忧虑之情，急请名医诊治，亲奉汤药，早晚服侍，父母的疾病一日不愈，则一日不能安心。第四，万一父母不幸病故，就要在这临终一刹那，谨慎小心，想想父母身上所需要的，备办一切。如穿的、盖的、棺材等物，尽力配备，还要悲痛哭泣，极尽哀戚之情。第五，对于父母去世以后的祭祀方面，要尽其思慕之心，庄严肃敬地祭奠。孝道的这五方面内容，囊括了从生到死的整个过程，是行孝的纲领。"致"字意味着，行孝，必定出于孝子内心的至诚，否则就不可能做到这五项。因此，这五项也是判断一个人是否孝的标准。

### 原文

蓼蓼者莪，匪莪伊蒿。哀哀父母，生我劬劳。[1]

蓼蓼者莪，匪莪伊蔚[2]。哀哀父母，生我劳瘁。

瓶之罄矣，维罍之耻。鲜民之生，不如死之久矣。无父何怙？无母何恃？出则衔恤，入则靡至。[3]

父兮生我，母兮鞠我。拊我畜我，长我育我，顾我复我，出入腹我。欲报之德，昊天罔极！[4]（《诗经·小雅·蓼莪》）

## 注释

① “蓼蓼者莪，匪莪伊蒿”四句：蓼蓼（lù）：又长又大的样子。莪（é）：一种草，即莪蒿。匪：通“非”。伊：是。劬（qú）劳：与下章“劳瘁”皆劳累之意。

② 蔚：一种草，即牡蒿。

③ “瓶之罄矣”八句：瓶：汲水器具。罄（qìng）：尽。罍（léi）：一种盛水器具。鲜：指寡、孤、无所依靠的人。民：人。怙（hù）：依靠。衔恤：含忧。

④ “父兮生我”八句：鞠：养。拊：通“抚”。畜：喜爱。顾：顾念。复：返回，指不忍离去。腹：指怀抱。昊（hào）天罔极：比喻父母恩情之深无法回报。昊天：广大的天。罔：无。极：边界。

## 解读

孝敬父母，本是我们中华民族的美德之一，这首诗则是以充沛情感表现孝德最早的文学作品，诗人怀念已逝之父母，因为不能奉养父母，报父母生养之恩，痛极而归咎于天，责其变化无常，夺去父母生命，致使诗人欲报不能。这便是“树欲静而风不止，子欲养而亲不在”的悲痛。这首诗在后世影响极大，《晋书·孝友传》中记载王裒的父亲无罪而被处死，于是他隐居不出，以教授学生为业，当他读到这首诗“哀哀父母，生我劬劳”一句时，每次都会流泪不止，后来，他的弟子因为怕老师伤心就不再学习这首诗了。《齐书·高逸传》中则记载顾欢曾经在天台山授徒，他因为父母早死，年幼时已成孤儿，而每读到《诗经》中的这首诗时，就会“执书恸泣”，让人感动不已。如今还流传着“人生百行孝为先，父母情深恩似天。劝君早尽生前孝，得报亲恩始是贤”这样的劝孝歌，这值得我们每一个人谨记在心，“子欲养而亲不在”是最大的遗憾。

## 原文

宰我问：“三年之丧，期[①]已久矣。君子三年不为礼，礼必坏；三年不为乐，乐必崩。旧谷既没，新谷既升，钻燧改火[②]，期[③]可已矣。”子曰：“食夫稻，衣夫锦，于女安乎？”曰：“安。”“女安，则为之！夫君子之居丧，食旨[④]不甘，闻乐不乐，居处不安，故不为也。今女安，则为之！”宰我出。子曰：“予之不仁也！子生三年，然后免于父母之怀。夫三年之丧，天下之通丧也，予也有三年之爱于其父母乎！”（《论语·阳货》）

## 注释

① 期：时间，期限。

② 钻燧改火：古人在不同的时节用不同的木材取火。

③ 期（jī）：意为一周年。

④ 旨：美味，好吃的食物。

## 解读

宰我是孔子的弟子，又称宰予。孔子曾经批评宰我白天睡觉是“朽木不可雕也，粪土之墙不可圬也”。这段话正是孔子主张“丧则尽哀”的体现。宰我看到了自然界中谷子一年一熟等现象，认为人的世界也应当同自然界一样，所以父母死后，子女只需要服一年之丧即可。而孔子则认为应当服三年之丧，因为不论是谁，都是在三岁之后才能离开父母的怀抱。而且在居丧期间，子女至诚尽哀，自然会吃东西觉得无味道，听音乐觉得不动听，因为孝子专心守丧，心无旁骛。孔子以“心安”点拨宰我，指出人文世界与自然世界的不同，不能以自然界的现象来衡量人世间的礼仪，若是如此，那就是自甘禽兽了。孔子说过“孝悌也者，其为仁之本”，宰我不能守丧尽礼，那就是不孝，不孝自然不仁，所以孔子说宰我是没有仁德的人。心是否安，是无动于衷还是心有不忍，正是判定人和禽兽区别的标志。其实，人生在世，心就是内在的标尺，心就是良知，我们的很多行为若经得起良知的拷问，那就是有仁德的君子。

## 原文

世俗所谓不孝者五：惰其四支①，不顾父母之养，一不孝也；博弈好饮酒，不顾父母之养，二不孝也；好货财，私②妻子，不顾父母之养，三不孝也；从③耳目之欲，以为父母戮④，四不孝也；好勇斗很⑤，以危父母，五不孝也。（《孟子·离娄下》）

## 注释

① 四支：即“四肢”。

② 私：偏爱。

③ 从：通“纵”，放纵。

④ 戮：羞辱。

⑤ 很：通“狠”。

## 解读

在古人看来，孝并不仅仅是一个人在家庭中面对父母时的事情，孝是一生一世的事情，无时无处不可不行孝，所以有一句话说“一出言不敢忘父母，一举足不敢忘父母”。我们的一言一行都与父母有关，是给父母带来荣誉，还是给父母带来污秽，都是我们的言行造成的后果。所以，孟子举出了人世间存在的五种不孝的行为：一是人不能懒惰，而应勤俭；二是人不能赌博饮酒，而应洁身自好；三是人不应当见利忘义，有了妻子就不管父母，而应见得思义，和睦家庭；四是人不能放纵自己，让自己沉陷在声色犬马之中，而应保持节制，修养性情；五是人不能好勇斗狠，而应时刻谨记“身体发肤，受之父母，不敢毁伤”。孝的精神是超越时代的，从来不会过时，孟子所罗列的这五点现在看来仍然针砭时弊，切中当代人的弊病。人性是不会变的，人性的弱点也不会变。孟子所说的五点，当能为当代人之行孝指南。

# 四、孝治天下

## 原文

子曰："先王有至德要道①，以顺②天下，民用③和睦，上下无怨。……夫孝，德之本也，教之所由生也。……身体发肤，受之父母，不敢毁伤，孝之始也。立身行道，扬名于后世，以显父母，孝之终也。夫孝，始于事亲，中于事君，终于立身。"（《孝经·开宗明义章》）

## 注释

① 至德要道：最崇高的道德、最概要的道理，即孝。

② 顺：理顺，顺治。

③ 民用：民生日用。

## 解读

在古人看来，孝是最基本的道德，是最简要的道理，也是教化的源头。所以，天下的安定，上下之间的和睦，都依赖它。具体说来，行孝又分三个层次：在家爱敬父母，是"始于事亲"。入朝为官，要忠心事君。而最高层次的孝，则是立身行道，让治国平天下的大道推行于天下，造福天下人，就像孔子所说："朝闻道，夕死可矣。"需要注意的是：第一，每个人的身体都是父母所生，一定要爱惜，若不爱惜身体，父母看见定会伤心，所以爱惜身体是行孝的最基本要求。第二，"忠君"绝不是最高层次的孝，而且忠君也要谏诤，而非一味听从君主的话，若一味听从而无纠正，那不叫忠，而是谄媚，所以真正的忠君是"从道不从君"。我们今天早已走出君主制的社会，所以，此处的"中于事君"可以改为"中于爱国"。第三，"立身行道，扬名于后世"，不是通常所说的光耀门楣，"名"是为天下所认可和推崇的、造福天下的大名，这样的名注定永垂不朽。相反，最极端的不孝者，如叛国者，其名必定会遗臭万年。

## 原文

或谓孔子曰："子奚①不为政②？"子曰："《书》云：'孝乎惟孝，友于兄弟，施于有政。'是亦为政，奚其为为政？"（《论语·为政》）

## 注释

① 奚：为何。

② 为政：从政，入仕为官。

## 解读

有人问孔子为什么不参与政治，孔子引用《尚书》回答说：孝顺父母，友爱兄弟，把这种风气影响到政治领域，这也就是参与政治了，为什么一定要做官从政才是参与政治呢？孝顺父母、友爱兄弟都是属于家庭领域内的事情，或者说私领域，而从政为官属于公领域的事情。但是在孔子看来，公领域和私领域并不是截然分开的，也就是说，为政不仅仅是当官者的事情，社会上的每个人只要能孝悌忠信，明白礼义廉耻，都是为政。营造一个好的社会、好的国家，是每一个人的责任。明末清初的顾炎武就曾说："天下兴亡，匹夫有责。"孙中山批评中国人一盘散沙，也正是在强调每个国民的政治责任。从另外一个角度说，孔子之意在于：相对于政治生活而言，家庭生活才是更为根本的，每个人首先是某个家庭的一员，而家庭是构成一个社会、国家的基本单位，如果每个家庭都残缺不全，那么这个国家也不会稳定兴盛。对于个人来说也是如此，家庭和睦，工作才能安心。如果家庭中充满争斗，那么这个人就不会快乐，也无心工作。孝敬父母，爱护妻子，善待自己的家人，齐家而后治国，这是一个人也是一个国家的久安之道。

顾炎武像

## 原文

惟天地，万物父母。惟人，万物之灵。亶①聪明，作元后②，元后作民父母。（《尚书·泰誓》）

## 注释

① 亶（dǎn）：诚然，确实。
② 元后：指天子。

## 解读

《尚书》的这段话是中国历史上著名的"民之父母"观念的源头，其意是说：天地是万物的父母，而在万物之中，人是最聪明灵觉的。在人之中，只有那道德最卓越的人才能做统治天下的君主，而君主必须是"民之父母"。《诗经》中也说："岂弟君子，民之父母。"意为气质和乐的君子才可以做君主。天子是民之父母，这并不是说百姓都是懵懂无知的小孩子，而是对君主本身提出的高要求：第一，君主本人要以身作则，道德清明，克勤克俭，而不能贪污腐化，懒惰无能，就像一家之内的父亲是儿子的效法对象一样，君主也是人民的效法对象。否则“上有所好，下必甚之”，那后果不堪设想。第二，“民之父母”意味着君主要爱护治下的人民，对于百姓的疾苦有清楚的了解，而不能不闻不问。古人常说：天下是天下人之天下，非一家一姓之天下。若君主以为天下就是自己的天下，可以生杀予夺，那就不可能做到爱护天下人。总括言之，这体现的是中华文化对于道德和政治关系的一个思考——在其位，应有其德。通俗地说，就是要有职业道德。我们在家里身为子女，是否做到了孝敬父母？在社会上做一份工作，是否做到了爱岗敬业？在学校身为学生，是否做到了勤奋好学？这都是我们所要自我反省的。

原文

五刑①之属②三千，罪莫大于不孝。（《孝经·五刑章》）

注释

① 五刑：古代的五种刑法，指墨、劓、宫、剕、大辟。
② 属：种类。

解读

古人将不孝视为“元恶大罪”，所谓元恶，就是最大的恶。这种恶的程度已经达到了施行五刑中的任何一种都不足够的程度。唐代就将不孝视为“十恶不赦”的大罪。所以，古人认为不孝之罪在五刑之外，也即需要更严厉的刑罚，这就体现出中国文化对于孝的重视已经到了无以复加的程度。汉代的海昏侯刘贺在当了君主后被废黜，当时太后下的诏书中所写的理由便是刘贺不孝。因为不孝直接影响了家庭内部的稳定，而家庭的稳定关系到社会的稳定。所以，古代法律中渗透着很多与孝有关的文化因素，换句话说，法律应当能使人成为孝顺的人。2009 年北京市海淀区法院曾经审理过一件案子：一个老母亲状告自己的女儿，原因是她本来和女儿商量好，将房子过户给女儿，女儿支付她少于市场价很多的房款，但是女儿在接收房屋后久未兑现承诺。虽然母亲和女儿之间仅仅是口头的约定，但法院最后仍然判定女儿支付老母亲房款。在宣判时法官就说，作为女儿，应当有孝心，而不应欺骗自己的母亲，这是不孝。

## 五、尊师重道

原文

子曰：“三人①行，必有我师焉；择其善者而从之，其不善者而改之。”（《论语·述而》）

## 注释

① 三人：多人。此处的“三”不是确指，而是泛指多。

## 解读

孔子说：“别人的言行举止，必定有值得我学习的地方。选择别人好的方面学习，看到别人的缺点，反省自身有没有同样的缺点，如果有，则加以改正。”孔子的这段话正与他所说的“敏而好学，不耻下问”一致。司马迁的《史记》中记载，孔子在当时被视为最为博学的人。但即使如此博学，孔子仍然谦虚好学，他是“活到老，学到老”的典范。事实上，学海无涯，知识的海洋是无穷无尽的，人类越学习越会发现自己的无知，没有人能够穷尽世间的真理，因此，每个人都应该认识到自己的有限性，而不是自命清高。夏朝时候的暴君桀就说自己是天命的君主，就像太阳一样，永远不会灭亡，但是百姓则说：真希望我们能和太阳一起灭亡。同时，“三人行，必有我师焉”也体现了一种与人相处的态度、原则，也即在生活中，看到他人的缺点要引以为戒，但更应随时注意学习他人的长处，这样就会多看他人的长处，与人为善，待人宽而责己严。因为人不是神，知识是有限的，是人就会犯错，“人非圣贤，孰能无过”，以人为师，这不仅是修养、提高自己的最好途径，也是促进人际关系和谐的重要条件。

## 原文

国将兴[①]，必贵师而重傅[②]，贵师而重傅则法度存。国将衰，必贱师而轻傅，贱师而轻傅则人有快[③]，人有快则法度坏。（《荀子·大略》）

## 注释

① 兴：兴盛。
② 傅：教导，辅相。
③ 快：肆意放纵。

荀子像

## 解读

荀子的这段话将师的作用直接与国家的兴衰相关联，之所以如此，是因为在他看来，师意味着法度，而有无法度就关系着一个国家的兴衰存亡。师是订立法度和规范的人。可以想象，如果一个国家没有师，没有人教导我们，我们就无从获得知识，行为也失去了向导，行为没有方向，就像飞蛾扑火般自取灭亡。反之，有师即有法度，则人不会肆意放纵，社会才能稳定。2014 年 9 月 9 日的教师节前夕，习近平总书记在北京师范大学同广大师生共度节日。在同师生代表座谈时的讲话中，他即援引荀子“国将兴，必贵师而重傅，贵师而重傅则法度存”的说法，高度肯定了教师的地位和作用。一个国家若不重视教师，教师没有地位，那正说明了在这个国家中知识不受尊重，道德不受推崇，文明程度是低下的。在中国历史上，本想统治万代的秦始皇焚书坑儒，毁灭知识，导致二世而亡，正是不尊重师道的缘故。

## 原文

故将大有为之君，必有所不召[①]之臣；欲有谋焉，则就之。其尊德乐道不如是，不足以有为也。故汤之于伊尹，学焉而后臣之，故不劳而王[②]；桓公之于管仲，学焉而后臣之，故不劳而霸[③]。（《孟子·公孙丑下》）

## 注释

① 不召：君命入见而不见。
② 王：作动词用，指成为天下之王。
③ 霸：指成为天下的霸主。

## 解读

我们现在总说“道德”，说明中国人对“道德”的尊崇由来已久，根深蒂固。在古人看来，“师”就是道德的化身，“学高为师，身正为范”。任何人都需要有老师的教导，君主也一样，伊尹是商汤的老师，管仲是齐桓公的老师，所以虽然从位置上说，伊尹、管仲是臣，商汤、齐桓公是君，但是从知识和道德上说，伊尹和管仲却分别是商汤、齐桓公的老师，这便是“学焉而后臣之”。在孟子看来，这些具有超出常人之道德、治国知识的人就有做“不召之臣”的资本。君主如欲平治天下，必须要有这样的老师辅助，但君主必须表现自己的诚意，能做到礼贤下士，尊之为上宾，而不是如刍狗般畜之，招之即来，挥之即去。这些坚守道义、可为治国之臣的人不是为了富贵名利出仕为臣，而是为了天下苍生和国家社稷出仕。一国之君如果不能容许一个守道之士不听召唤，那这样的君主肯定不是明君。三国时期刘备为了请诸葛亮襄助而三顾茅庐，正是容忍、尊重“不召之臣”的生动故

三顾茅庐

事。它告诉我们，尊德乐道才是一个人的真正价值所在。孟子说“富贵不能淫，贫贱不能移，威武不能屈”，也是这个道理。

原文

礼闻取于人，不闻取人。礼闻来学，未闻往教。（《礼记·曲礼》）

马一浮先生像

解读

古人有学礼，《礼记》的这段话大概就是源头。学习的最基本礼仪就是要主动去老师那里去学习，这就是“取于人”。而不能是自己在家里待着，等着老师来教，这是“取人”。所以，学习叫作“求学”。求学也就意味着尊师。民国时期战乱不断，大儒马一浮先生避居重庆，并以斯文承担、学术救国之精神，开设了复性书院。当时偏安西南一隅的蒋介石一听到这个消息，不禁大喜。试想马一浮先生在当时的学术声望与品格之高尚，为天下景仰，蒋介石也自然怀有求教之意。于是，蒋介石就派遣当时的教育部长陈果夫去复性书院迎请马一浮先生，当陈果夫到了马一浮住处，不紧不慢地说清来意，表示“蒋介石委员长想请马先生走一趟”时，马一浮先生谢绝说：“礼有来学，未闻往教。”陈果夫只能悻悻而去。

原文

凡学之道，严师[①]为难。师严然后道尊，道尊然后民知敬学。（《礼记·学记》）

注释

① 严师：尊重师道。严：尊敬。

解读

这段话的意思是：关于求学的道理，以尊师为最难。只有尊师，才能重道；只有重道，老百姓才懂得重视学习。这充分表明，早在先秦时代，中华民族就已经非常重视师道。不仅如此，根据典籍的记载，夏代的学校叫作“庠”，商代的学校叫作“序”，而周代才叫作“学”，比如大学、小学。这样说来，在夏代就已经尊师重教了。《礼记·学记》中也明确地说：“古者建国君民，教学为先。”凡是一个国家刚建立，首先要开展的就是教育或者教化活动。一言以蔽之，教育是立国之本。正是在这个意义上，孔子才对“好学”予以了非常高的地位。“好学”就是纯粹的学习，为了知识而知识，赋予知识以崇高的地位。《论语·泰伯》记载孔子说："三年学，不至于谷，不易得也。"因为在那个时代很多人学习是为了"谷"，"谷"就是"干禄"，即为了当官有饭吃才去学习的。而孔子指出，单单是学习本身就是非常崇高且让人快乐的事情，所以说："学而时习之，不亦说乎！"

## 原文

古之学者必有师。师者，所以传道受业解惑也。人非生而知之者[1]，孰能无惑？惑而不从师，其为惑也，终不解矣。生乎吾前，其闻道也固先乎吾，吾从而师之；生乎吾后，其闻道也亦先乎吾，吾从而师之。吾师道也[2]，夫庸知其年之先后生于吾乎？是故无贵无贱，无长无少，道之所存，师之所存也。嗟乎！师道之不传也久矣！欲人之无惑也难矣！古之圣人，其出人也远矣，犹且从师而问焉；今之众人，其下[3]圣人也亦远矣，而耻学于师。是故圣益圣，愚益愚。圣人之所以为圣，愚人之所以为愚，其皆出于此乎！爱其子，择师而教之；于其身也，则耻师焉，惑矣。……圣人无常师。孔子师郯子、苌弘、师襄、老聃[4]。郯子之徒，其贤不及孔子。孔子曰：三人行，则必有我师。是故弟子不必不如师，师不必贤于弟子，闻道有先后，术业有专攻，如是而已。（唐·韩愈《师说》）

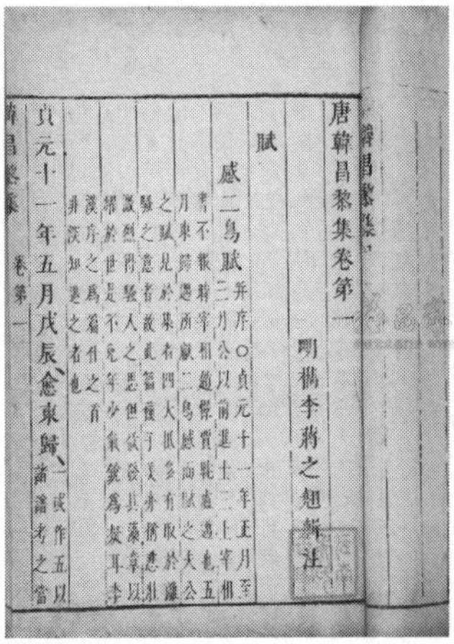


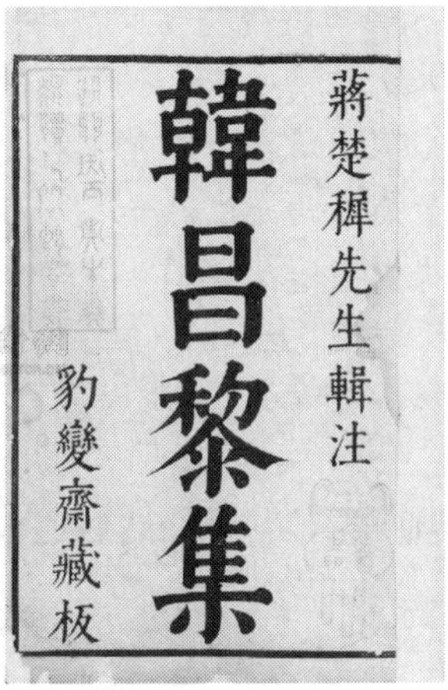


## 注释

① 生而知之者：生来便具有无尽的智慧，在古人看来，这样的人是圣人或神。

② 吾师道也：我所师从和学习的是道。"师"为动词。

③ 下：距离。

④ 郯（tán）子：春秋时郯国（今属山东省郯城县）的国君，相传孔子曾向他请教官职。苌（cháng）弘：东周敬王时候的大夫，相传孔子曾向他请教古乐。师襄：春秋时鲁国的乐官，名襄，相传孔子曾向他学琴。老聃（dān）：即老子，姓李名耳，聃是老子的字。春秋时楚国人，道家学派创始人，相传孔子曾向他学习周礼。

## 解读

唐后期斯文凋零，包括士大夫这样的知识分子在内的很多人都不学习，不尊师道。而韩愈逆流而上，提倡师道，他对“师”做了一个后世公认的定义——“传道、受（授）业、解惑”，他认为每个人都应当“不耻下问”，因为“闻道有先后，术业有专攻”，这就意味着，我所师从和学习的是大道，而不是某个具体的人本身，因此，我所师从的老师的年龄是比自己年长还是年少都没有什么可感到羞耻的，只要老师对于大道的认识和理解先于我、比我深刻，有值得我去学习的，那就应当去学习。韩愈的深刻之处在于他对圣、凡之别的辨析，在他之前社会上流行的观念认为圣人是天生的，一般的比较愚笨的凡人也是天生的。但是韩愈则指出圣人和凡人的差别是来源于是否学习，只有学习才可以成圣，若不学习只会离圣人越来越远。他所举出的例子便是孔子，连后世尊为“大成至圣先师文宣王”的孔子生平都“学无常师”，不止一个老师，何况我们普通人呢！

## 原文

或问曰：曷为天下善？曰师。……先觉觉后觉，暗者[1]求于明，而师道立矣。师道立则善人多，善人多则朝廷正，朝廷正而天下治矣。（宋·周敦颐《通书·师》）

## 注释

① 暗者：比喻没有道德和知识的人。

## 解读

周敦颐像

周敦颐是北宋大儒，宋代理学的开山之祖。“天下善”即天下最有道德的人。周敦颐认为是“师”。孟子曾说：“先知觉后知，先觉觉后觉。”先知先觉的人就是师，是最有道德的人。就像孔子有三千弟子一样，一位教师可以影响和塑造很多学生，所以说“师道立则善人多”。孟子说“得天下英才而教育之”，也是这个意思。在周敦颐看来，若在一个国家中，人人皆尊师重道，那么这个国家肯定是一个好的国家。《周易》里有一卦为蒙卦，蒙卦中所说的内容就是童蒙求师。童蒙就像这里所说的“暗者”，都是比喻的说法，任何道德和知识上尚有欠缺的人都是暗者，都是童蒙，在师面前，每一个人都是暗者或童蒙。所以，尊崇教师，就是弘扬道德，尊重知识。而从另一方面说，正如俗语所言“十年树木，百年树人”，教育是经国之大业、不朽之事功。一个国家能否成为好的国家，一个社会是否是一个好的社会，其关键就在于教育。若要为社会、为国家做贡献，教书育人即是很好的途径。古人讲"立德、立功、立言"，教书育人可以说是三立兼具。

## 延伸阅读


1. 谢元鲁，王定璋．中国古代敬老养老风俗．西安：陕西人民出版社，2004.
2. 柴洪全．论先秦儒家"孝忠"观中的"谏诤"思想．理论学刊，2008（7）．
3. 胡平生．孝经译注．北京：中华书局，2009.
4. 钟茂森．孝经研习报告．北京：中国华侨出版社，2010.
5. 舒大刚．至德要道：儒家孝悌文化．济南：山东教育出版社，2012.
6. 辛丽丽．时代美德一字经·孝．天津：天津人民出版社，2012.
7. 罗安宪．孔子孝论的三个维度．黑龙江社会科学，2013（5）．
8. 辛花梨．中国古代的敬老和养老礼仪．中国老年，2013（23）．
9. 杨庆中．论传统孝道中的生命本体意识．中国社会科学院研究生院学报，2015（2）．
10. 孙一乃．天经地义：家道与孝道．北京：世界知识出版社，2015.
11. 家庭中的孝．http：//news.ifeng.com/a/20150330/43442496_0.shtml.
12. 中国古代的孝道与法律．http：//bjgy.chinacourt.org/article/detail/2015/07/id/1663358.shtml.
13. 老龄委副主任提议增设不孝罪　用法律规范孝道．http：//news.jschina.com.cn/gb/jschina/news/node7774/node7777/userobject1ai621846.html.

# 第五章　立礼成乐

刘增光

## 概　述

中国素有“礼仪之邦”的美称，中国之所以称为“华夏”亦与礼仪有关。唐代人说：“中国有礼仪之大，故称夏；有服章之美，故称华。”从距今3 000多年的西周时期开始，周公制礼作乐，就奠定了中华文明的根基，而孔子又进一步赋予了礼乐以仁义道德的内涵，形成了《周礼》《仪礼》《礼记》等经典。故中华文明即可称为“礼乐文明”。礼乐大则可用于治国平天下，小则可用于修身齐家。“礼以别异，乐以和同。同则相亲，异则相敬。”礼侧重在秩序，乐则侧重在和睦。有礼有序，而又和乐相亲，这也正是中国人所勾画的理想社会。

## 一、礼以修身

### 原　文

子曰：兴于诗[1]，立于礼，成于乐。（《论语·泰伯》）

## 注释

① 诗：可以泛指当时的诗歌，也可以理解成《诗经》。六经为《诗》《书》《礼》《易》《乐》《春秋》，《诗经》是其中的一经，同理，该句中的“礼”“乐”也写作《礼》《乐》。

## 解读

孔子的这段话正是针对学以成人的普遍方法或规律而言。“兴于诗”是说，一个人的学习和成长，首先是要以《诗》兴发一个人的性情。“《诗》言志”，《诗经》的语言非常美，而且朗朗上口，它的节奏感和美感都能使人有一种阅读的享受，这是人对书、人对学习的最直接的感受，学习的兴趣便由此激发。一个人如果没有这样的感受，那么日后的学习和为人处世都易出现障碍，因为他与生俱来的、最直接的感受力是欠缺的。一个人如果连内心的真情实感、对人对事的感触都丧失了，那就不可能是一个健全的人。儒家贵仁，丧失了真情实感的人就是麻木不仁。所以要阅读和学习善于抒发人之情感和心智的《诗经》。性情的抒发不能泛滥没有归宿，泛滥没有约束就是“情肆而荡”，这就需要“礼”来发挥作用。“立于礼”即以礼立身，以礼修身。礼的功用主要是节制，但太过节制则有失拘束，不能做到从容雍和。所以，最后要达到“成于乐”的境界，一种艺术性的、生命自由绽放的境界。一种理想的生活应该是能超脱世俗、不沉陷于世俗中的，这样的生活就是“成于乐”。

## 原文

相①鼠有皮，人而无仪②！人而无仪，不死何为？相鼠有齿，人而无止！人而无止，不死何俟③？相鼠有体，人而无礼。人而无礼，胡不遄④死。（《诗经·相鼠》）

## 注释

① 相：观看，视察。

② 仪：容仪，礼仪。与后面的“止”“礼”同义。“止”就是容止。

③ 俟：等待。

④ 遄（chuán）：快，迅速。

## 解读

《诗经》中的这一篇以非常形象、生动的方式呈现了“礼仪”对于一个人的重要性。鼠若无皮，必死无疑。鼠若没有牙齿，没法吃东西，仍然难逃一死。与此类似，一个人如果没有礼仪，不懂礼貌，也不顾及自己的形象容止，那这样的人就不是人，所以说“人而无礼，不死何为”。在社会上，一个行为无礼的人，不会有人愿意和他打交道。一个人行为鲁莽无礼、不知敬老爱幼，体现的正是自己没有道德、没有教养，会受到人们的鄙视。孔子说“文质彬彬，然后君子”，文就是礼仪，礼以修身，即是以礼来文饰人本性的粗野，以达到文质彬彬。礼仪之邦，是君子的国度，不是野人的国度。孔子说：“不知礼，无以立。”（《论语·尧曰》）其意正是如此。

## 原文

君子在位可畏[①]，施舍可爱，进退可度[②]，周旋可则[③]，容止可观，作事可法，德行可象，声气[④]可乐，动作有文[⑤]，言语有章[⑥]，以临其下，谓之有威仪也。（《左传·襄公三十一年》）

## 注释

① 畏：敬畏。
② 可度：可为法度。
③ 则：效法。
④ 声气：声音气质。
⑤ 有文：有好的修养。
⑥ 章：章法，准则。

## 解读

这段话是对君子气质做了一个精彩的概括，难能可贵的是，这是在孔子所处的时代之前做出的，充分表明中国古人以君子为人格理想是源远流长的，我们现在都会以君子和小人对称，说“君子喻于义，小人喻于利”。在《左传》看来，在位的统治者，比如诸侯国的君主、卿大夫等，也应该是君子，这样的君子居于高位让人敬畏，但是其施政措施又受人爱戴。此外，君子还有非常多的特质，这些特质从内到外，外则有行为举止、装容仪止，内则有德行言语。概括说来，就是“威仪”。就此来看，一个人是否有威仪，并不是因为他身居高位，而在于他的言语行为和道德修养能为人所爱敬，这便是“以德服人”。就现代社会来说，“位”并不仅仅是指官位，我们每个人都处在某个位置上，比如张三是公司的经理，李四是学校的教师，每个行业、每个领域都有该行业和领域中所为人共同认可的“君子”。学生也是这样，不论是“三好学生”，还是“优秀毕业生”。总之，这些名号都反映了人们对于某种人格的共同期待。正如每一个学生都应努力成为最好的学生一样，每个人都应积极修养成为“君子”。

## 原文

颜渊问仁。子曰：“克[①]己复[②]礼为仁。一日克己复礼，天下归仁焉。为仁由己，而由人乎哉？”颜渊曰：“请问其目。”子曰：“非礼[③]勿视，非礼勿听，非礼勿言，非礼勿动。”

颜渊曰："回虽不敏④，请事⑤斯语矣。"（《论语·颜渊》）

### 注释

① 克：胜，克制。
② 复：回复，返归。
③ 非礼：不符合礼仪。
④ 敏：聪颖，敏锐。
⑤ 事：行为，实践。

### 解读

颜渊是孔子最喜爱的弟子，儒家最重视仁，他向孔子请教什么是仁，孔子教导说，一个人能克制自己的私欲而回复到礼，沿循礼而行为，这就是仁。一个理想的社会就是每个人都是仁者、仁人的社会。但是"为仁由己"，克己复礼这样的行为实践是自己的事情，不能依赖外在的力量，比如别人的教导、鼓励甚至强迫等。归根结底，自己的意志是内因，外在的教导、鼓励和强迫等都是外在的、辅助性的条件，并不能决定自己的选择和行为方向。所以，"为仁由己"是非常重要的，孔子一针见血地指出，一个人的行为的善和恶，一个人是成为好人还是坏人，这有赖于发源于意志的决断和孜孜不倦的努力。这些只能在自己身上寻找原因，不能寻找其他的借口，比如指责别人不帮助自己等。具体说来，克己复礼又包括了四点，那就是不合礼的不看，不合礼的不听，不合礼的不说，不合礼的不做。孔子从看、听、言、行等人的最基本的行为做出了限定，礼就是起节制和限定作用的，礼以修身，这是最基本的。

### 原文

子曰："恭而无礼则劳①，慎而无礼则葸②，勇而无礼则乱③，直而无礼则绞④。"（《论语·泰伯》）

### 注释

① 劳：劳苦，疲倦。
② 葸（xǐ）：拘谨、畏惧的样子。
③ 乱：鲁莽闯祸。
④ 绞：出言尖刻而伤人。

### 解读

一味恭敬而不懂礼法就会烦劳而无功，因为恭敬的方式不对；过于谨慎而不懂礼法就会显得畏首畏尾、胆小怕事；只知道勇敢而不懂得礼法的人容易鲁莽惹祸；心直口快的人不懂得礼法则容易尖刻伤人。孔子的这段话非常明确地指出，任何道德行为若没有礼的指导和规范，都有可能流于过度，本来出发点是好的，但是结果却不好。

恭敬、谨慎、勇敢、直率，本来都是很好的人格特质，但是没有礼仪的节制，恭敬就变成了不懂礼貌，谨慎就变成了畏缩不前。孔子就曾告诫自己的弟子做事之前不能“三思而后行”，只要做到“再思”即思考两次就可以了，否则就是犹豫不决。没有礼，勇敢就变成了鲁莽，孔子就批评弟子中武艺高强的子路是“暴虎冯河”的有勇无谋。同样，没有礼的约束，人与人之间说话没有分寸，就会显得很不文明，没有修养，出言不逊，极易造成人际关系的紧张，破坏人际和谐。古人有句话说：“水至清则无鱼，人至察则无徒。”一个人如果看到其他人犯了错误，应该私下或委婉劝谏，而不能在有很多人的场合公开指出，让别人丢脸，这样的人肯定会没有朋友。

子路像

## 原文

夫礼者，自卑而尊人，虽负贩者①必有尊也，而况富贵乎？（《礼记·曲礼》）

## 注释

① 负贩者：贩卖货物的人，指商人。古代将社会阶层区分为“士、农、工、商”，商人处在最底层。

## 解读

这段话可以说是概括出了行礼的原则，这一原则就是“自卑而尊人”。《礼记·曲礼》中另外一处就说：“礼，毋不敬。”礼的精神就是敬，尊敬他人。尊敬他人的同时是自己内心保持谦虚的姿态。礼的这一敬的精神和原则是普遍性的，没有身份上高低贵贱的区别。我们对富裕高贵的人应当保持尊敬，对担着担子卖货物的商人也同样应当保持尊敬。否则，就违背了礼的精神。不仅如此，所居位置越高，就越应当尊敬他人。一国的统治者应当尊敬他治下的人民，否则他不会受人爱戴，这个国家也不会兴盛。就现代化的多元社会来说，人和人的差异性也很大，比如行业的差异、贫富的差距等，在学校中也是如此，有家庭出身富贵的学生，有出身农村贫困之家的学生，学生之间的相处皆应当以礼为原则，自卑而尊人，不能嫌贫爱富或趋炎附势，不能以出身评判他人，这样的行为正是无礼、无修养的体现，是为人所不齿的。

## 原文

凡用血气、志意、知虑，由礼则治通，不由礼则勃乱提僈①；食饮、衣服、居处、动静，由礼则和节，不由礼则触陷[2]生疾；容貌、态度、进退、趋行，由礼则雅，不由礼则夷固[3]僻违，庸众而野。故人无礼则不生，事无礼则不成，国家无礼则不宁。（《荀子·修身》）

注释

① 勃乱：违背事理。勃：通“悖”，颠倒。提：通“偍”，舒缓。僈：通“慢”。
② 触陷：触犯禁忌。
③ 夷固：倨傲，傲慢。

解读

这段话的意思是：人在动用情感、意志、思虑的时候，遵循礼就和顺通达，不遵循礼就颠倒错乱、懈怠散漫；在日用伦常的吃、穿、住、用、行中，遵循礼就协调适当，不遵循礼就会触犯禁忌而生病；在容貌、态度、进退、行为方面，遵循礼就显得文雅，不遵循礼就显得鄙陋邪僻、庸俗粗野。所以人没有礼义就不能生存，任何事情没有礼就不能办成，国家没有礼义就不得安宁。一言以蔽之，礼就是规范万事万物的度或标准。每个人都有情感思虑，但是情感思虑的抒发不能过度，而应当“发乎情，止乎礼”，孔子就说：“哀而不伤，乐而不淫。”悲哀但不能过度，过度则伤身；快乐也不能放纵，人在得意忘形时往往会出事。饮食也是如此，应当有规律，比如参加宴席，不能不顾长辈而狼吞虎咽；再比如晚上吃得太饱就容易生病。行为举止有礼貌的人，别人就喜欢与他打交道。若行为鲁莽或者自傲得意，以为别人都不如自己，自己高人一等，别人只会讨厌他，那就是孔子所说的“野人”，所谓野人就是没有文化的人，停留在宇宙开辟之初的原始状态的人。学生正应当以礼修身，以礼自律，养成依礼生活的好习惯。

## 二、乐通伦理

原文

子曰：“人而不仁[1]，如礼何？人而不仁，如乐何？”（《论语·八佾》）

注释

① 不仁：没有仁德。

## 解读

在孔子看来，具有仁德是行礼奏乐的根基和前提。如果一个人没有仁德，那么即使他把礼仪动作做得再规范、再优雅也没什么意义；同理，一个人没有仁德，他将音乐奏得再动听、再悦耳也没什么值得称赞的。因为这样的人恰恰是对礼乐的毁坏。礼与乐都是外在的表现，而仁则是人们内心的道德情感和诉求，所以乐必须反映人们的仁德。否则，礼乐就流于形式。孔子也曾说："礼云礼云，玉帛云乎哉？乐云乐云，钟鼓云乎哉？"（《论语·阳货》）玉帛是礼物，钟鼓是乐器，赠礼物，鸣钟鼓，这都不是礼乐的根本，根本在于人本身是否有德。孔子直接透过现象指出本质，这是值得我们今天学习的。明代儒者王阳明也曾发挥孔子之意，他用了一个非常好的比喻：戏台上的演员表演的时候，礼节都非常到位，音乐节拍也非常好，你能说这就是最符合礼乐的么？绝对不能。所以，王阳明提出知行合一，也就是内在的道德与外在的行为合一，正如孔子所主张的仁礼合一。通过此，我们可以发现，古人更为注重内在的修为，而非外在的表现，外在的表现可能是装出来的、表演出来的，只有内在的修为才是最真实的。所以，每个人都应当充分发掘和发展自己的内心，"一日三省吾身"，过一种省察自己内在精神的生活，重视精神素养的提升，而不是过分注重物质享受。

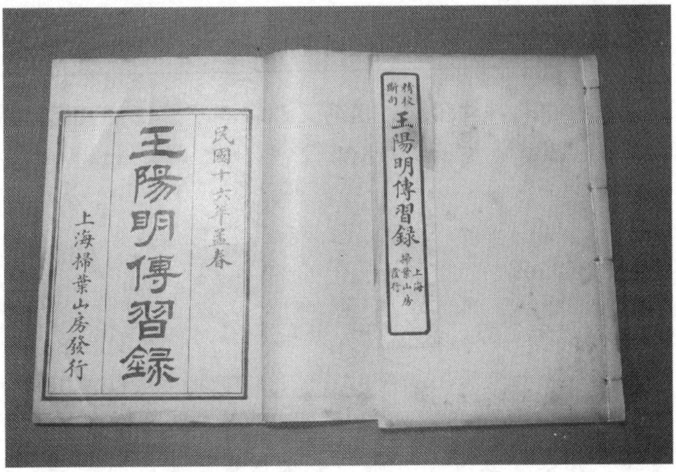


## 原文

"子曰：其为人也，温柔敦厚，《诗》教也；疏通知远，《书》教也；广博易良，《乐》教也；……恭俭庄敬，《礼》教也。"（《礼记·经解》）

## 解读

孔子在当时以六经教授弟子，他的这段话即是阐发六经在教育中的不同作用。《诗经》之诗是抒发人的真挚情感的，所以可以使人温柔敦厚；《尚书》记载了很多历史，所以可以让人鉴往以知来；礼的精神是敬，这是《礼经》的教育效果；《乐经》则能使人精神高远，心胸广博，和乐而善良。这样一来，六经就构成了一个教化的整体，分别针对人性的某一方面，这说明孔子认识到了人格全面发展的重要性。因为人的性情是非常复杂的，包括认知、情感、意志、道德等多个方面，而不同的经典由于内容或风格上的差异，故只能是集中培养人之性情的某一个方面。所以儒家的经典教育就讲究各个经典之间的相互融合沟通，共同熔铸受教者的人格情操。孔子本人就是这样的一个具有近乎完满人格的典范人物。但要注意的是，音乐有好、坏之分，古人有“治世之音”“乱世之音”的区分，孔子也曾说：“恶郑声之乱雅乐也。”雅就是正，我们今天所说的“高雅”正是出自此。雅乐，是善而正的音乐，听来能涤荡人的心灵，提升人的品位与境界。而当时的郑国的音乐则是靡靡之乐，会使人的心智和德性受损。因此，若欲陶冶广博易良的人格，我们就应当听高雅、古典的音乐。

## 原文

子在齐，闻《韶》[1]，三月不知肉味，曰：“不图[2]为乐之至于斯也。”（《论语·述而》）

## 注释

① 《韶》：舜所作音乐的名称。孔子曾经说《韶》乐是“尽美尽善”的。

② 不图：没有料想到。

## 解读

孔子听《韶》乐一事发生在齐国，巧合的是，还有一个关于音乐的故事也发生在齐国。《列子·汤问》中记载：有个叫韩娥的女子到了齐国，由于路途遥远，无钱吃饭，于是她就“鬻歌假食”，在街头唱歌以挣钱换取食物，由于唱得太悦耳动听，乃至她已经唱完离开了，听众都不愿意离去，仍沉浸在音乐的魅力中。这就是“既去而余音绕梁，三日不绝，左右以其人弗去”。一曲音乐能达到让人“三月不知肉味”的地步，这表明音乐确能动人心魄。正因如此，儒家非常重视音乐的教化功能，教化就是“生德于心”，在人的心中播撒下善的种子，真正的道德是自生的。孔子能够沉浸在音乐中而无法自拔，也体现了一种“自得之乐”的精神，孟子也曾说：“君子深造之以道，以其自得也。”学习正是一个“深造自得”的过程，即使有老师的教导，但学生却左耳进右耳出，那就不可能有所得或有所体会。如果这样听音乐，肯定不可能像孔子那样“三月不知肉味”，相反，那是“对牛弹琴”。真正的学习，是体之于身、验之于心、身心合一的学习。

## 原文

仁之实[1]，事亲是也；义之实，从兄是也。智之实，知斯二者弗去是也；礼之实，节文[2]斯二者是也；乐之实，乐斯二者，乐则生矣；生则恶可已也，恶可已[3]，则不知足之蹈之、手之舞之。（《孟子·离娄上》）

## 注释

① 实：实质，本质内容。

② 节文：节制和文饰。

③ 已：停止。

## 解读

仁、义、礼、智四德是儒家最为重视的。在孟子看来，仁就是爱、慈悲。真正的慈悲，爱人爱物，首先要看对父母是否孝顺。如果对自己的父母都不爱，而说能爱天下人，那是虚伪的。如果跟自己兄弟姊妹的感情都不好，而说能够对社会、对朋友有义有爱的，这样的人基本没有。一个真正有智慧和知识的人，对于仁、义这两个道理应有基本的了解，并且身体力行去做，而不是放弃不做，这就是明代儒者王阳明所说的“知行合一”。对于父母兄弟姐妹的仁义之情要加以节制，如果不加以节制，可能会变成溺爱、娇惯等，也就是说，家庭内部也要有礼仪，比如子女有尊敬父母之礼。而且，家庭内的礼仪是人走出家庭、走入社会的基础和保障，一个在家庭内没大没小、不懂礼貌的人，走入社会后注定会处处碰壁。家庭内的和睦快乐是塑造快乐人生的前提，家庭内和睦、康乐，人的身心才能康乐，和谐发展。若人人如此、家家如此，那就是天下太平。人在身心和谐的状态下，才会不知不觉地手舞足蹈，从内心流露出本真的快乐，而体现在行为举止之间。古人将具有仁、义、礼、智四种德行的人称为圣人，这样看来，成圣成贤的根基就在家庭之内。简言之，个体价值的最大化实现最根本的是要立足于家庭。

## 原文

曰：“独乐乐①，与人乐乐，孰乐？”曰：“不若与人。”曰：“与少乐乐，与众乐乐，孰乐？”曰：“不若与众。”（《孟子·梁惠王下》）

## 注释

① 乐（yuè）乐（lè）：前一个“乐”为动词，意为欣赏音乐。后一个“乐”为形容词，意为快乐。

## 解读

孟子与梁惠王之间的这段对话脍炙人口，被后世概括为“独乐乐不如与众乐乐”。这段对话的背景是梁惠王对孟子弟子庄暴说自己好乐，庄暴告诉了孟子。孟子通过自己对音乐的理解，给梁惠王上了一堂生动的道德课。在孟子看来，人人都有好乐之心，就像我们今天说休闲旅游一样，谁不喜欢休闲旅游啊。但是孟子对梁惠王说，一个人陶醉于美妙的音乐，不如和天下百姓一起陶醉。少数人享受音乐，不如天下人一起享受。显然，孟子的论说中包含了浓厚的道德色彩——分辨公义与私利，一个人或少数人享受是自私，而天下人共同享受才是公义。当一个人在休闲享乐时，应当想到其他人是否还在受苦受难；当我在饕餮大餐、锦衣华服时，是否有些贫困山区的孩子仍然食不果腹、衣不蔽体；这就是“人同此心，心同此理”的通感，我们能否对他人的苦难有恻隐之心、感同身受，这是一个人是否有同情心、爱心的标志。北宋范仲淹的名篇《岳阳楼记》中所说“先天下之忧而忧，后天下之乐而乐”，正是源自孟子的这段话。

## 三、治国以礼

**原文**

子曰：“道[①]之以政，齐之以刑，民免而无耻。道之以德，齐之以礼，有耻且格。”（《论语·为政》）

**注释**

① 道：通“导”，引导之意。此处是动词，而非名词。“道之以德”的“道”也是如此。

**解读**

孔子的这段话是说：用政令来治理百姓，用刑法来整顿他们，老百姓只求能免于犯罪受惩罚，却没有廉耻之心；用道德引导百姓，用礼制去同化他们，百姓不仅会有羞耻之心，而且有归服之心。我们今天常常讲“以德治国”和“依法治国”，其实，不论是德治还是法治，首先都是强调统治者、政府要有道德，要依法守法，这就是孔子曾告诫当时鲁国的统治者的“子率以正，孰敢不正”。所以德治、法治并不是仅仅针对一般的普通大众，而首先是针对统治者阶层和政府的。如果统治者没有道德，那么普通大众很可能也没有道德。如果统治者不依法守法，那么老百姓依法守法也没用。这样的话，国家仍然是无德、无法的国家。德治和法治也是互补的。没有基本的道德底线，法治是不可能实现的。而换个角度说，法治的实施，应当是为了造就一个有法而且有道德的社会，使每个人都是有道德的人。2006 年发生在南京的“彭宇案”，受到国内外的共同关注，这件案子中的细节且不管，但彭宇将倒地的老人扶了起来这是事实，而一审判决中却说：“如果老人不是你撞倒的，你怎么会去扶呢？”这样的判决不禁让人有一种道德窒息感，法官的意思是，只有当彭宇撞倒了老人，他才会去扶。这个判决完全无视人是有道德感的，人是有恻隐之心的。就像孟子说的，当你看到一个小孩子快掉到井里了，你能不去救么？难道法官要说：不是你把小孩推下去的，那你为何要去救？这充分体现了法律和道德的密切关联。法律的不正当使用，恰可以破坏道德。

## 原文

礼之用，和为贵。先王之道[①]，斯为美。小大由之，有所不行，知和而和，不以礼节之，亦不可行也。（《论语·学而》）

## 注释

① 先王之道：指尧、舜、禹、汤、文王、武王等古代圣王的治世之道。

## 解读

这段话是孔子的弟子有子所说，是“以和为贵”这一成语的来源。礼的作用，在于实现社会、国家的和谐。尧、舜、禹以来的圣王在治理国家时，都是以此为美。如果不论事情的大小，大者任其大，小者任其小，放任自流，那就会差异更大，也就不能实现和谐。但是反过来说，单纯地为了和谐而去和谐，不依礼仪来节制，也是不可行的。在有子看来，差异与和谐是共生的，治理国家也是如此，一方面不能任差异的存在而不管不问，另一方面也不能为了实现和谐就彻底消除差异，泯灭人与人之间本有的天然差异。有的人富有，有的人贫困。富有的人富有是因为勤劳致富，贫困的人则是懒惰导致。贫困的人仇富导致社会不和睦，但是国家统治者不能为了实现社会的和谐就剥夺富有者的财产，把财产分给贫困者。这就是所谓的“知和而和”。反之，国家统治者也不能放任贫富差距的加大，而是应当采取其他的措施激励贫困者去致富，富有者可以去帮助贫困者，以此实现社会的和谐。差异与和谐共生，这是“和而不同”，而不是“知和而和”。没有差异的世界，则是没有生机的世界，就像一潭死水，没有任何波动，没有一朵浪花。一个好的社会应当是百花齐放、各显神通、“万类霜天竞自由”的社会。

## 原文

国有四维[①]，一维绝则倾，二维绝则危，三维绝则覆，四维绝则灭。倾可正也，危可安也，覆可起也，灭不可复错[②]也。何谓四维？一曰礼，二曰义，三曰廉，四曰耻。（《管子·牧民》）

## 注释

① 维：纲维。
② 错：通“措”，采取措施。

## 解读

管子的这段话被概括为“国有四维”，在历史上流传广泛，脍炙人口。在他看来，治理国家有四个纲领：礼、义、廉、耻。国家就像一座有着四根柱子的房子，若失去其中任何一个国家就会产生动摇，若失去两个国家就会发生危险，若失去三个国家就会被颠覆，若四个全部失去国家就灭亡了。动摇了尚可以扶正，危险了还可以采取措施让它安稳，颠覆了还可以恢复起来，灭亡了就再也没有什么举措可以拯救了。

## 原文

礼之理诚深矣，……故绳墨诚陈矣，则不可欺以曲直；衡诚县①矣，则不可欺以轻重；规矩诚设矣，则不可欺以方圆；君子审于礼，则不可欺以诈伪。故绳者，直之至；衡②者，平之至；规矩者，方圆之至；礼者，人道③之极也。然而不法礼，不足礼④，谓之无方⑤之民；法礼，足礼，谓之有方之士。（《荀子·礼论》）

## 注释

① 县：通“悬”，悬挂、陈设之意。
② 衡：秤杆。
③ 人道：为人、治国的原则。
④ 足礼：重视礼。
⑤ 无方：无道，指不走正道而走邪道。

## 解读

俗话说：“不以规矩，不成方圆。”礼就像木匠所使用的圆规、曲尺、绳墨，对于木匠来说，这些物品是衡量木料是否合格的尺度。那么，就人类社会来说，礼就是衡量一个人是否是好人、一个国家是否是好的国家的标准。秤摆在前面，就没法混淆轻重来欺骗人了；规矩设立了，就没法混淆方圆来欺骗人了；君子明察于礼，奸诈不实的学说就没法欺骗人了。所以说：礼是为人、治国的最高准则。不遵守礼，不重视礼，就是不走正道的人；遵守礼，重视礼，就是走正道的人。人人守礼，就是以礼治国的最高境界。历史上的周文王治国就讲礼让。当时有两个小国——虞国和芮国相邻交界，两国因为田地起了纠纷，争执不下，两国的国君听说周文王是个仁人，于是决定去找文王裁定。到了周国，他们发现周国人人礼让，耕地的人互让田界，走路的人互相让道，朝廷上的官员之间也互相谦让。虞、芮两国国君感到非常惭愧，说："我等小人，不可以履君子之庭。"回去后便让出所争之地，作为两国之间的公共疆界。这也是以礼让处理当时国际关系的一个事例。

## 四、礼有三本

**原　文**

礼有三本：天地者，生之本也；先祖者，类①之本也；君师者，治之本也。无天地，恶②生？无先祖，恶出？无君师，恶治？三者偏亡，焉无安人。故礼，上事③天，下事地，尊先祖而隆④君师，是礼之三本也。(《荀子·礼论》)

**注释**

① 类：种类，种族。

② 恶（wū）：此处是疑问词，意为从何处。

③ 事：侍奉。

④ 隆：尊敬，尊崇。

**解读**

人是有智慧的动物，也因此，人总是不住地追问"人从何处来"，也即人的本源的问题。荀子的这段话就代表了古人的解答，且从三个层面作了解答：一是生命的根本，二是人之族类的根本，三是社会治安的根本。"天地之大德曰生"，天地给了万物生命，所以人应当礼敬天地。华夏民族的先祖是三皇五帝，我们都是炎黄子孙，几千年流传着敬天、敬地、敬祖先、敬古圣先师的教诲。君师主管社会治理与教育，孔子就是"至圣先师"，所以我们有教师节，在教师节和孔子生日时要祭孔，以示不忘记中华文化的人文之祖。礼的原则是要返本报始，但我们现代人面对天地自然，却予取予求，不顾生态平衡；面对古圣先祖流传下来的经典财富，往往不加拣择地批评。这些都是无礼的体现，对大自然无礼，对古圣先贤无礼，真是"人而无礼，不知其可也"。

**原　文**

夫礼，天之经也，地之义也，民之行也。天地之经，而民实则①之。(《左传·昭公二十五年》)

**注释**

① 则：效法。

## 解读

我们今天经常使用的成语“天经地义”就源出于此。在古人看来，宇宙、世界是有秩序的整体，这种秩序性无处不在，天有秩序，地有秩序，人类社会更是如此，而且，这种秩序是相通的，自然世界和人文世界的秩序是一脉贯通的。所以有“天文”“地理”“人伦”的概念。天文地理就是天和地的文理，日月星辰的运转、春夏秋冬的推移，这就是天文。山高水低，丘陵平原，水往低处流，“橘生淮南则为橘，生于淮北则为枳”，这就是地理。父子有亲，夫妇有别，长幼有序，朋友有信，这就是人伦。天文、地理、民行也就是天经、地义、人伦。人类社会的秩序是效法天地之道的，所以说“天地之经，而民实则之”。礼不仅仅是人类社会中的行为规范，究极而言，礼是源于天地固有的秩序。因此，礼并不是人为强制的，而是自然形成的。“不以规矩，不成方圆”，人类社会无礼，那就不成其为社会。学校中若无师生之礼，无朋友相交之礼，则学校亦不成其为学校。

## 原文

祭如在，祭神如神在。子曰：“吾不与[①]祭，如不祭。”（《论语·八佾》）

## 注释

① 与：参加。

## 解读

古人非常重视祭祀，所以说：“国之大事，在祀与戎。”戎指军事活动，而祀就是祭祀活动了。我们知道，中国并没有像西方那样的崇拜至上神灵的宗教，这正说明中国文化不重视神灵，遑论是封建迷信，中国人恰恰是最不迷信的。在孔子之时，祭祀仍然重要，但是在孔子看来，祭祀的重点并不是拜外在的神，而是重在祭祀者本人情感的抒发，若祭祀者至情至感，那么自然会觉得祖先的神灵降临，此即“祭神如神在”。也正因此，祭祀活动是别人无法代替的，必须自己参加，否则就说明心不诚。俗话说“心诚则灵”大概就是这个意思吧。简言之，祭祀是一种仪式，而参与此仪式的人所持有的虔敬的道德情感才是祭祀的实质。“清明时节雨纷纷，路上行人欲断魂”，如果有人清明节上祖坟扫墓，却牵着一条狗，那大概正像一句歇后语所说：“拉着狗上坟——吓死老祖先！”这就是对祭祀心不诚的讥讽，对不敬祖先的批评！学生应当正确地看待中国人的民俗节日以及相关的信仰情感，对其有同情之理解。

## 原文

正家[①]以四礼，冠、婚、丧、祭。（隋·王通《中说》）

## 注释

① 正家：使家庭内部成员和睦相处，秩然有序。

## 解读

礼是天经、地义、民行，礼贯穿人的一生，其中最重要的是四礼：冠礼、婚礼、丧礼、祭礼。显然，前二者是对生前说，后二者是对死后说。冠礼，就是成人礼，古人说："冠者，礼之始。"即举行冠礼后，一个人从年幼无知成长为"成人"，可以独立地依礼生活了。男子的冠礼一般是在18岁时举行，女子的成人礼叫笄礼，一般是在16岁时举行。如果说冠礼象征着一个人人生的真正开端，那么，祭礼就意味着一个人人生的真正结束。丧礼并不意味着人生的真正结束，虽然丧礼之后，"入土为安"，一个人的生命完结了，但是，在古人看来，一个生命的结束是下一个生命的开始，祭礼是由死者的子女进行的，所以祭礼就意味着生命的延续，已死的生命在曾经生活着的世界中仍然有着血脉的延续，此即"生生不息"或生命的绵延。对中国人来说，如果死后没有人祭奠，那是最悲哀遗憾的事情，那才是生命的彻底结束。所以，祭礼承载着中国人关于生死的终极观念。

## 延伸阅读

1. 杨伯峻．论语译注．北京：中华书局，1980.
2. 马振铎．礼乐文化与孔子的仁学．孔子研究，1991（1）.
3. 祁海文．儒家乐教论．郑州：河南人民出版社，2004.
4. 杨天宇．礼记译注．上海：上海古籍出版社，2006.
5. 彭林．中华传统礼仪概要．北京：高等教育出版社，2006.
6. 蓝甲云．礼乐文明与和谐文化构建．湘潭大学学报，2008（4）.
7. 雷永强．广博易良，乐教也——儒家乐教题解．前沿，2011（16）.
8. 肖知兴．论语笔记．北京：中信出版社，2012.
9. 王文东．时代美德一字经·礼．天津：天津人民出版社，2012.
10. 韩星．儒家三祭之礼的人文精神．杭州师范大学学报，2015（1）.
11. 张立文．礼乐文明与文化自信．http：//www.360doc.com/content/15/1102/08/1397577_510119010.shtml.
12. 项阳．中国人情感的仪式性诉求与礼乐表达．http：//blog.sina.com.cn/s/blog_4a0e34690102w6ha.html.
13. 汉民族成人礼．http：//www.sdmuseum.com/show.aspx?id=2181&cid=59.

# 第六章　诚实守信

杨柳新

## 概　述

本章的主题是“诚实守信”，这看起来是一个我们都再熟悉不过的条目。其实，这个话题并非如此简单，它包含着一个大问题：如何在一个真实的世界中做一个真实的人？反过来说，即我们如何避免生活于一个虚假的世界，以及如何避免成为一个虚伪的人？我们都知道，在表面现象与其背后的实质之间存在着某种“距离”，于是，上述这个关于“真实”的问题，或者说关于“诚”与“信”的问题，就有了值得我们认真思索的意义。中华先哲曾经对这个问题做出过透彻的领悟与精辟的回答。由于把握了天地万物与人类生活的恒常之道，中华先哲的智慧具有穿透时间的力量，无论是对于今天还是对于未来，都能提供宝贵的启示。

大致说来，古典儒家和道家关于“诚”与“信”的哲思体现为如下几点：其一，“诚通天人”。“诚者，天之道也；诚之者，人之道也。”（《中庸》）天之道就是真实不虚。孔子曾慨叹：“天何言哉？四时行焉，百物生焉。天何言哉！”（《论语·阳货》）天地为万物生生不息之源，“天地之大德曰生”。天地万物本来真实不虚，人为天地所生，为万物的灵长，其天性本来也是真实不虚的。然而，人在自然的基础上创造了一个人文的世界，于是，人就面临着如何在人文世界彰显和成就其天赋人性的问题，这是一个“继善成性”的问题：人道虽植根于天道，而人道之成，需人本其天性之“诚”做一番人文世界里的创造性的转化。其二，“不诚无物”。这里“物”为广义，统人与事而谓之“物”，其意即世间无论任何人与事，不以合道有德之诚心，皆不能成就，终必沦为败坏毁失。故《中庸》谆谆告诫：“是故君子诚之为贵。”其三，“无信不立”。人无信不立，国无信不立，推而言之，天下无信亦不立。孔子善喻，说人之信如车之輗軏，车无輗軏不行，人无诚信何以行？立国之根本在财富、武力，还是在诚信之德呢？孔子和弟子曾就此有过让人醍醐灌顶的对话。其四，“忠信为宝”。金玉可宝吗？富贵可宝吗？老子说：“金玉满堂，莫之能守。富贵而骄，自遗其咎。”（《老子·第九章》）无怪乎儒者亦不宝金玉，不祈土地，而以忠信为宝了。

# 一、诚通天人

## 原文

诚者，天之道也；诚之者①，人之道也。（《中庸》）

## 注释

① 诚之者：勉力实现人的内在天赋。此处“诚”为动词。

## 解读

儒家认为“天地之大德曰生”，其道“生生不息”，而人为天地所生。人性禀天之所赋，《中庸》曰：“天命之谓性。”人性中固有天道，《中庸》曰：“诚者，天之道也。”人性中真实含有天道，此为人之所以为人的“自然”或“先天”的内在根据。中华文化传统，无论儒道都主张天人合一，究其根源即是确信人由天生，人含天道，天人合道。王夫之释人性之“诚”曰：“若论本原，固是二仪五行流行于品物、各正性命、一真无妄之理。然在此处，则只就人之天道而言。盖天之所以命人，即人之所以为天，而天之命即人之性，故曰天道。”(1)

人虽有真实不虚的内在天性，然而，人之成为人并非自然而然的。每一个人要“成为你自己”，乃至人类社会要成为人类社会，皆需有人自觉自主的创造性活动，这不是一个纯粹“天然”或“自然”的过程，而是一个“人文化成”的文化历程。《中庸》称此文化历程为“率性之谓道，修道之谓教”，简言之曰：“诚之者，人之道也。”

人如何在人文世界彰显和成就其天赋的人性，这是一个“继善成性”的问题：人道虽植根于天道，而人道之成，需人本其天性之“诚”而作一番人文世界里的创造性的转化，这就是动词意义上的所谓“诚之”的作为。“‘诚之者’，则自人极用其心思耳目以求复于所性之理。则在人之实用其功，故曰人道。”(2)

如何做“诚之”的功夫，古典儒家谓之“内圣外王”：这在《大学》即“格物致知诚意正心，修身齐家治国平天下”；在《中庸》即所谓五达道、三达德、凡九经之说。“天下之达道五，所以行之者三：曰君臣也，父子也，夫妇也，昆弟也，朋友之交也，五者天下之达道也。知、仁、勇，天下之达德也，所以行之者一也。”“凡为天下国家有九经，曰：修身也，尊贤也，亲亲也，敬大臣也，体群臣也，子庶民也，来百工也，柔远人也，怀诸侯也。”五伦三德九经所涉，皆万世不易之常道。正如孔子所说：“谁能出不由户，何莫由

(1)(2) 王夫之．船山全书：第六册．长沙：岳麓书社，2011：147.

斯道？”（《论语·雍也》）

## 原文

所谓诚其意者，毋自欺也。如恶恶臭，如好好色，此之谓自谦[①]，故君子必慎其独也！小人闲居为不善，无所不至，见君子而后厌然，掩其不善，而著其善。人之视己，如见其肺肝然，则何益矣！此谓诚于中，形于外，故君子必慎其独也。曾子曰：“十目所视，十手所指，其严乎！”富润屋，德润身，心广体胖[②]，故君子必诚其意。（《大学》）

## 注释

① 谦：同“慊”，惬意，满足。

② 胖（pán）：宽舒。

## 解读

《大学》为孔子的弟子曾子所述作，乃大人之学，纵论古典儒家关于修身齐家治国平天下之大道。“大学之道”渊源甚古，为古代圣王礼乐教化，以成就道德文明的智慧之精髓。《大学》开宗明义，一开头就亮出纲领：“大学之道在明明德，在亲民，在止于至善”。先儒说，“明明德”为本，“亲民”为末。而“明明德”的方法是一套内在的心性修养功夫，即“格物、致知、诚意、正心”，循此以进，则能“修身、齐家、治国、平天下”。

“诚意”一章，在“格物、致知”之后，“正心”之前，于善恶是非之辨既有知识，在感物动念随兴起意之际，择于难易利害之间，乃为善为恶之几所系。“诚其意”实为“明德之要，善恶之枢，不可不审慎也”[(1)]。意念为己所独发，却非己所独知，因人虽不知其起意之端，而既起之意，必形于外，则人必能知。须知己意自知，其是非善恶之趣无法自欺。也须知莫以为自欺不行而可以欺人。意形于外，何可掩盖。“人之视己，如见其肺肝然，则何益矣！”意之诚与不诚，其心自有惬与不惬，如好好色，如恶恶臭。“则此念也，其善恶之界，得失之机，此心存亡，此理明昧之要也，其至严而无所假借乎！”[(2)]不可不慎，不可不择。君子居天下之广居，行天下之达道，其身心安泰，必深得于自诚其意之功夫。《大学》曰：“欲正其心者，先诚其意；欲诚其意者，先致其知。致知在格物。”王夫之说：“古之欲正其心者，必先于动意有为之几，皆诚于善，无一念之不善夺其本心焉。”[(3)]“古之欲诚其意者，必先于善恶可知之理力致其辨，而无一理之不明，引意以妄焉。”[(4)]可见，致知为诚意之要。“而古人之致知，非虚守此灵明之体而求白也，非一任吾聪明之发而自信也，以为凡吾之理皆一因乎万物固然之理，则物物有当然之则；凡天下之物接于吾身者，皆可求其得失顺逆之则，以寓吾善恶邪正之几，

---

（1） 王夫之．船山全书：第七册．长沙：岳麓书社，2011：66.

（2） 同上书，68页。

（3）（4） 同上书，48页。

故有象可见，有形可据，有原委终始之可考，无不尽吾心以求格，则诗书礼乐之教，人官物曲之事，皆必察焉，而大学之为学，于斯焉极矣。”(1) 格物致知之功，乃是于生活实践中出事理人情之真知，求见性通道的道德智慧。德行真知必见之于人生日用，庸言庸行，正所谓“世事洞明皆学问，人情练达即文章”。若不于格物致知上下功夫，则诚意没有根基，亦难以免于妄也。

## 原文

君子养心莫善于诚，致诚则无它事矣。唯仁之为守，唯义之为行。诚心守仁则形，形则神，神则能化矣。诚心行义则理，理则明，明则能变矣。变化①代兴，谓之天德。天不言而人推高焉，地不言而人推厚焉，四时不言而百姓期焉。夫此有常，以至其诚者也。君子至德，嘿②然而喻，未施而亲，不怒而威。夫此顺命，以慎其独者也。善之为道者，不诚则不独，不独则不形，不形则虽作于心，见于色，出于言，民犹若未从也，虽从必疑。天地为大矣，不诚则不能化万物；圣人为知矣，不诚则不能化③万民；父子为亲矣，不诚则疏；君上为尊矣，不诚则卑。夫诚者，君子之所守也，而政事之本也。唯所居以其类至，操之则得之，舍之则失之。操而得之则轻，轻则独行，独行而不舍，则济矣。济而材尽，长迁而不反其初，则化矣。（《荀子·不苟》）

## 注释

① 变：改变，迁移；化：生长，化育。

② 嘿：同“默”。

③ 化：感化，使人向善。

## 解读

内心有守仁行义之诚，则养心之要得矣。天地以其诚而化万物，圣人以其诚而化万民，君子守其诚而修善道。养心致诚的修养，操存有恒，则能习与性成，自明独得。然后，本此存养，独行不舍，则能成就德业，充分实现自己天赋之才性。

如何成就自我的禀赋，如何成就人生的价值，如何立功、立言、立德？古代儒家有明确答案，且极其平易，曰“修身为本”。而修身之枢机，在于养心以诚。诚心的根本是一个如何面对自己的问题：心是否居仁由义，为善去恶，良知朗然，真是“如人饮水，冷暖自知”。诚于内，形于外。内有诚德，则能立身成己，则能成人成物。

## 原文

公生明，偏生暗，端悫①生通，诈伪生塞，诚信生神，夸诞生惑。此六生者，君子慎

---

（1） 王夫之．船山全书：第七册．长沙：岳麓书社，2011：48.

之，而禹、桀所以分也。(《荀子·不苟》)

注释

① 悫：恭谨，诚信。

解读

君子砥砺品行，目标何在？曰：公正而不偏蔽，端悫而不诈伪，诚信而不夸诞。如此，则生明、生通、生神；反之则生暗、生塞、生惑。君子于此，不可不慎！成龙成虫，分际在兹。孔子曰君子道者三："仁者不忧，智者不惑，勇者不惧。"(《论语·宪问》)性情若此，则可谓具智仁勇三达德之君子。

如何才能养成君子品行？孔子曾指示门径："好学近乎知，力行近乎仁，知耻近乎勇。知斯三者，则知所以修身。"(《中庸》)好学所好何学？如孔子所常言：入则孝，出则弟，谨而信，泛爱众，而亲仁。行有余力，则以学文。(《论语·学而》)文则为古圣先贤所传立人之道，礼乐教化，载诸典籍，六经为其要归。若论古昔三代之隆，学校之教，小大之节，"人生八岁，则自王公以下，至于庶人之子弟，皆入小学，而教之以洒扫、应对、进退之节，礼、乐、射、御、书、数之文。及其十有五年，则自天子之元子、众子，以至公、卿、大夫、元士之适子，与凡民之俊秀，皆入大学，而教之以穷理、正心、修己、治人之道"(朱熹《大学章句序》)。好学则学而时习，学而不厌，学而不已，学以知道，学为复性，学而为己。力行则克己履礼，仁义自在其中，而仁德可行而成之，故曰"近乎仁"。知耻则诚于己心，行己有耻，故能不惮改过迁善，具勇之质也，故曰"近乎勇"。

## 二、不诚无物

原文

诚者自成也，而道自道也。诚者物之终始，不诚无物。是故君子诚之为贵。诚者非自成己而已也，所以成物也。成己，仁也；成物，知也。性之德也，合外内之道也，故时措之宜也。故至诚无息。不息则久，久则征，征则悠远，悠远则博厚，博厚则高明。博厚，所以载物也；高明，所以覆物也；悠久，所以成物也。博厚配地，高明配天，悠久无疆。如此者，不见而章[①]，不动而变，无为而成。(《中庸》)

注释

① 不见而章：无形而昭著。见：现；章：彰。

## 解读

道德修养的一个关键，在于须明白人心可体验之“诚”与天人之道的内在关系。自然之物，本乎天道而有；人亦本乎天道而生，然而，人之为人，及人之事业，皆出乎人道而系乎人心。人道人心虽源于天道，不离天道，却别有人之生命自觉与创造性显耀其中，以见性之智，成性之仁，成己成物，契道而成德。

天人之道，乾坤易简而已。《易传》曰：“立天之道曰阴与阳，立地之道曰柔与刚，立人之道曰仁与义。”仁义即人道所显天地之阴阳柔刚。仁，乾也，和合生生，阳刚健行之精神；义，坤也，各得其宜，阴柔和顺之精神。

人心合天道人道而生，则为有诚。人心有诚，人道自成。“不诚无物”之“物”，统人与事而谓之“物”，其意即世间无论任何人与事，不以合道有德之诚心，皆不能成就，终必沦为败坏毁失。故《中庸》谆谆告诫：“是故君子诚之为贵。”

诚者，行君子之道，希贤希圣，既仁且智，己欲立而立人，己欲达而达人，非自成己而已，必于成人成物之际而成己。诚者心行贯通人己物我之间，随时应机皆得其宜，此之谓“合外内之道，时措之宜也”。“至诚无息”，即诚之至而始终如一者。圣人之德，德侔天地，覆载万物，如天地之高明博厚，悠久无疆。人生修养最高境界，就是此“至诚无息”。故《中庸》曰：“唯天下至诚，为能经纶天下之大经，立天下之大本，知天地之化育。”

曲阜孔庙大成殿

## 原文

九二曰“见龙在田，利见大人”，何谓也？子曰：“龙，德而正中者也。庸言之信，庸行之谨；闲①邪存其诚，善世而不伐②，德博而化。《易》曰：‘见龙在田，利见大人’，君德也。”（《周易·乾·文言》）

## 注释

① 闲：防止。

② 伐：夸耀。

## 解读

日用之言行，曰“庸言”“庸行”。“庸”也者，用也。上面这段文字取自孔子为《周易》的《乾》卦九二爻辞所作的《文言》传。为什么孔子在此强调，须在日常生活中，时时处处保持内心真诚，一言一行必信必谨？这里涉及大人君子之行与世风民情之间的关系。孔子认为大人君子之德，如龙现身于大地上一样，为众人所仰望。“君子之德风，小人之德草。草上之风，必偃。”（《论语·颜渊》）那么，大人君子当如何修德？孔子在此指示了简易的方法，“闲邪存其诚，善世而不伐”，即忠厚诚信，谨防邪僻，勉力为善，不事夸耀。这与孔子在《周易·乾·文言》中说的另一段话意思相通：“君子进德修业，忠信，所以进德也，修辞立其诚，所以居业也。”如此，则能“德博而化”，就是说大人君子于日用常行中所体现的道德风范，有守约施博之效，可以教育和感化大众，从而形成世间的良风美俗。

原文

天致其高，地致其厚，日月照，列星朗，阴阳和，非有为焉，正其道而物自然。阴阳四时，非生万物也；雨露时降，非养草木也。神明接，阴阳和，万物生矣。夫道者，藏精于内，栖神于心，静漠恬淡，悦穆胸中，廓然无形，寂然无声。官府若无事，朝廷若无人，无隐士，无逸民，无劳役，无冤刑，天下莫不仰上之德，象主之旨，绝国殊俗，莫不重译而至，非家至而人见之也，推其诚心，施之天下而已。故赏善罚暴者，政令也；其所以能行者，精诚也。令虽明不能独行，必待精诚，故总道以被民而民弗从者，精诚弗至也。（《文子·精诚》）

解读

孔子曾慨叹：“天何言哉？四时行焉，百物生焉。”（《论语·阳货》）天何言哉！天地日月，阴阳四时，自然无为，其中有道，其中有信，其中有精，其精甚真。天人之道相通，皆有其诚而已。天下国家之治，仰赖人主之德，必有精诚，万民乃从。中国古圣先贤信奉“德治”天下，无为而治。今天我们也许会觉得这过于玄妙。试想一个国家领导人，日理万机，怎么可能“垂拱”而治呢？其实，古人的着眼点在人心：政治之政，在于正身；政治之治，在于治心。人主身正而心诚，推其诚心，施之天下，则天下归往，王道行矣。

## 三、无信不立

原文

子曰：“人而无信，不知其可也。大车无輗，小车无軏，其何以行之哉？”（《论语·为政》）

解读

輗軏是车上的关键部件。朱子说，輗为“辕端横木，缚轭以驾牛者。”軏为“辕端上曲，钩衡以驾马者”。輗軏虽然小，但是对驾车来说是极其重要且不可或缺的。人在天下立身行世，也有一个极其重要和不可不慎的关键，这就是诚信。人类正常生活的基础是人与人之间的相互信赖。如果有人不讲信用，没有信义，不守诚信，这看起来似乎只是“小节”，其实，这非同小可，因为他终究会失去人们对他的信任。那么，这样的人将如何在世间立足呢？

## 原文

颜渊、季路侍。子曰：“盍[1]各言尔志？”子路曰：“愿车马、衣轻裘，与朋友共，敝之而无憾。”颜渊曰：“愿无伐善，无施劳[2]。”子路曰：“愿闻子之志。”子曰：“老者安之，朋友信之，少者怀之。”（《论语·公冶长》）

## 注释

① 盍：何不。

② 施劳：夸大功劳。施：张大；劳：功业。另一说为：劳烦之事己所不欲，亦不施于人。

## 解读

曾子有三省其身的方法，其中有一条是“与朋友交而不信乎”，道出了朋友交往的基本道德准则：用你的真诚对待朋友！曾子不愧是孔子的学生，“朋友信之”本是夫子自己一贯的志向。朋友作为五伦之一，不是兄弟，有时却胜似兄弟。朋友与兄弟相比，显然少了一条天生的血缘纽带，若要朋友亲如兄弟，那么这种友情的质地，只能是彼此之间的真心实义。子路也谈及交友之道，他豪爽而略显粗糙，但的确真诚：车马与轻裘，愿与好朋友共享！子路用看得见摸得着的具体的方式，生动地诠释了如何交友的方法。

今天中国的年轻人，很多都是独生子女，朋友显得尤其珍贵。因而交友之道对今天的年轻一代来说就具有特别重要的意义。这情形有点像当初孔子弟子司马子牛的忧叹：人皆有兄弟，唯独我没有！他的同学子夏宽慰他，说出了这样一番道理：“死生有命，富贵在天。”天生没有兄弟，这也无可奈何。然而，朋友不是也可以像兄弟一样吗？如果“君子敬而无失，与人恭而有礼”，那么，“四海之内，皆兄弟也”。这不就是“朋友信之”的另一个版本吗？

## 原文

子贡问政。子曰：“足食，足兵，民信之矣。”子贡曰：“必不得已而去，于斯三者何先？”曰：“去兵。”子贡曰：“必不得已而去，于斯二者何先？”曰：“去食。自古皆有死，民无信不立。”（《论语·颜渊》）

## 解读

立国的根本何在？治国的先务何在？守国的底线何在？甚至，若国家不幸蒙难，救亡的希望和复兴的基础何在？这就是子贡向孔子请教的问题。承平时期国家政务的中心，当然是要兼顾民生富足、军备完善和以诚信为内核的民风。所以，孔子说："足食，足兵，民信之矣。"其实这三者之间有本末主次和轻重缓急之别，不是简单平列的关系。子贡心思深邃缜密，真是善于思考和提问，也只有孔子这样的圣贤能够回答出这样颠扑不破的真理。子贡问道：如果在危机存亡之际，不能同时兼顾和保证这三者，那么其中哪一个是相对次要而不必求完备的呢？孔子说：军备。子贡进而又问：在剩下的两者中，如果还不得不让其中一个有缺，该是哪一个呢？孔子说：可以缺食，不可缺的是人的诚信。饥饿当然会死人，但这并不可怕，本来人"自古皆有死"。可怕的是人失去了诚信，就不成其为人了！孔子的回答发人深省之处在于："民无信不立"，就是"人将不人"，自然也就"国将不国"了！所以"民信之"是必须宁死也要守住的底线。这个底线也正是立国的根本、治国的先务、救亡的希望和复兴的基础！孟子说：饱食暖衣，逸居而无教，则近于禽兽。可见，足食不足以支撑一个社会的精神和一个国家的生命。"一切向钱看"，以追求表面的丰衣足食为先务，这在孔孟看来是舍本逐末。

那么，足食而又足兵的国家，是否是真正正义、强大和有长久生命力的国家呢？我们在历史和现实中看到，那些肆意张扬霸权甚至穷兵黩武的国家，不正是足食而又足兵吗？如此看来，足食足兵并不足以为国家正义、强盛和长治久安的根本。一个国家、民族、社会真正令人欣慰的品格是人们内心的诚信；而诚信的亏缺，乃是最大的忧患。在今日这个资本的逻辑横行的世界中，唤醒、守护和恢复国人内心的诚信，我们责无旁贷。

## 原文

子张问仁于孔子。孔子曰："能行五者于天下，为仁矣。""请问之。"曰："恭、宽、信、敏、惠。恭则不侮，宽则得众，信则人任焉，敏则有功，惠则足以使人。"（《论语·阳货》）

## 解读

"仁"字最基本的含义，为人与人之间的相互关怀和信赖。"仁"字在其古体中有上"身"下"心"的写法，明显有心身合一、心行一致的意思。明末清初的大儒王夫之认为，对子张问仁，孔子的回答如是：仁者心与行合，行与天下合，而天下与心合者也。恭、宽、信、敏、惠五者，存于心者诚有之，而行于天下者无非是也，内外人己之间，以一心贯通而相喻，为仁矣。好一个"内外人己"一心贯通！"仁"就是心行合一，人己相依。"信"德在此五德之中，实为五者之根基和核心，若无信，则恭、宽、敏、惠皆伪。故"信"乃为仁之关键。王夫之认为信非以"意气相期"，而是"有一真无妄之心，以之行于告戒期许之间”[1]。“信则人任焉”，是说内心至诚以待人，故可以受人信赖而任用。

## 原文

儒有居处齐难，其坐起恭敬，言必先信，行必中正；道涂不争险易之利，冬夏不争阴阳之和；爱①其死以有待也，养其身以有为也；其备豫有如此者。（《礼记·儒行》）

## 注释

① 爱：珍惜。

## 解读

儒者恒常持守的核心道德准则，是“言必先信，行必中正”。儒者心怀天下，修身齐家，待时而出，以为治国平天下之大用。所谓穷则独善，达则兼济，不可不有其操存与备豫。“言必先信”，是信先存于心然后出言。如此，一则言必谨慎，乃至于“讷于言”；二则有所言必诚恳信实，真心无妄，一诺千金。“行必中正”，也须以内心真诚为根基，还要心地正直。总之，内在心性上的真诚正直，是儒者外在言行修养的要领。这种修养在日常小事上也许看不出有多了不起，可是，一旦到了需有人担当重任的关头，人们就会恍然发现，真正值得信赖和众望所归的人物，唯有那种能于平常处见其“言必先信，行必中正”的人。青年人不立志做大事则已，若真有志于立功立言立德，当做一个现代儒者，在“言必先信，行必中正”上下真功夫。

## 原文

（孔子）曰：“言必信，行必果，硁硁然小人哉!”（《论语·子路》）

## 解读

通常人们都会认为“言必信，行必果”是值得称道的美德，但是，在这里我们看到，孔子对“言必信，行必果”并未作如此简单的肯定。他认为，讲究“言必信，行必果”只是小人的品行而已，大人则一切以道义为准则，言当信则信，不当信则不信，故言不必信；行当果则果，不当果则不果，故行不必果。故孟子曰：“大人者，言不必信，行不必果，惟义所在。”（《孟子·离娄下》）孔子和孟子的这番话对大人君子而言，其道理自是通透，只是一般人须掂量自己是否够得“大人”的资格，足以称得上存“义”在身。唯其如此，方可以“言不必信，行不必果”。否则，“言不必信，行不必果”，只能是无忌惮之小

---

（1） 王夫之．船山全书：第七册．长沙：岳麓书社，2011：907.

人的托辞而已。所以，对一般人而言，先谨守“言必信，行必果”的规矩还是十分必要的。守经用权，岂是随便做得到的？

孔子曰：“可与共学，未可与适道；可与适道，未可与立；可与立，未可与权。”（《论语·子罕》）从孔子关于“共学”与“适道”、“立”与“权”的修养功夫次第来看，“言必信，行必果”属于共学与适道阶段的基本功，可谓“守经”。这一关须操存得精熟，才可以在做人的规模上合乎道义地挺立起自己的人格。即便是到了这个自“立”的境界之后，也不是每个人都能自如地做到不为典要所限，随时变通的。“用权”实为最上层的修养境界，若非通达之大人君子，不可妄想奢言，更不可轻易试之。话说回来，孔子和孟子倒是期许“人皆可以为尧舜”，不必限于小人之量，只是我们作为向学之人须有自知之明。王夫之说：“故君子以人皆可以为圣，于其定志于学之初，而即望其有穷神达化之功。至于义精仁熟之大用，则不敢轻以许人，恐其趋向之未有定，自守之未贞，且侈言神妙，而流于无忌惮之小人，诚慎之也。”(1)

## 四、忠信为宝

### 原文

子以四教：文，行，忠，信。（《论语·述而》）

### 解读

孔子诲人不倦，“教人以学文、修行，而存忠、信也。忠、信，本也”（程子语）。忠，出于自心之“中”，对己对人皆真心不妄。信，合于内外之实际，内有诚意，外符真理。忠与信相通，可谓之“忠信”。忠信可见于行为，亦可见于言语。行为之忠信，不易把握，须有不惑之心。孔子说自己“四十而不惑”，可见，阅历丰富唯有慢慢积累。忠信凭言语来判断，则相对容易。那么，忠信的言语当具备怎样的品质？根据孔子的行为示范来看，“子不语怪、力、乱、神。”（《论语·述而》）因此，这个问题可以做一反向的回答：忠信之言，起码不应该说怪异、勇

尼山书院孔子画像

(1) 王夫之．船山全书：第七册．长沙：岳麓书社，2011：597.

力、悖乱、神鬼之类。朱熹《四书集注》引谢氏曰："圣人语常而不语怪，语德而不语力，语治而不语乱，语人而不语神。"王夫之认为，圣人不语此四者实有深意：愚不肖者惑于流俗，而相习以称说；贤智者矜其博辩，而不自知其邪淫。然则此四者，诚不可语也，不屑语也，不忍语也，不易语也。(1)

孔子仿佛是给了我们一块判断言语忠信与否的"试金石"。今天我们生活在一个所谓"信息爆炸"的环境中，网络、电视、报刊、书籍等媒体，向我们抛来五花八门的各种消息、故事、意见、观点、学说、价值……在这个由许许多多"看得见"和"看不见"的手所搅拌的信息"大杂烩"中，既有信言、忠言、实情、真理，也泛滥着谎言、谣言、谬论、邪说。我们如何对这些主动或被动接触到的信息加以鉴别和取舍？还是得依靠这个标准："子不语怪、力、乱、神！"而且，值得警惕的是，在某些极端的局面下，由于长期被"怪、力、乱、神"信息所笼罩和浸染，以至于人们会变得麻木，而普遍地"见怪不怪"。

### 原文

子张问行。子曰："言忠信，行笃敬，虽蛮貊之邦行矣；言不忠信，行不笃敬，虽州里行乎哉？立则见其参于前也，在舆则见其倚于衡也，夫然后行。"子张书诸绅。(《论语·卫灵公》)

### 解读

子张真是问得好！君子行走天下的"通行证"是什么？没谈通关文牒，也没谈金银珠宝，孔子的回答是："言忠信，行笃敬。"无论是近在本乡本土，还是远在异国他乡，无论是行走于礼仪之邦，还是跋涉在蛮荒之地，只要是与人打交道，君子凭着"言忠信，行笃敬"，自然都会畅通无阻。明白这个道理相对容易，言行上要真正做到却并不容易。既然已经知道了修养的方向，就让我们像子张那样拳拳服膺地去践行吧。

### 原文

子曰："君子欲讷①于言而敏于行。"(《论语·里仁》)

### 注释

① 讷：言语迟钝。

### 解读

这一段可以与《论语》中的其他几段对观。

---

(1) 王夫之．船山全书：第七册．长沙：岳麓书社，2011：597.

子曰："君子耻其言而过其行。"（《论语·宪问》）

子曰："古者言之不出，耻躬之不逮也。"（《论语·里仁》）

子曰："其言之不怍，则为之也难。"（《论语·宪问》）

信，生于心，出于言，见于行；心与言一致，言与行一致。君子为求言行诚信，对于言可谓慎之又慎，不敢轻忽。孔子提示了几个修养"庸言之信"的方法和原则，概括如下：第一，要以说了而做不到为耻。第二，做不到的不要说；第三，宁可先做到再说；第四，说话之前，要想到做事之难。

## 原文

子贡问友。子曰："忠告而善道之，不可则止，毋自辱焉。"（《论语·颜渊》）

## 解读

诚恳待人是基本原则，在具体如何诚恳待人的分寸上却有讲究。孔子的教诲告诉我们：君子之交淡如水，忠告之言须适可而止。与人交流，既要考虑到对象器局大小的实际，也要保持自己的尊严，不浪费自己的诚心和智慧。

## 原文

儒有不宝金玉，而忠信以为宝；不祈土地，立义以为土地；不祈多积，多文以为富。难得而易禄也，易禄而难畜也，非时不见，不亦难得乎？非义不合，不亦难畜乎？先劳而后禄，不亦易禄乎？其近人有如此者。（《礼记·儒行》）

## 解读

儒者贵德，金玉之宝不过身外，忠信之宝用以成己，故儒者以忠信为宝，而不宝金玉。自古以来，人们就面临着一个要在财富价值和道德价值之间做出抉择的问题。孔子对儒者价值信条的揭示，为我们提供了指南。在我们生活的当今这个"镀金时代"，拜金主义甚嚣尘上，大有举世为之癫狂之势。在这种浑浊的精神生态中，年轻一代的成长处于极端艰险的境地，有志青年若能以儒者为典范，将有希望走出险境。

## 原文

孟子曰："有天爵者，有人爵者。仁义忠信，乐善不倦，此天爵也；公卿大夫，此人爵也。古之人修其天爵，而人爵从之。今之人修其天爵，以要人爵；既得人爵，而弃其天爵，则惑之甚者也，终亦必亡而已矣。"（《孟子·告子上》）

解读

中国传统人生智慧强调德福统一。德决定福，福从属于德；有德必有福，无德必无福。从一定意义上讲，德即是福，福即是德。天赐之爵谓之天爵，德也；尊位厚禄谓之人爵，福也。修身以仁义忠信，乐善不倦，德润其身，即享天爵。除非自弃，天爵不可剥夺。人爵予夺不由己，而以天爵为根基。天爵人爵为本末关系，若有天爵之修养，人爵自会随之而来；若无天爵之修养，人爵即便幸得，也不可长保。老子也讲这个道理："金玉满堂，莫之能守；富贵而骄，自遗其咎。"（《老子·第九章》）。德福统一不是虚理，而是世间的法则。古往今来，莫不应验。

原文

圣人无常心，以百姓之心为心。善者，吾善之；不善者，吾亦善之，德善。信者，吾信之；不信者，吾亦信之，德信。圣人在天下，歙歙焉，为天下浑其心。百姓皆注其耳目，圣人皆孩之。（《老子·第四十九章》）

解读

不管别人善良不善良，我一视同仁地待人以善良，这样就保证了我自己的善良。不管别人诚信不诚信，我一视同仁地待人以诚信，这样就保证了我自己的诚信。别人玩什么机巧，我都按我的善良和诚信"出牌"，这不是有点像幼稚的小孩吗？是的，老子的意思就是要人保持孩子般的天真无邪！老子希望回到一个人人都返璞归真的世界。他认为现实世界有太多的"聪明"，圣人若也用"聪明"来对待"聪明"，天下的奸伪诡诈必愈演愈烈，不可收拾。所以圣人须反其道而行，以纯朴无机巧之善良和真诚引领天下，这样就能超越天下百姓的"聪明"，而导之归于质朴。

原文

信言不美，美言不信。（《老子·第八十一章》）

解读

"皇帝的新衣"其实是没穿衣服。那个孩子"赤裸裸"地说出了这个"赤裸裸"的事实。他心地纯真，不会说漂亮话，不会打马虎眼。反映真实和陈述真理的话，无所矫饰，必朴实无华，这就是"信言不美"。老子说"轻诺必寡信"（《老子·第六十三章》），这该是"美言不信"的一个例子。

## 原文

叶公语孔子曰："吾党有直躬者，其父攘羊，而子证之。"孔子曰："吾党之直者异于是。父为子隐，子为父隐，直在其中矣。"（《论语·子路》）

## 解读

如果父亲偷了羊，儿子是应该为他隐瞒还是应该将他告发？孔子的观点是，儿子不应该告发父亲。不仅如此，孔子甚至说，在这种情形下，父子相隐，恰是诚实正直的表现。孔子的这个观点，的确很不寻常。叶公与孔子关于父子相隐问题的争议，其是非曲直，人们当然可以有多种解读。在此，我们不妨将这个"孰是孰非"的看法存而不论，设身处地从孔子的角度体会一下儒家关于父子关系的基本观念，以及隐瞒事实的言行与诚实正直之间关系的复杂性。

我们发现，父子之间的关系，在儒家看来并非两个"原子化"的个体之间的关系，而是一种至少在家庭意义上的"命运共同体"的关系。儒家伦理中的父与子，形式上是可以分开的两个个体，实质上作为密不可分的家庭命运共同体中两个相互依存的成员，父与子是一体的。父子相隐，虽然在事实隐瞒这点上是不"直"的，但是在对父子命运与共的认同上，在父子相互关爱的天性和情感上，恰是"直"的。孔子所看重的是父子之间的命运与共和相互关爱，这种出自"亲亲"天性之一体同"仁"的价值，超越于世俗意义上的是非善恶之上！事实上，中国人在历史上大体是按照孔子"父子相隐，直在其中"的道理来对待各种类似的具体事例的。父或子犯错，甚至犯罪，都不足以构成动摇传统意义上的中国人父子亲情的条件，在这种特殊的情形中，信正是"言不必信"，这成了我们中华民族传统中的一种文化习性。

## 原文

"鸣鹤在阴，其子和之。我有好爵，吾与尔靡之。"子曰："君子居其室，出其言善，则千里之外应之，况其迩者乎！居其室，出其言不善，则千里之外违之，况其迩者乎！言出乎身，加乎民；行发乎迩，见乎远。言行，君子之枢机。枢机之发，荣辱之主也。言行，君子之所以动天地也，可不慎乎！"（《周易·系辞上》）

## 解读

《周易》第六十一卦《中孚》九二爻辞曰：有鹤在林中鸣叫，它的友伴从远处应和：我这里有好吃的，你快来和我共享吧！《中孚》卦的主题是"诚信"，九二爻鸣鹤唱和，佳肴共享，是彼此忠诚之象。夫妇、父子、兄弟、君臣、朋友，相契以诚，人伦乃正。家齐、国治、天下平，皆赖吾人中心之诚。孔子见微知著，疏通知远，他认为这一爻的象征意义在于：言行的诚伪善恶，其影响不可磨灭，必然在天地之间传递，又遥相呼应地反馈。言行是君子所以动天地的枢机，庸言之信，庸行之谨，决定着人生的荣辱与世事的成败，岂可不慎！

## 延伸阅读

1. 吕方．“诚信”问题的文化比较思考．学海，2002（4）．
2. 陈丽君，王重鸣．中西方关于诚信的诠释及应用的异同与启示．哲学研究，2002（8）．
3. 葛晨虹．诚信是一种社会资源．江海学刊，2003（3）．
4. 陈延斌，王体．中西诚信观的比较及其启迪．道德与文明，2003（6）．
5. 鲁芳．论儒家“诚”与德性的关系．伦理学研究，2005（5）．
6. 郑少珍．中国传统诚信思想的源流及其特点．船山学刊，2006（2）．
7. 张怀承．论中国传统道德的诚信精神及其现代意义．道德与文明，2007（2）．
8. 刘驰．中国古代的信用与“信”．中华文史论丛，2007（4）．
9. 黄瑾宏．儒家“诚”的道德哲学意蕴及其价值本位．唐都学刊，2008（2）．
10. 李天道．“诚”：中国美学的最高审美之维．社会科学研究，2011（6）．
11. 胡家祥．中国哲学“诚”观念的深刻内涵．江汉论坛，2012（4）．
12. 黄萌，李建群．张载的“诚”思想及其当代价值．江西社会科学，2013（8）．

# 第七章　勤俭廉正

杨柳新

## 概　述

本章的主题为“勤俭廉正”。关于这个话题，中华先哲有哪些谆谆告诫呢？大致有如下几点：

一、业广惟勤。所谓“勤”，用更通俗的话来说，就是“艰苦奋斗”。家国天下之大业可谓大矣，故王者须勤以应天，与时偕行。上古圣君明王及有丰功伟业之贤人，后世能享“国之典祀”，为人民所永久地纪念。国家祭祀的圣贤有五种：法施于民者，以死勤事者，以劳定国者，能御大灾者，能捍大患者。统而言之，此五种圣贤，皆“为生民立命”者，他们其实有一个共同点，这就是“勤”。

二、俭以养德。“俭”的实质是“知足”。知足故能俭，俭故能广。俭德，对普通人和普通家庭来说，也许意味着如何做到“细水长流”的精细和朴素；对于国家和社会来说，则是王者之所以能为“民之父母”、国族之所以能福泽绵长的德性根据。

三、廉洁胜私。“廉”的本义为“清”；“廉洁”就是干干净净、不杂私欲地从事公职，不贪污腐化。中华德性政治文明具有悠久的廉政传统，我们在《周礼》中能看到系统的“六廉”之说，即“一曰廉善，二曰廉能，三曰廉敬，四曰廉正，五曰廉法，六曰廉辨”。这六条都以廉洁为本，因而，廉洁就是官德之本。唯有在廉洁的德行基础上，以廉洁为道德价值内核，才有官吏的“善”“能”“敬”“正”“法”“辨”可言。也就是说官员的声誉良好、能力出众、敬业勤勉、公正合理、依法办事、明辨是非等方面，都是无法脱离廉洁这个根本而论的。这一思想对后世影响至深，今日中国的反腐倡廉仍应该从中汲取智慧。

四、刚健中正。天健行不息，其道刚健中正。人效天，故《周易》曰：天行健，君子以自强不息。君子居仁由义，其正身之道有如射艺，“反求诸己”而已。中华传统也特别讲究家道之正，认为“女正位乎内，男正位乎外，男女正，天地之大义也”。而且，“正家而天下定矣。”（《周易·家人》）特别值得重视的是，中华德性文明有一个核心思想：“政者，正也。”（《论语·颜渊》）政治之“政”，其根本就是正心正身、正己正人、正家正国正天下之“正”。

## 一、业广惟勤

**原文**

帝曰：“来，禹！降水①儆予，成允②成功，惟汝贤。克勤于邦，克俭于家，不自满假③，惟汝贤。汝惟不矜，天下莫与汝争能。汝惟不伐，天下莫与汝争功。予懋④乃德，嘉乃丕绩，天之历数在汝躬，汝终陟元后。人心惟危，道心惟微，惟精惟一，允执厥中。无稽之言勿听，弗询之谋勿庸。可爱非君？可畏非民？众非元后，何戴？后非众，罔与守邦？钦哉！慎乃有位，敬修其可愿，四海困穷，天禄永终。惟口出好兴戎，朕言不再。”（《尚书·虞书·大禹谟》）

**注释**

① 降水：洪水。
② 允：信。下文“允执厥中”的“允”也是此义。
③ 满：自满。假：自大。
④ 懋：勉励。

**解读**

相传这是舜在禅位之际对禹所说的一番话。其中称赞大禹治水的丰功伟绩，肯定他“克勤于邦，克俭于家”，不居功自傲的美德；也告诫他在获得君王之位后，要“慎乃有位，敬修其可愿”，要继续保持自己的德行，要对人民心存敬畏，要有忧患意识，要警惕“四海困穷，天禄永终”！这智慧传承了数千年，已经深深融入了中华民族的血脉。我们在中国共产党“为人民服务”的宗旨中，在新中国成立前夕毛泽东对全党同志提出的“两个务必”——务必使同志们继续地保持谦虚、谨慎、不骄、不躁的作风，务必使同志们继续地保持艰苦奋斗的作风的告诫中，不难看到民族智慧再现的身影。

**原文**

时之行也勤以徙，不知道者福为祸，时之从①也勤以行，不知道者以福亡。（《逸周书·周祝解》）

## 注释

① 从：当为“徙”。

## 解读

人生得福的要领何在？古人说在于勤劳。知“生命在于勤劳”，就是明白人生之道。这个道理，我们可视之为对生命的祝福。当然，其反面也是对“不知道者”的警告。欲与时偕行，人惟以勤。若不能勤以应天，而贪图逸乐，福将不再，祸不可免。《周易》曰：“天行健，君子以自强不息。”

## 原文

谚曰：“从善如登，从恶如崩。[1]”昔孔甲乱夏，四世而陨。玄王[2]勤商，十有四世而兴。帝甲乱之，七世而陨。后稷勤周，十有五世而兴。幽王乱之，十有四世矣。守府之谓多，胡可兴也？夫周，高山、广川、大薮也，故能生是良材，而幽王荡以为魁陵、粪土、沟渎，其有悛[3]乎？（《国语·周语下》）

## 注释

① 如登：喻难。如崩：喻易。
② 玄王：指殷始祖契。传说契因玄鸟而生。
③ 悛：止。

## 解读

创业维艰，守成不易。古代贤明君王建立基业，无不经过累世勤勉乃有所成，后代子孙之不肖者，败家亡国只在几代之间。真是其兴也勃焉，其亡也忽焉。“勤”为兴国之基，也是守成之本。

## 原文

夫圣王之制祀也，法施于民则祀之，以死勤事则祀之，以劳定国则祀之，能御大灾则祀之，能扞大患则祀之。非是族[1]也，不在祀典。昔烈山氏之有天下也，其子曰柱，能殖百谷百蔬；夏之兴也，周弃继之，故祀以为稷。共工氏之伯九有也，其子曰后土，能平九土，故祀以为社。黄帝能成命百物，以明民共财，颛顼能修之。帝喾能序三辰以固民，尧能单均刑法以仪民，舜勤民事而野死，鲧障洪水而殛死，禹能以德修鲧之功，契为司徒而民辑，冥勤其官而水死，汤以宽治民而除其邪，稷勤百谷而山死，文王以文昭，武王去民之秽[2]。故有虞氏禘黄帝而祖颛顼，郊尧而宗舜；夏后氏禘黄帝而祖颛顼，郊鲧而宗禹；商人禘舜而祖契，郊冥而宗汤；周人禘喾而郊稷，祖文王而宗武王；幕，能帅颛顼者也，有虞氏报焉；杼，能帅禹者也，夏后氏报焉；上甲微，能帅契者也，商人报焉；高圉、大王，能帅稷者也，周人报焉。凡禘、郊、祖、宗、报，此五者国之典③祀也。（《国语·鲁语上》）

## 注释

① 族：类。
② 秽：指商纣王。
③ 典：法。

## 解读

上古圣君明王及有丰功伟业之贤人，后世能享“国之典祀”，为人民所永久地纪念。国家祭祀的对象有五种：法施于民者，以死勤事者，以劳定国者，能御大灾者，能捍大患者。统而言之，此五种圣贤，皆“为生民立命”者，他们其实有一个共同点，这就是“勤”。

## 原文

戒尔卿士，功崇惟志，业广惟勤。惟克果断，乃罔后艰。位不期骄，禄不期侈。恭俭惟德，无载尔伪。作德，心逸日休；作伪，心劳日拙。居宠思危，罔不惟畏，弗畏入畏。推贤让能，庶官乃和，不和政厖①。举能其官，惟尔之能；称匪其人，惟尔不任。（《尚书·周书·周官》）

## 注释

① 厖（máng）：纷乱，杂乱。

## 解读

“功崇惟志，业广惟勤。”若要功勋卓著，必须立志高远；若要事业广大，必须勤恳有为。青年人须立志成大业。没有志向固然不行，然而，成大业不能只是靠立志。事业的成功是靠踏踏实实、勤勤恳恳干出来的。

## 原文

颜渊将西游①于宋，问于孔子曰：“何以为身？”子曰：“恭、敬、忠、信而已矣。恭则远于患，敬则人爱之，忠则和于众，信则人任之。勤斯四者，可以政国，岂特一身者哉！”（《孔子家语·贤君》）

## 注释

① 游：游学。

## 解读

颜渊将远行，向孔子请教如何修身。这个问题多么具有普遍意义。我们现在的年轻人在外求学、工作和闯荡，也面临着同样的困惑。那么，让我们仔细聆听吧。

孔子教诲曰："你要勤修恭、敬、忠、信四种德行，这就是修身的要领。恭而有礼则人不侮慢，敬而无失则为人喜爱，忠厚待人则与人和睦，诚实守信则为人信任。这四种德行，其用甚大，岂止可以修身而已，用于治国何尝不可！"

孔宅故井

孔宅故井诗碑

## 原文

宰我问于孔子曰："昔者吾闻诸荣伊[①]曰：'黄帝三百年。'请问：黄帝者，人也，抑非人也？何以能至三百年乎？"孔子曰："禹、汤、文、武、周公，不可胜[②]以观也，而上世黄帝之问，将谓先生难言之故乎？"宰我曰："上世之传，隐微之说，卒采之辩，暗忽之意，非君子之道者，则予之问也固矣[③]。"孔子曰："可也，吾略闻其说。黄帝者，少典之子，曰轩辕。生而神灵，弱而能言，幼齐叡庄，敦敏诚信。长聪明，治五气，设五量，抚万民，度四方，服牛乘马，扰驯猛兽，以与炎帝战于阪泉之野，三战而后克之。始垂衣裳，作为黼黻。治民以顺天地之纪，知幽明之故，达死生存亡之说。播时[④]百谷，尝味草木，仁厚及于鸟兽昆虫。考日月星辰，劳耳目，勤心力，用水火财物以生民。民赖其利，百年而死；民畏其神，百年而亡；民用其教，百年而移。故曰：黄帝三百年。"（《孔子家语·五帝德》）

## 注释

① 荣伊：人名。
② 胜（shēng）：尽。
③ 予：宰我自称。固：固陋。
④ 时：是。

## 解读

儒家认为“仁者寿”。黄帝的功业和恩德，于其在世百年，为万民所赖；黄帝身后，其精神风范，百年渐息；其教化影响，又历百年乃移。所以，古人有“黄帝三百岁”的说法。孔子在向宰我解释时特别指出，黄帝为生民“劳耳目，勤心力”，甘为天下人辛劳一生，这或许就是黄帝的生命特别长久的奥秘所在。

## 原文

郤成子曰：“吾闻之：非德，莫如勤；非勤，何以求人？能勤有继，其从之也。《诗》曰‘文王既勤止’，文王犹勤，况寡德乎？”（《左传・宣公十一年》）

## 解读

何以令人悦服？以德为上，以勤次之。若不能以德服人，不如以勤服人；能以勤服人，事情就能成功。俗话说“勤能补拙”。勤可以补智之拙，对德之拙也不无小补。无论德厚德薄，勤以辅德总是多多益善。《诗经》说，“文王既勤止”。盛德如文王都勤勉不懈，何况德薄之人呢？

## 原文

箴之曰，“民生在勤，勤则不匮”。（《左传・宣公十二年》）

## 解读

人民的衣食蓄息须从人与自然的协作中获取，无论在任何时代，民生问题，尤其是对吃饭问题的解决，都需要辛勤劳作。今天在中国的工业化城市中出生和长大的一代，可以说是我们民族历史上普遍地脱离了与大地之联系的第一代。这些孩子们对“土里刨食”的艰辛完全没有切身的体验，对他们来说，食物不过是从菜市场、超市和订购配送机构“流”出来的商品，而对食物与稼穑的关系他们印象模糊。同样出生于城市的他们的父辈，或许还有“上山下乡”的经历，深知“民生在勤，勤则不匮”的道理。道理虽然能靠言语传达，但是经验却只有靠参与劳作才能获得。在这里，姑且结合文献继续说说这道理吧。

《诗经》有《豳风·七月》篇，从夏历七月大火星西移的天象说起，按照节令转换的时序，生动叙述了农夫们劳作与生活的情景。我们不妨读读第一段：“七月流火，九月授衣，一之日觱发，二之日栗烈。无衣无褐，何以卒岁？三之日于耜，四之日举趾。同我父子，馌彼南亩，田畯至喜。”

此外，《尚书·无逸》为周公所作，告诫成王民生多艰，君子不可贪图享乐。其开篇曰：“呜呼，君子其所无逸，先知稼穑之艰难，乃逸，则知小人之依。”

## 二、俭以养德

**原文**

名与身孰亲？身与货孰多？得与亡孰病？甚爱必大费，多藏必厚亡。故知足不辱，知止不殆，可以长久。（《老子·第四十四章》）

**解读**

名利与自身，身外与身内，得失之间，当如何权衡？甚爱声名，多藏财货，自身当付出怎样的代价呢？知足知止，实至名归，德称其福，方为长久之道。

**原文**

天下有道，却走马以粪；天下无道，戎马生于郊。祸莫大于不知足，咎莫大于欲得。故知足之足，常足矣。（《老子·第四十六章》）

**解读**

多少算够？“知足之足”取决于人心。若能知足，即能常享内心富足之安宁。有人说，不知足是奋斗的动力；而老子说，不知足是取祸之道。这些话是否有道理？君子须仔细辨析。不知足在于名利，还是在于德行？德行须常知不足，而名利须常知足。

**原文**

大道甚夷，而民好径。朝甚除，田甚芜，仓甚虚；服文彩，带利剑，厌饮食，财货有余，是谓盗夸，非道也哉！（《老子·第五十三章》）

### 解读

若民生凋敝，民不聊生，而权贵们却歌舞升平，亮丽光鲜。这在老子看来就是所谓“盗夸”——盗贼的炫耀！这种现象及其世道是“非道”的。衰世必盛行盗夸，治世必崇尚俭朴。

### 原文

治人事天莫若啬[①]。夫唯啬，是谓早服。早服谓之重积德，重积德则无不克，无不克则莫知其极，莫知其极可以有国。有国之母，可以长久。是谓深根固柢，长生久视之道。（《老子·第五十九章》）

### 注释

① 啬：农夫。这里隐喻农夫掌握了顺应自然之“道”。

### 解读

农夫与大自然相处，合四时之行，遂百物之生，其智慧在于自然而然，质朴简约，适可而止，恰到好处。这就是老子所说的“啬”。王弼的解释是，“啬，农夫。农人之治田，务去其殊类、归于齐一也。全其自然，不急其荒病。上承天命，下绥百姓，莫过于此”。“啬”于是意味着因把握了道而具备的德行。“啬”之为德，顺乎天地之道，辅万物之自然而不敢为，如此以积累德行，其人其国，可以长久。

### 原文

我有三宝，持而保之。一曰慈，二曰俭，三曰不敢为天下先。慈，故能勇；俭，故能广；不敢为天下先，故能为成器长。今舍慈且勇，舍俭且广，舍后且先，死矣！夫慈，以战则胜，以守则固，天将救之，以慈卫之。（《老子·第六十七章》）

### 解读

慈、俭、谦为老子尊奉的三宝。“慈，故能勇；俭，故能广；不敢为天下先，故能为成器长。”勇非匹夫血气，而是君子一怒而安天下，舍慈不能有勇。广非铺张奢侈，而是颐养万物而不为主，舍俭不能为广。人所仰望的尊长，必是不敢为天下先的谦逊之人。拥有慈、俭、谦三宝者，将如《易传》之所言：“自天祐之，吉无不利。”

## 原文

叔向见韩宣子，宣子忧贫，叔向贺之，宣子曰："吾有卿之名，而无其实，无以从二三子，吾是以忧，子贺我何故？"对曰："昔栾武子无一卒之田，其宫不备其宗器，宣其德行，顺其宪则，使越于诸侯，诸侯亲之，戎、狄怀之，以正晋国，行刑不疚，以免于难。及桓子骄泰奢侈，贪欲无艺，略则行志①，假贷居贿，宜及于难，而赖武之德，以没其身。及怀子改桓之行，而修武之德，可以免于难，而离桓之罪，以亡②于楚。夫郤昭子，其富半公室，其家半三军，恃其富宠，以泰于国，其身尸于朝，其宗灭于绛。不然，夫八郤，五大夫三卿，其宠大矣，一朝而灭，莫之哀也，唯无德也。今吾子有栾武子之贫，吾以为能其德矣，是以贺。若不忧德之不建，而患货之不足，将吊不暇，何贺之有？"宣子拜稽首焉，曰："起也将亡，赖子存之，非起也敢专承之，其自桓叔以下嘉吾子之赐。"（《国语·晋语八》）

## 注释

① 略：犯。则：法。

② 亡：出奔。

## 解读

韩宣子忧贫，一般人往往也是如此；叔向贺韩宣子之贫，一般人看来当然莫名其妙。叔向讲了栾武子、桓子、怀子三代俭以养德、奢以败德的例子；又讲了郤昭子一家富可敌国，无德而骄宠，一朝身死族灭的例子。这样看来，贫可以有修德之用，故贫不需忧，可忧者唯"德之不建"。韩宣子从善如流，对叔向的忠告欢喜拜谢！

历史总是重演。可叹今日中国社会反腐新闻中爆出的那些"老虎"们，若是能多读点书，早知道叔向所说的这番道理，或许其中有些人可以通过修德而幸免吧。

## 原文

邹穆公有令，食凫雁者必以秕，毋①敢以粟。于是仓无秕而求易于民，二石粟而易一石秕。吏请曰："以秕食雁，为无费也。今求秕于民，二石粟而易一石秕，以秕食雁，则费甚矣，请以粟食之。"公曰："去！非而②所知也。夫百姓煦牛而耕，曝背而耘，苦勤而不敢惰者，岂为鸟兽也哉？粟米，人之上食也，奈何其以养鸟也？且汝知小计③而不知大会。周谚曰：'囊漏贮中。'而独弗闻与？夫君者，民之父母也。取仓之粟移之与民，此非吾粟乎？鸟苟食邹之秕不害邹之粟而已。粟之在仓与其在民，于吾何择？"邹民闻之，皆知其私积之与公家为一体也。（汉·贾谊《新书·春秋》）

## 注释

① 毋：通"无"。

② 而：尔，汝。

③ 小计：零星算之。

解读

邹穆公规定不可用粟米养凫雁，而只能用秕糠，以至于国中出现用二石粟换一石秕的情况。于是，官吏建议废除这个规定，直接用粟米来养鸟。这里碰到的是个市场经济的“经济”与经世济民的“经济”之间的冲突问题。邹穆公所为，强调的是国家和民生的大计，而不是糠贵粟贱的小算盘。粟是老百姓的食物，鸟不可贵与人等而食粟。公府的粮食换了老百姓家的糠秕，这对老百姓有好处，这同时也就是对国家有好处。国是大家的家，公家的也就是老百姓的。邹穆公真是懂得君为“民之父母”的道理啊！

原文

鲁有俭者，瓦鬲煮食，食之而美，盛之土铏之器，以进孔子。孔子受之，欢然而悦，如受太牢之馈。弟子曰：“瓦甂，陋器也；煮食，薄膳也。而先生何喜如此乎?”孔子曰：“吾闻好谏者思其君，食美者念其亲，吾非以馔为厚也，以其食美而思我亲也。”（《说苑·反质》）

解读

瓦器薄膳，俭朴之人自己的美味不过如此，不肯独享，诚心进奉一份于孔子。孔子欣然接受，如享太牢之馈。孔子为何不以为简慢，而以为厚重？原来孔子所看重的，是其中真诚的心意至可宝贵，而非食物本身的厚薄丰俭。俭而能丰，存乎一心而已。

## 三、廉洁胜私

原文

王曰：“呜呼！大师，朕惟民务官，论用有征：观诚、考言、视声、观色、观隐、揆德，可得闻乎?”周公曰：“亦有六征。呜呼！乃齐以揆之。一曰：富贵者，观其有礼施；贫贱者，观其有德守；嬖宠者，观其不骄奢；隐约者，观其不慑惧；其少者，观其恭敬好学而能悌；其壮者，观其廉洁务行而胜私；其老者，观其思慎，强其所不足而不逾。父子之间，观其孝慈；兄弟之间，观其和友；君臣之间，观其忠惠；乡党之间，观其信诚。省其居处，观其义方；省其丧哀，观其贞良；省其出入，观其交友；省其交友，观其任廉。设之以谋，以观其智；示之以难，以观其勇；烦之以事，以观其治；临之以利，以观其不贪；滥之以乐，以观其不荒。喜之，以观其轻；怒之，以观其重；醉之酒，以观其恭；从之色，以观其常；远之，以观其不二；昵之，以观其不狎；复征其言，以观其精；曲省其行，以观其备。此之谓观诚。”（《逸周书·官人解》）

### 解读

这里反映的是周代考察官员德行的方法。观德识人之术在周代已经如此成熟，可见其由来久矣。廉洁作为一种德行，就是公私分明，公而胜私。

### 原文

以听官府之六计，弊[1]群吏之治：一曰廉善，二曰廉能，三曰廉敬，四曰廉正，五曰廉法，六曰廉辨。（《周礼·天官冢宰第一》）

### 注释

① 弊：判断，评价。

### 解读

《周礼》所载考核官府有六条标准，用以评价官吏的治绩。这六条都以廉洁为本，因而廉洁就是官德之本。唯有在廉洁的德行基础上，以廉洁为道德价值内核，才有官吏的“善”“能”“敬”“正”“法”“辨”可言。也就是说，官员的声誉良好、能力出众、敬业勤勉、公正合理、依法办事、明辨是非等方面，都是无法脱离廉洁这个根本而论的。这一思想对后世影响至深，今日中国的反腐倡廉仍应该从中汲取智慧。

孔府“戒贪图”及其解说词

# 四、刚健中正

**原 文**

大哉乾乎！刚健中正，纯粹精也。六爻发挥，旁通情也。“时乘六龙”，以御天也。“云行雨施”，天下平也。君子以成德为行，日可见之行也。（《周易·乾·文言》）

**解读**

乾为天，为阳，为龙；刚健有为，与时偕行，无有止息。孔子所作的《象传》，昭示了乾卦的道德意蕴。《象传》曰：天行健，君子以自强不息。

**原 文**

季康子问政于孔子。孔子对曰：“政者，正也。子帅以正，孰敢不正？”（《论语·颜渊》）

**解读**

从孔子与季康子的对话中，我们可以看出古代儒家的一个根本政治观念：政治的本质在于正己而后正人。故曰：“政者，正也。”上行下效，“上梁不正下梁歪”；“子帅以正，孰敢不正？”

**原 文**

子曰：“射有似乎君子；失诸正鹄，反求诸其身。”（《中庸》）

**解读**

古典儒家以射艺喻君子正身之道。反求诸己，是正己的根本方法。君子无所争，君子自求多福，君子正其身而天下归之，所有这些的要领，都是反求诸己。

**原 文**

《象》曰：家人，女正位乎内，男正位乎外，男女正，天地之大义也。家人有严君焉，

父母之谓也。父父，子子，兄兄，弟弟，夫夫，妇妇，而家道正；正家而天下定矣。（《周易·家人》）

解读

家庭是“天下”的基本单元。古代儒家认为，“家道正”是天下大治的关键所在。家庭是具体而微的“天下”，其中夫妇、父子、君臣、兄弟、朋友五伦齐备，所以说“正家而天下定矣”。

正家的关键在于夫妇“女正位乎内，男正位乎外”。夫妇不只是单纯自然意义上的男女个体之间的关系，而是一种整体性和绵延性的人文关系。通过婚姻结成的夫妇，是人类基于两性而结成的阴阳和合的共同体；同时，夫妇关系的建立，也是既有的两个家庭共同体绵长历史的联结，即“合二姓之好”。作为家庭之核心的夫妇，乾健坤顺，能生成和更新父子、君臣、兄弟、朋友之伦。夫妇实为人伦生化之源，通乎“天地之大德曰生”。故孔子曰：“男女正，天地之大义也。”

## 延伸阅读

1. 杨昶．“廉”德探源及古代廉吏标准．华中师范大学学报，1996（4）．
2. 徐柏才．墨子的勤俭思想对当代公民道德建设的启示．湖北社会科学，2007（2）．
3. 高远．20世纪50年代勤俭节约社会风尚探析．江西社会科学，2007（5）．
4. 张世友，冉建红．毛泽东的厉行节约思想及其时代特色．毛泽东思想研究，2007（6）．
5. 阳明辉．中国古代勤俭思想的发展．学海，2009（6）．
6. 秦馨，唐秀玲．新时期我国廉政文化建设的路径创新．学术论坛，2011（8）．
7. 杨秀香．孟子廉洁观念的人性蕴涵．齐鲁学刊，2012（5）．
8. 任松峰，王杰．《周礼》“六廉”思想及其现代价值．中共中央党校学报，2014（3）．
9. 田旭明．中国传统廉德文化的价值内蕴．长春市委党校学报，2014（6）．
10. 张记国．“廉”之中心意旨及战略价值．理论与改革，2015（3）．
11. 韩星．廉政与廉正．前线，2015（4）．
12. 张建晓，孙其昂．“廉文化”的价值蕴涵及其转化．重庆社会科学，2015（4）．

# 第八章　和而不同

朱康有

**概　述**

“和”的观念是中国传统文化最核心的内容之一，“和而不同”是处理不同学术思想派别、不同文化之间关系的重要原则，是不同个体之间、不同族群之间保持共生共荣的前提。

世界上的万事万物都是不同元素和属性在冲突、互补中融合产生的，各种规律相互作用，并行不悖。从个人的修养来说，中和可以养心养性，“和而不流”是君子的良好品德。从礼用和睦、音和化世，到和军决胜，乃至协和万邦，“和谐”在人类社会中的“化世”功能也是非常突出的。“和”可以产生更多的力量，同心协力，凝心聚气，就没有干不成的事。

## 一、和道育物

**原　文**

夫和[①]实生物，同则不继。以他平他谓之和[②]，故能丰长而物归之；若以同裨[③]同，尽乃弃矣。故先王以土与金木水火杂[④]，以成百物。（《国语·郑语》）

**注释**

① 和：和谐，指可相调剂。

② 以他平他谓之和：用一物调和另一物叫作和。平：调和。

③ 裨：补凑。

④ 杂：掺杂，指用物性相反的东西掺杂调和。

## 解读

我国古代对于世界的起源与发展有很多猜想。西周时期的史官伯阳父认为：世间万物是由金、木、水、火、土等性质不同的基本元素融合产生的，而将相同的元素放在一起，则不会有任何新事物产生。这就是所谓的“和实生物，同则不继”。伯阳父对“和”与“同”的区分，是古代和谐观的雏形。“和”是中华传统文化思想的核心内容，这一观念产生很早，其含义由音乐之和到人际关系之和、国家政事之和，逐步深化。史伯已经认识到事物的本质和根本法则就是“和”，即二元乃至多元的对立统一。事物的不断生成，不断丰富，不断发展，也就是“和”的不断展现。“和”并不是要求大家都完全一致，而是强调不同事物之间融合、共存的和谐关系。那种千人一面、众口一词的局面称为“同”，“同”是一潭死水，难有发展。

## 原文

天地有始，天微①以成，地塞②以形。天地合和，生之大经③也。（《吕氏春秋·有始览·有始》）

## 注释

① 微：轻微细小之物。

② 塞：充塞。地以凝滞充塞于一处而成其形。

③ 经：道，根本。

## 解读

宇宙万物是如何产生的？地球上多种多样的“物”又是怎样产生的？古人猜想，宇宙由一种非常精细之物（可称为“气”）构成，凝聚起来即成实物，散发出去成为清虚不可见的“天”。大自然最根本的属性就是生生不息“创造”功能的体现。不同事物的混化、交合，就是万物生长的根本。

## 原文

天地合而万物生，阴阳接①而变化起，性伪②合而天下治。（《荀子·礼论》）

## 注释

① 接：交接。

②　性伪：人的本性与人为的努力。

## 解读

天地、万物、人在宇宙中既相互联系，又各自具有相互不可替代的特性和功用。它们不是静止的，而是在互相交接中产生变化的，特别是在阴、阳对立的两种属性、功能的统一（“合”）中。同样的道理，教育也必须把人的本性、禀赋和后天的努力、外在的知识灌输等方面结合起来，才能产生更好的效果。

## 原文

万物各得其和①以生，各得其养②以成。（《荀子·天论》）

## 注释

①　和：调和。

②　养：长养。

## 解读

群星相随相转，日月交替照耀，四季循环代行，寒暑变化，万物生长，风雨普施人间，万物都得其调和以生，长养以成。自然的运行有其自身的规律，不会受人类意志的影响。人类看不见自然化生万物的痕迹，只见到它的功效，这就是大自然的神妙。人们都看得见大自然所生成的万物，却不知道它生成万物的那种无形过程，这就是称其为“天然”的原因。在荀子看来，“天”以阴阳二气化生万物，万物蒙其福而无所知觉，根据自身需要和生长规律自由生长。这种万物各就其位、“自然而然”的发展方式，其实就是我们所说的世界层面的整体和谐。

## 原文

万物负阴而抱阳①，冲气以为和②。（《老子·第四十二章》）

## 注释

①　负阴而抱阳：背阴而向阳。

②　冲气以为和：阴阳两气互相交冲而成均调和谐状态。

## 解读

阴阳学说是中国古代重要的理论之一，道家也包含着这样的内容。任何事物都包含着阴阳两个对立因素。按照中医学的理论，“阴静阳燥，阳生阴长，阳杀阴藏”，阴阳对立；“阴平阳秘，精神乃治”，“阴在内，阳之守也；阳在外，阴之使也”，阴阳统一。在一整体内，阴阳两者是不停地变化着的，其规律是阴消则阳长，阳退则阴进。阴阳可以互相转化，物极必反，所谓“重阳必阴，重阴必阳”。阴阳还可以生化万物，比如说“清阳为天，浊阴为地”“阳生阴长，阳杀阴藏，阳化气，阴成形”。和谐不是要取消各种差异与矛盾，不是追求“无差别境界”，而是使各种差异形成一种合力，形成一种良性的互动。

## 原文

中也者，天下之大本也；和也者，天下之达道也。致[①]中和，天地位焉[②]，万物育焉。（《中庸》）

## 注释

① 致：达到。

② 天地位焉：天地便各在其位。位：位置，这里作动词用。

## 解读

“中和”是儒学的重要范畴之一，历来有各种各样的理解，《中庸》从情的角度切入，对中和做出基本的解释。它认为，一个人的喜、怒、哀、乐各种情感没有表现出来时，心中平静，不偏不倚，叫作“中”；表现出来后符合节度，无过不及，叫作“和”。达到中和，就意味着达到平衡；人人中和，世界便和谐了。这里讲的中和，实际上就是中庸。前人说：“以性情言之，则曰中和；以德行言之，则曰中庸。”大体是正确的。在儒家思想影响下，中国文明可以说是中和型文明。各安其土、彼此尊重、中正仁和、和平共处是中国对外交往的原则。在和谐中发展进步，是世界的共同理想，而争夺霸权，只会将文明拖入黑暗的深渊。这句话一般用来形容和谐是自然与人类所能达到的最高境界。

## 原文

方[①]以类聚，物以群分。（《礼记·乐记》）

## 注释

① 方：方位，方法。

## 解读

在宇宙中，同类、同群的聚集在一起，是一个普遍的现象。人或事物亦是按其性质分门别类，各自聚集。《战国策·齐策三》中说“物各有畴”（畴：同类）也是这个道理。这是人的认识乃至科学理论产生的前提。人们还经常说，“同声相应、同气相求”，同样的声音能产生共鸣，同样的气味会相互融合，即同类的事物相互感应，意为志趣、意见相同的人互相响应，自然地结合在一起。非同类、非同群的固然差异很大，即使在一个群体中，由于存在先天和后天的区别，个体之间也不完全类同。在同和异的矛盾中，就产生了趋向不一的发展倾向（有所谓吉和凶之别）。

## 原文

乾道变化，各正性命。保和①太和②，乃利贞③。首出庶物，万国咸宁。（《周易·乾》）

## 注释

① 保和：保全，融合。
② 太和：阴阳化合之气，即太和之气。
③ 贞：正直坚贞。

## 解读

《周易》的哲学可以说是一门和谐的学问，它指出，太和元气得以保全、融合，这样就使物性和谐，各有其利，万物都能持久地成长。这就揭示了天地万物因和谐有序，故能生生不已、恒久常新的易学原理，同时，也将和谐理念在中国传统文化中上升到了世界观和本体论的高度。这句话揭示了天地万物和谐有序的真理。

## 原文

万物并育而不相害①，道并行而不相悖②。（《中庸》）

## 注释

① 害：妨害。
② 悖：违背。

解读

万物同时生长而互不妨害，日月运行、四时更替而不相违背、错乱。在大自然的法则中，包容精神与和谐理念随处可见，中国古人用以上这句话对此进行了概括。作为中华文化的根基与标志，包容与和谐逐渐渗透到政治、经济和日常生活中，内化为中国人的思维逻辑，成为人与人、国家与国家之间的行事准则。将其运用到人事活动的各个领域，可以构建宽松畅通的发展氛围与渠道，使人得其位、物得其所，更能破除社会僵化，消融阶层间的分歧和排斥；将其运用到外交中，则可实现国家间的和平共处，进而促进世界的和谐与发展。

原文

刚柔得适①谓之和。（汉·贾谊《新书·道术》）

注释

① 得适：结合得恰到好处。

解读

刚与柔在中国文化中是一组常见概念，早在商周时代就已出现。《尚书》中有“沉潜刚克，高明柔克”，《诗经》中有“柔亦不茹，刚亦不吐”，《周易》中有“刚柔相推而生变化”等语，都指出刚柔之间对立统一的本质。西汉著名政治家、文学家贾谊则更明确地指出了这一点。其后的学者也继承发扬了这一观点，东汉文学家王粲认为“刚柔相济，然后克得其和”，魏晋时期学者王弼也强调“刚柔各得其所，不相犯位”。刚多易折，柔极易怠，唯有刚柔结合才是最佳状态。因此，一味逞强或示弱，都与和谐无关。对于个人来说，不卑不亢、自立自强就是“和”；对于国家、民族来说，独立自主发展，在国际交往中不挑衅、不卑屈，就是“和”。这句话常用来指代刚柔并济的和谐境界。

## 二、和合化世

原文

礼之用，和为贵。（《论语·学而》）

## 解读

这句话常用来阐述礼仪与和谐的关系，以及和谐对于维护社会秩序的重要意义。它出自孔子弟子有若之口。有若是孔门七十二贤之一，颇得孔子思想的真传，被后世尊称为“有子”。春秋时代，周室衰微，原有礼制和社会秩序遭到破坏，臣弑君、子弑父的现象屡有发生。对此，有子提出“礼之用，和为贵”的主张，体现了儒家特别倡导的伦理、政治和社会原则。儒家学者认为礼的作用就在于增加人的文明性，缓和不同等级之间的对立和矛盾，提高社会的温情和谐度。而和谐正是古代圣明君王所追求的治国目标。中国是礼仪之邦，有时候，一声“对不起”便能化解剑拔弩张的冲突，一句“没关系”便能给人送去温暖的春风。上到国家法律的制定，下到家规的形成，为的都是让每个人能够知礼节、懂荣辱，最终使社会变得文明、和谐。

## 原文

礼典，以和邦国，以统百官，以谐万民。（《周礼·天官·大宰》）

## 解读

《周礼》相传为周公所作。该书通过介绍周代官制，描绘了古代儒家对理想社会的总构想，是中国第一部记载政权组织机构及其职能的书籍。书中提到西周的百官之首是“大宰”，掌管着国家的六部法典，用以辅助天子治理国家。其中的《礼典》用来协调各国、统御百姓，使天下万民和谐相处。

## 原文

乐者，天地之和也；礼者，天地之序也。和，故百物皆化①；序，故群物皆别。乐由天作，礼以地制，过制则乱，过作则暴②。明于天地，然后能兴礼乐也。（《礼记·乐记》）

## 注释

① 化：化生。
② 暴：淆乱。

## 解读

在我国古代，音乐等艺术并不只是单纯的娱乐活动，乐和礼互相补充，与社会教化紧密相关。古人认为，“声音之道，与政通矣”“乐者，通伦理者也”。那么，乐和礼的社会功能是怎么区分的呢？“乐者为同，礼者为异。同则相亲，异则相敬。”乐是表示自然的和谐，礼是体现自然的秩序。和谐能够生化万物，秩序能够分别万物。错误地制作礼乐就会引起尊卑紊乱、秩序混淆。人心皆由音和乐所感，因此，礼乐的制作并不是为了满足口腹耳目的欲望，而在于教育人们辨别爱憎，回归到道德规范的正途上。

听琴图

原文

以适听适[①]则和矣。乐无太[②]，平和者是也。（《吕氏春秋·仲夏纪·适音》）

注释

① 以适听适：前一个“适”：闲适的心情。后一个“适”：适中的音乐。
② 太：过分。

解读

音律的和谐，是所谓声音高低、轻重适中。作者强调太平盛世的音乐才会如此安详愉悦。但是，听到音乐产生感受的是人，再好的音乐，没有平静、安宁的心态也无法欣赏，因此这种和谐状态最终还是欣赏者心态与音乐两者在一定情况下互相作用的结果。

原文

治世之音安以乐，其政和。乱世之音怨以怒，其政乖[①]。亡国之音哀以思，其民困。（《礼记·乐记》）

注释

① 乖：背离，违背，不和谐。

解读

儒家思想认为，音乐是文明的组成，文明是社会的映射，从音乐中能够观察政治的兴衰。一方面，音乐受社会治乱状态的影响，是社会治乱状态的反映。另一方面，音乐又反作用于社会的治乱状态，低俗的音乐使人颓废、使人堕落，从而社会暴戾；高雅的音乐则催人上进，催人仁爱，从而社会和谐。因此，孔子主张一国政治应当“放郑声、远佞人”，“郑声”指的即是淫乱、低俗的音乐。世道太平时的音乐充满安适与欢乐，其政治必然平和、清明。乱世之时的音乐充满怨恨与愤怒，其政治必然荒谬。国家濒于灭亡时的音乐充满悲哀，百姓困苦无望。不仅是音乐，任何一种文艺作品都是如此，作品本身充满积极向上、健康乐观的内容，自然会传递正能量，反之，就会对社会产生恶劣影响。和谐社会，需要传播和发扬的价值观应当是有益于人类、有益于国家和民族进步和发展的，只有自觉弘扬正能量，抵制不良文艺，才是对未来负责的举动。

## 原文

异音①相从，谓之和。（南朝·刘勰《文心雕龙·声律》）

### 注释

① 异音：平仄不同的字。

### 解读

平仄不同的字组成句子，这就叫作“和”。我国古代将字音分为平、上、去、入四声，其中上声、去声、入声又合称为仄声，与平声相对。一句话中如果都是平声或都是仄声，听起来缺乏起伏、转折，也就谈不到音律上的美感。南朝时期，文人习惯写对仗工整、上下句押韵的骈体文，讲究音声谐和、修辞华美。对此，文学理论家刘勰提出，将平仄不同的字精心安排在一起，才是音韵和谐的体现。其实，这种来自“不同”的和谐，并不仅见于文学写作方面。乐曲由不同的音符组成，花坛由不同的花卉组成，画面由不同的线条和颜色组成……可以说，和谐的要义就在于把不同的元素以适当的方式结合起来，达到完美的效果，而不是一片混乱，千篇一律。

## 原文

师克①在和，不在众。（《左传·桓公十一年》）

### 注释

① 克：克敌制胜。

### 解读

春秋时期，齐国与卫国、郧国、宋国等诸侯结盟，与楚国为敌。此时，郧国准备联合其他诸侯率先对楚国发动战争。楚国大将屈瑕对此十分担忧。另一位大将斗廉则说，军队克敌制胜的法宝不是兵力众多，而是军队内部精诚团结，同仇敌忾。郧国军队是临时组建的，号令不一，矛盾重重。于是，楚国毅然出战，最终打败了郧国军队。“兄弟阋于墙，外御其侮”，即兄弟们虽然在家里争吵，但能一致抵御外人的欺侮。内部和谐才能赢得对外作战的胜利，否则，堡垒必将最先从内部被攻破。不仅是战争年代，在和平年代，国家民族内部的和谐稳定同样是经济发展和社会进步的基础。

## 原文

不和于国，不可以出军；不和于军，不可以出陈[①]；不和于陈，不可以进战；不和于战，不可以决胜。（《吴子·图国》）

## 注释

① 陈：通“阵”，军阵。

## 解读

这句话常用来形容内部团结对战争取胜的决定作用。魏国国君魏武侯曾与吴起讨论强大的决定因素。魏武侯认为，河山险峻，边塞牢固，就能使魏国称霸于天下。吴起则表示，成就霸业不能只凭借山河的险固，随后他列举了历史上诸多事例，最后得出霸业“在德不在险”的结论，认为国家强大在于君主修明政治，上下团结一心。这与其战争决胜的关键在于内部和谐的观点相一致。战争的每个环节都必须达到和谐，才能确保最终的胜利。世上任何一件事若想做成功，都要如此。和谐是事物的最佳状态；混乱无序，必然走向失败。

## 原文

和[①]合[②]故能谐[③]。（《管子·兵法》）

## 注释

① 和：和睦。
② 合：团结。
③ 谐：行动协调一致。

## 解读

这是“和”“谐”两字最早同时出现于文献。春秋时期的齐国名相管仲，不但谙于政治，在军事上也颇有建树。他在谈及治军时指出，养兵以道，能使军队内部和睦；养兵以德，能实现军队内部团结。军队和睦、团结了，行动就能协调一致，全军上下行动协调一致，作战就能无往而不利。治军如此，治国也是同样的道理。只要国民和睦团结，就能举国同心、众志成城。这句话旨在说明和睦、团结是社会和谐的基础，和谐社会则是国家发展进步的保障。

## 原文

克明俊[①]德，以亲九族[②]；九族既睦，平章百姓[③]；百姓昭明[④]，协和万邦。（《尚书·尧典》）

## 注释

① 俊：才智高超。
② 九族：同姓九代，即高祖、曾祖、祖、父、己身、子、孙、曾孙、玄孙。
③ 平：分辨。章：彰明。百姓：百官族姓。
④ 昭明：显明。

## 解读

这句话形容的是尧帝的美德。《尧典》说：尧帝敬事节俭，明照四方，善治天地，道德纯备，温和宽容。他诚实尽职，又能让贤，光辉普照四方。他能发扬大德，使家族亲密团结。家族亲密和睦了，又明察其他各族的政事。众族的政事明辨了，又协调万邦诸侯，于是天下民众也随之变得友善、和睦起来。随着历史的发展，这句话有了更大的引申，成为帝王治理天下的最高境界，指对内安抚人民，对外和睦外国。我国历代王朝罕有对外侵略等霸权举动，更多的是遣使交往，共谋和平，由是才诞生了世界闻名的"丝绸之路"，以及"郑和下西洋"等佳话。地球上各国与各民族，唯有和谐共存，互利互惠，才能走好发展之路，否则，只会在相互争斗中毁灭彼此。这句话常用来表达追求世界和谐的愿景。

## 原文

亲仁[①]善邻[②]，国之宝也。(《左传·隐公六年》)

## 注释

① 亲仁：与仁者亲近。
② 善邻：与邻邦友好。

## 解读

春秋时期，陈国和郑国是邻国。早些年，陈国和卫国攻打郑国时，郑国曾向陈国求和。陈国君主不同意，大臣五父就表示，邻国之间应该亲近交好，陈国应与郑国和好。但陈国君主一意孤行，不接受五父的建议。结果，没过几年，郑国强大起来，把陈国打得一败涂地。对此，史官评价道，为善的机会不可失去，为恶的行为不能助长，陈国君主可说是咎由自取。这句话一般指邻国之间应当友好交往的道理，也可以指导人们在日常交往中的行为。"亲望亲好，邻望邻好""远亲不如近邻"等谚语至今还在影响着人们。

原文

志合者，不以山海为远。（《抱朴子外篇·博喻》）

解读

志同道合的人，不会因为有山海阻隔而感到彼此距离很远。这句话的下一句是“道乖者，不以咫尺为近”，意思是志向不合的人，即使近在咫尺也觉得心离得很远。《论语·卫灵公》中有“道不同，不相为谋”，比喻意见或志趣不同的人就无法共事。葛洪是东晋有名的医药学家、道教学者，在中国传统文化中，无论儒家或道家，其思想体系中都蕴涵着丰富的和谐文化，认为人与人之间的和谐是不以距离远近来衡量的，和谐的基础是志同道合。

## 三、同心协力

原文

善气迎人，亲如弟兄；恶气迎人，害于戈兵。（《管子·心术下》）

解读

凡与人交往，须出乎真心，因为人之情绪、感觉定会出乎心而现于形，你对人是一种什么样的心态，定会形于颜色，这种表情、颜色会对你的人际交往产生重大的影响。“好话一句三冬暖，恶语伤人六月寒。”对人语气和善，他心里就会觉得如兄弟关爱般的温暖；对人恶语相加，他心里受到的伤害比你用刀伤他还大。当然，这并不是教我们装腔作势，不是要我们去做一个没有原则的和事佬，而是要我们纯洁自己的心灵，净化我们的灵魂，提升我们的品格，做一个真诚的人。所以，如果你感觉别人不能亲近你，首先应该做的事情，就是反躬自省：自己对人是否真诚、是否善意，而不是去苛责朋友，伤了和气。

原文

君子守中和之心，养中和之气。既得其乐，又得其寿。（宋·司马光《中和论》）

解读

“中和”是中庸之道的主要内容，“中”强调的是不因个人情绪而左右正见，“和”强调的是情绪表现得要恰到好处、无过也无不及。儒家认为，如果人们的道德修养达到了“中和”的境界，那么天地万物就能各得其所，实现天下的和谐。到了宋代，司马光继承和发扬了“中和”思想，将其运用到实际生活中，写了《中和论》一文，其中阐述了“中和”与生活、养生之间的关系。

## 原文

妻子好合[1]，如鼓[2]琴瑟。（《诗经·小雅·常棣》）

## 注释

① 合：即“和”，和睦。

② 鼓：弹奏。

## 解读

国以家为基，家以和为贵，正所谓“家和万事兴”。《常棣》是一首宴会时歌唱亲情的诗歌，诗中写道“妻子好合，如鼓琴瑟。兄弟既翕，和乐且湛。宜尔室家，乐尔妻帑”，意思是说，夫妻之间感情融洽，就好像弹琴鼓瑟一样和谐美好；兄弟、父母、子女都和睦相处，一家人相亲相爱，生活才能美满幸福。“家和”就是指家庭成员之间的和睦、和谐、和顺，是在坚持原则基础上的宽严有度、相互理解、相互扶持、共同进步，绝非家庭成员之间不讲原则、沆瀣一气、相互护短的“和”。中国古代是宗法社会，家族成员往往在一起生活，因此家族内部关系的和谐与家族的兴旺发达密不可分。亲情家庭是个体发展的基础。家庭的和谐幸福是每一个家庭成员成长、成功、幸福的基础。如果家庭生活不和睦、不美满甚至分崩离析，家庭成员将无法获得起码的精神支持和物质保障，更不要说有所发展了。“一屋不扫，何以扫天下”，不能处理好小家的事务，就不可能处理好“大家”的事务。

## 原文

凡四气[1]合德，四神安和，一气不调，百一病生。（唐·孙思邈《千金要方·序例·诊候篇》）

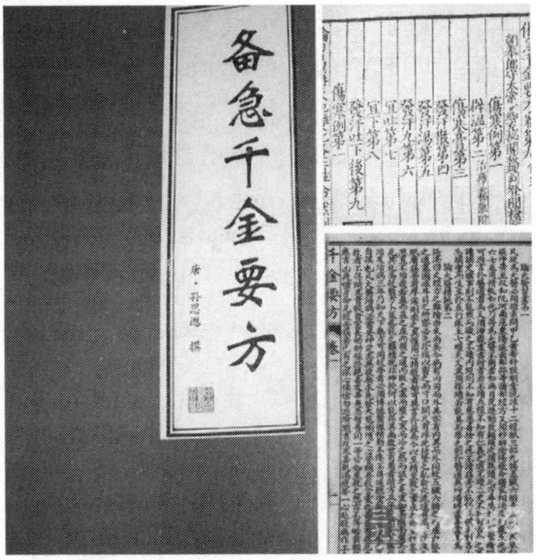

### 注释

① 四气：指春、夏、秋、冬四时的温、热、冷、寒之气。

### 解读

温、热、冷、寒四种气协调在一起，人的精神才能安定平和，如果其中有一种气调理不顺，就会引起多种疾病。唐代著名医学家、有“药王”之称的孙思邈认为人的生命价值贵于千金，而一个处方便能救人于危殆之中，因而他博览群经，勤求古训，并结合自己的临床经验撰成《千金要方》。这部书系统总结了唐以前的医学成就，被誉为中国最早的临床百科全书。书中特别强调了人体内在的和谐状态对健康的重要性，要求人们预防疾病从调节自身做起。一个人身心的和谐可以保持健康，推而广之，人与人、人与社会、人与自然的和谐则可以保持社会的安定团结，促进经济、政治、文化建设的协调发展。这句话常用来强调和谐对个人乃至社会的重要性。

### 原文

君子和①而不同②，小人同而不和。（《论语·子路》）

### 注释

① 和：和谐，指有区别的部分能够实现矛盾的统一。

② 同：等同，指整齐划一、毫无区别。

### 解读

“和而不同”是孔子思想体系中的重要组成部分。君子可以与他周围的人保持和谐、融洽的关系，但他对待任何事情都先经过自己大脑的独立思考，从来不人云亦云，盲目附和；小人则没有自己独立的见解，只求与别人完全一致。基于道义做出的选择，必然会坚持独立的思想与精神，在尊重彼此的前提下，不改变自我的操守；而纯粹为了追逐利益所做出的举动，自然毫无原则，表面看一团和气，内里则钩心斗角。和谐并非无原则的一致。世界丰富多彩，和谐意味着包容与理解，即使有不同的观点和意见，也并不意味着必然发生冲突。这句话多浓缩为“和而不同”这一成语，指在坚持原则的基础上，不强求一致，承认、包容乃至尊重差异，求同存异，以实现共同发展和进步。

### 原文

君子和而不流①，强哉矫②！（《中庸》）

## 注释

① 流：流俗，放纵，迁就。
② 矫：刚强的样子。

## 解读

《左传·昭公二十年》中记载：齐侯问晏婴，“和”与“同”不一样吗？晏婴的回答大意是，“和”是指不同成分的合理配合，例如，将油盐酱醋、鱼肉菜蔬，用水火加工，做出可口的汤，大家都爱喝，这叫“和”。一种汤，如果只有一个味，或者只有水加水，或者只有咸味加咸味，这个汤就没法喝，因为它是“同”。在政治生活中，国君说什么，大家也都说什么；国君反对什么，大家也都反对什么。君臣的意见都是完全一致的，这就是“同”；国君提出一种想法，大家议论，有的从这方面提出反对意见，有的从那方面提出质疑，使国君的想法更加完善周全，这就是“和”。“和”，就是和谐相处。不论是人际关系，还是国际关系，都应该和谐相处，而不是同流合污。

## 原文

天时不如地利，地利不如人和。(《孟子·公孙丑下》)

## 解读

有利于作战的天气、时令，比不上有利于作战的地势；有利于作战的地势，比不上参战人员的团结协作。天、地、人三者的关系问题古往今来都是人们所关注的。生活在战国时期的孟子，经历了诸侯国间的战争，于是从军事的角度来阐述天时、地利、人和之间的关系，观点鲜明地指出：国家不仅仅是靠高山险阻就可以保住的，关键要让国内民众上下齐心，团结一致，就是所谓的“人和”。而怎样做到“人和”呢？就是孟子一贯主张的要实行“仁政”。常言说“人心齐，泰山移”。国家的建设离不开机遇和有利的形势，但民心的团结则是更为重要的因素，它为社会系统的正常运转和社会秩序的稳定提供了保障。这句名言常用于强调人民团结的和谐局面对国家建设和社会发展的重要作用。

## 原文

有国有家者，不患寡而患不均，不患贫而患不安，盖均无贫，和无寡，安无倾。(《论语·季氏》)

## 解读

儒家强调等级、贵贱、长幼，其影响下的传统中国也被称为差序社会，但这并不代表儒家就不讨论、不重视平等问题。不但一国，乃至一家，也是不怕少而怕不能均衡。以政治观念来说，怕不能平等；以经济观念来说，怕收支不能均衡。孔子在谈论平等时，立足点是以民本为基础的，即反对因贫富悬殊导致百姓不安、社会不宁。事实上，不论是讲等级还是谈平等，在儒家看来，这些都是手段而非目的，目的是使百姓安乐。因此，不能将这句话简单理解为平均主义。“朱门酒肉臭，路有冻死骨”，这样“不均”的发展一定程度上比“寡”还令人“不安”！这句话常用来强调平等的重要性。

### 原文

故义以分[①]则和，和则一[②]，一则多力，多力则强，强则胜物。（《荀子·王制》）

### 注释

① 义以分：按礼仪确定名分。

② 一：团结一致。

### 解读

人的力气不如牛大，奔跑不如马快，但牛、马却被人役使，这是为什么呢？就是因为，人能组成社会群体，而它们不能。人为什么能结成社会群体？就是因为有社会分工的差异。按照社会角色的分工运行，各负其责，和睦协作，保证了社会正常有序地运行。当然，其中的礼仪制度、社会规范发挥了重大作用。正常的竞争是必要的，它能推动社会向前发展。但是，没有规范的争夺就会使社会产生动乱，力量不能凝聚而离散，就不能战胜各种困难，生存就无法得到保证。北宋司马光曾说“天下事未尝不败于专而成于共”，意思是天下的事情没有不是败于狭隘而成于协力的，强调了建功立业之时齐心协力的重要性以及专擅狭隘的危害性。

### 原文

合则强，孤则弱。（《管子·霸言》）

### 解读

对于国家轻重、强弱的形势来说，各诸侯国能够联合起来就强大，彼此孤立就弱小。出自《管子》中的这句话，也正体现了诸侯割据、各国对峙的形势之下，国家之间的相处之道。后人读史，从诸侯割据的战国局面联想当下的家国形势和国际态势，总有以史为鉴的感叹。其实“连横”能击破“合纵”，不在于这两个策略本身孰是孰非，而主要在于结盟国家之间的力量分化、信任缺失、不团结、不互助。“合则强，孤则弱”，当今国际的相处之道亦是如此。面对霸权主义的国家，如果各国能在通力合作的基础上，不断强化自我发展，同心同德结盟、自强自信生存，那么国际关系多元共生、和平共处，则可成鼎立安稳之势，则可期互助和谐之态。稳定和平、互利共赢，是人民之福、家国之福、世界之福。

## 原文

二人同心，其利断金；同心之言，其臭[①]如兰。（《周易·系辞上》）

## 注释

① 臭：通“嗅”，是气味的意思。

## 解读

两个人同心协力，那形成的合力似有斩断金属之巨效；同心同德的思想意见，那美好的感觉如同使人嗅到幽兰的芬芳。《周易》原句里的“二人”，逐渐发展为俗语中的“兄弟”，这种演变，正说明了中国人对兄弟之情的一种认知：义志相投的“二人”就可以是“兄弟”，更可以胜似“兄弟”。所谓“落地为兄弟，何必骨肉亲”，兄弟之称不仅仅限于家族内的血缘宗亲，更推广为社会上的朋友、同志。只要志同，就可道合；只要义正，就是手足。进而，在中国伦理中，极为重要的“悌道”，也就从亲缘关系里的兄友弟恭、家庭和美，扩展为社交关系中的义气深重、人际和睦，乃至民族关系中的义薄云天、社会和谐。这种把亲情社会化、把社交亲情化的开阖，体现了中国传统文化里的一种开阔和达观。

## 延伸阅读


1. 钱逊．“和而不同”：基本的致和之道．中华文化论坛，1997（4）．
2. 费孝通．文化自觉　和而不同．民俗研究，2000（3）．
3. 张立文．中国和合文化导论．北京：中共中央党校出版社，2001.
4. 汤一介．和而不同．沈阳：辽宁人民出版社，2001.
5. 方克立．“和而不同”：作为一种文化观的意义和价值．中国社会科学研究生院学报，2003（1）．
6. 黄楠森．“和而不同”与“和谐”理念．理论视野，2006（5）．
7. 叶小文．和而不同　美美与共．中国宗教，2007（7）．
8. 韩星，韩晓圣．和而不同：全球多元文明和平共处之道．青岛科技大学学报，2009（3）．
9. 刘梦溪．“和而不同”是中国文化的大智慧．北京观察，2015（3）．
10. 人民日报评论部．习近平用典．北京：人民日报出版社，2015.
11. 《月读》编辑部．生生不息——从传统经典名句领悟社会主义核心价值观．北京：中华书局，2015.
12. 周桂钿．君子和而不同．决策探索，2016（2）．

# 第九章　明辨义利

姚洪越

## 概　述

义利之辨是中国古代政治社会生活中不可回避的重大理论和现实问题，围绕此问题，形成了多个派别，这些派别围绕义利关系问题进行了激烈的论辩。这些论辩，一方面，深化了人们对义利关系的认识和把握；另一方面，随着围绕此问题论辩的深入，以儒家为主体、兼有墨家道家的义利观渐次成为中华文化义利观的主流，流传东亚，影响甚大，成为中国文人学者、达官贵人、贩夫走卒解决义利关系问题的重要依据，进而塑造了中华文化的精神和中华民族的品格。

本章以明辨义利为题名，围绕古代经典中义利关系的论述，在理解和把握中华主流义利观的基础上，用重义轻利、以义制利、见利思义、利民为义和遵义兴利这五个相互联系却又有不同含义的部分来带领同学们逐步认识中华文化中的义利思想，作为大家了解中华文化、认同中华文化、培育和塑造自身义利观的重要支撑和参考。

## 一、重义轻利

### 原文

君子喻①于义②，小人喻于利③。（《论语·里仁》）

### 注释

① 喻：明白，通晓，践行。

② 义：道义，公义。

③ 利：利益，私利。

**解读**

孔子从对待义和利的态度这一角度谈论君子与小人之别。孔子认为，能够明白、通晓道义，并能践行道义要求的人，是君子；而仅仅知道私利，进而时时处处以私利、以利益为重的人，是小人。人们需要利以维持生理、支撑家庭，利的重要性众所周知。人生在世，总是处于一定的群体中。群体的整体利益，群体中他人的利益，群体的长远利益，都应该得到考虑、照顾。能够考虑、照顾这些利益，言行就符合义的要求，只有这样，群体才能和谐存在、永续发展。孔子教导我们，作为社会中的知识分子，作为有德之士，应该在看到私利的同时，更要看重公义，更要在必要的时候为了公义牺牲自己的私利，这样才是君子的选择、君子的行为。而那些仅仅考虑私利的人，那些损公肥私、为了一己私利不惜牺牲群体和他人合理利益的人，就是小人。君子能够“义以为质，礼以行之”，能够不为物所转，不为境所转，能够“富贵不能淫，贫贱不能移，威武不能屈”，能够“衣敝缊袍，与衣狐貉者立，而不耻者”，能够“不病人之不己知”，能够“求诸己”，其根本原因就在于其“喻于义”的人生信仰。可以说，“义”“喻于义”，是君子之根、君子之魂、君子之质，是我们应该继承和弘扬的最根本品质。淳熙八年（1181 年），朱熹曾请陆九渊登白鹿洞书院讲堂，讲“君子喻于义，小人喻于利”这一章，用“义利之辨”来讲儒释区别，以说明自己为学的理论根据。陆九渊说：“人之所喻由其所习，所习由其所志。志乎义，则所习者必在于义。所习在义，斯喻于义矣。志乎利，则所习者必在于利。所习在利，斯喻于利矣。故学者之志不可不辨也。”并剖析为学为仕中与“圣贤之志”“背而驰者”，听者动容，至有泣下。朱熹又请陆九渊书写《白鹿洞书院论语讲义》，将讲义刻于石以作纪念，传为一段佳话，也为我们学习和践行君子之道提供了宝贵案例和资源。

**原文**

苟后义而先利，不夺不餍[①]。未有仁而遗其亲者也，未有义而后其君者也。王亦曰仁义而已矣，何必曰利？（《孟子·梁惠王上》）

**注释**

① 餍：满足。

**解读**

孟子用言简意赅的语言，指出了把利益放在道义之前的危害，以及讲仁义带来的社会效果，从而论证了讲仁义、不必曰利的合理性。孟子认为，一个社会，一个国家，如果人人都把利益放在道义的前面来考虑，必然导致人心被各种欲望控制，彼此争夺不断，社会

动荡不已，从而危及社会和国家的生存。反过来，“仁者爱人”，仁者必然爱其父母，不会因为其年老力衰而弃之不顾，从而使得“老有所养”的目标得以实现；义者必忠，义者会忠于国家、忠于君王赋予的职责使命，以国家、社会的公义而不是个人的私利为行为指南，从而有利于国家发展、社会和谐、民众幸福。两相对比，孟子对仁义先于利益原则的论证得以实现。应该指出的是，孟子并不是反对获利，对于梁惠王希望国家强大、民众增多、收复失地等愿望，孟子并没有否定其合理性，而是指出仁义相较于利益更为根本，从而也是梁惠王各种目标实现的重要途径。行仁义，才是最大的利，才是各种利的根源。结合孟子在其他地方的论述：“七十者衣帛食肉，黎民不饥不寒，然而不王者，未之有也。”“王不待大。汤以七十里，文王以百里。”“行仁政而王，莫之能御也。”“乐以天下，忧以天下，然而不王者，未之有也。”我们可以更加体悟亚圣仁义思想的精髓。习近平同志指出，要挖掘和阐发中华优秀传统文化讲仁爱、重民本、守诚信、崇正义、尚和合、求大同的时代价值，使中华优秀传统文化成为涵养社会主义核心价值观的重要源泉，这为我们理解和践履孟子的这句话提供了指导和动力。

## 原文

非其义也，非其道也，禄之以天下，弗顾也；系马千驷①，弗视也；非其义也，非其道也，一介②不以与人，一介不以取诸人。（《孟子·万章上》）

## 注释

① 驷：四匹马，古代同驾一辆车的四匹马称为驷。
② 介：即“芥”，草，比喻极轻微的东西。

## 解读

这是孟子评价伊尹的话，也是孟子推崇伊尹及其价值观的体现。孟子认为，一方面，如果违背道义，就是把整个天下都作为其俸禄，伊尹也不会动心，就是把一千辆由四匹马拉的车（包括拉车的马）放在那里，伊尹也不会动心；另一方面，如果违背道义，就是一根草也不会轻易给予他人，也不会从别人那里拿哪怕一根草。道义之所以难以遵守，其根源在于遵守道义往往会损失自己眼前的利益。孟子在这里借用对伊尹的评价，给我们指出了道义的重要性，指出了道义具有利益不可比拟的价值和选择优先性。我们在日常生活和工作学习中，往往会面临道义与私利、原则与人情之间的矛盾冲突，从而辗转反侧，进退为难。但是，我们面临的选择，与伊尹的选择相比，与孟子倡导的价值观相比，其艰难程度往往能成为反映我们是不是遵从道义、在多大程度上遵从道义的一面镜子。通过上述表达，孟子给我们树立了极高的标准，也对我们寄予了极高的期望，同时为我们在道义和私利之间的选择给出了无可推辞的明确答案。孟子推崇的价值观的精髓，一言以蔽之，就是只问道义而不问利益。汉代的董仲舒提出“正其谊不谋其利，明其道而不计其功”，唐代的韩愈自述：“歌颂尧舜之道，鸡鸣而起，孜孜焉亦不为利。”与此处引文相互佐证。无欲则刚，放下利益，惟道义是从，我们就踏上了学习圣贤，仿效圣贤，乃至逐步成圣成贤的道路。

### 原文

大人①者，言不必信②，行不必果③，惟义所在。（《孟子·离娄下》）

### 注释

① 大人：有德行的人。
② 信：信用，诚信。
③ 果：果断。

### 解读

除了私利与道义之间的直接冲突，我们还时常面临不同价值要求之间的冲突而感到进退两难。孟子在这里指出：有德行的人，在面临个人诚信与道义之间的冲突时，在面临自己的行为选择时，可以放弃个人诚信，可以有所犹豫，但一定要按照道义的要求来行事，和道义站在一起。儒家圣人十分重视诚信，“民无信不立”，但是如果由于信息掌握不充分，或者由于随着时间、地点的变化，导致形势出现了转折，再拘泥于过去的言行、拘泥于个人的诚信，就会违背公义、违背道义，这时有德行的人应该放弃诚信，以道义为最终的指归。诚信是道理，道义更是道理，诚信是小道理，道义是大道理。当个人诚信与公义大道相矛盾时，前者必须服从后者。以此类推，道义作为最终的、最高的、唯一的价值指导，高居于儒家其他道德之上，在儒家价值体系中居于统领的最高地位。从“以孝为忠”，从“忠君”到“民为贵”，儒家倡导的价值观虽然众多，但层次分明，是一个有机的整体，为我们提供了极为重要的价值指导。

### 原文

生，亦我所欲也，义，亦我所欲也；二者不可得兼，舍生而取义者也。（《孟子·告子上》）

### 解读

人的生命只有一次，生命具有极高的价值和意义。保持生命的延续，是人的一种本能的、基本的欲望，人人如此，君子也不例外。君子还有维护道义、延续道义、践行道义的欲望，这是君子区别于他人的本质特征之一。在很多情况下，道义的要求，践行道义的愿望，会与维护自己生命的欲望产生冲突，二者不能并存。偷生就会弃义，取义需要舍生。孟子承认这两种欲望的合理性，承认生命的存在和延续具有极高的价值和意义，但是，孟子认为，如果二者发生了冲突，如果道义，特别是极为重要的道义价值要求与保持自身生命的存在和延续发生了冲突，只能在二者之间进行单项选择，君子应该毫不犹豫地舍生而取义，即牺牲自己生命去维护、践行道义的要求。孟子的这一思想继承和弘扬了孔子的“志士仁人，无求生以害仁，有杀身以成仁”的思想，成为鼓舞历代圣贤为国、为民而不惜牺牲自己的生命的重要原动力，在很大程度上塑造了我们的民族精神，并推动了我们的民族发展。我们把舍生取义的圣贤的这种行为称为“成仁”“就义”“殉道”，这种行为得到了历代民众的深切缅怀和高度推崇。

### 原文

杀一无罪，非仁也；非其有而取之，非义也。居恶[①]在？仁是也；路恶在？义是也。居仁由[②]义，大人之事备矣。（《孟子·尽心上》）

### 注释

① 恶：哪里。

② 由：顺从，听从，凭借。

### 解读

孟子在这里就君子（大人）如何安心行事、如何进行人生选择给出了自己的指导意见。杀一无罪之人，是不仁的事情；拿了不是自己的东西，是不义之举。君子应该以什么来指导自己的思想和行为（安身立命）呢？孟子的答案是：以仁心为依据，以道义为指导，用仁义作为自己安身立命、奉身行事的指南。如果能做到内心存仁、行事循义，就能成为一个道德高尚的人。当今时代，各种价值观相互激荡，孟子所倡导的居仁由义的价值观和人生观具有十分宝贵的价值，是我们修身养性、安身立命的重要凭借，也是我们理解和践行社会主义核心价值观的重要基础，还是我们辨别其他各种价值观的优劣得失、高低贵贱的重要依据。这种价值观、人生观的倡导、阐发和普及、践行，会成为全面提升中华文明的境界和水平，全面促进国民心理和谐、家庭团结和睦、社会文明进步的重要思想资源。

### 原文

国不以利为利，以义为利也。（《大学》）

### 解读

《大学》原为《礼记》中的一篇文献，后来被儒家提升为“四书”之一。宋代大儒朱熹认为该书后十章体现的是曾参的思想，是对孔子思想的传承。在这里，儒家先贤提出了治国理政的重要原则，即国家领导集团不能以自己获取利益的多少作为衡量国家得失的标准，而应该以道义在国家内的推行程度、践行程度作为衡量国家得失的标准。该文献论证说：如果国君忠诚信义，必将得到人心，得到天下；反之，国君一心以敛财为目的，必然是有小人在引导，如果听任这些引诱国君敛财的人治理国政，必将带来天灾人祸，从而使得贤人君子也无力挽救。国家如果倡导以敛财为目标，国家领导集团敛财无度、生活奢靡，必将导致民众不堪重负，民不聊生，还会导致民众之间争夺不断，怨恨丛生，从而导致国穷民乱。国家倡导道义，国家领导集团践行道义，国家法律规则体现道义，保障道义践行，惩罚悖义趋利，这些是国家、社会、民众个体幸福生活的重要基石。正如墨子所说："今用义为政于国家，人民必众，刑政必治，社稷必安。所为贵良宝者，可以利民也，而义可以利人，故曰：义，天下之良宝也。"（《墨子·耕柱》）当然，在当今时代，民众作为国家的主人，作为国家治理的重要参与方，已具有十分重要的学习道义、维持道义、践行道义、促进道义、改善道义践行环境和条件的职责和使命。

**原文**

身劳而心安，为之；利少而义多，为之。（《荀子·修身》）

**解读**

荀子是孔子之后与孟子并列的一位重要的儒者。他在这里提出来一个重要的问题，就是与利益和道义相联系的身安和心安的问题。荀子认为，有些事情在生理上会使人劳累，但可以使人心安理得，内心和静；有些事情则相反，虽然在生理上会使人安逸，但却使人在良心上感到不安（因为违反道义）。荀子认为，前面一类事情可以做，后面一类事情不可以做。与此相关联，有些事情虽然给自己带来的利益不大（乃至有利益上的损失），但符合道义；有些事情虽然给自己带来较大的利益，但不太符合道义。荀子认为，前面一类事情可以做，后面一类事情不可以做。当然，这两类事情的紧密联系就体现在，利益往往能够带来身安，而道义往往对应着心安。荀子赞成做心安之事、义多之事，体现了儒家的基本人生行为价值。《荀子·荣辱》一篇中提出的"义之所在，不倾于权，不顾其利"的思想，与这里的思想可相互印证。今天，我们也应该继承荀子的精神，做事之前先思量一下，此事是否让心不安，是否更符合道义，然后再做决定，从而做出更加符合圣贤之意、体现中华优秀文化精神、更有利于自身和社会的选择。

## 二、以义制利

**原文**

饭疏食①，饮水②，曲肱③而枕之，乐在其中矣！不义而富且贵，于我如浮云④。（《论

语·述而》)

## 注释

① 疏食：粗粮，粗茶淡饭。
② 水：冷水。古人把热水称为汤，把冷水称为水。
③ 肱：胳膊。
④ 浮云：飘浮在天上的云，意指与我无关的事物。

## 解读

孔子并不反对人追求利益、追求富贵，但是孔子认为一个人只有能够耐得住寂寞、耐得住清贫，进而在贫困中感受到因坚持道义而独有的快乐，才能称得上是一个君子。他认为，用违反道义的途径和方式来取得的财富和地位，是没有任何价值和意义的，就像远在天边的浮云一样与自己毫无关系，因此也不值得追求。孔子是在描述自己的认知和感受，同时也使我们感受到了圣人的乐趣所在和境界所在。在当今的市场经济社会和世界经济大潮汹涌的时代，孔子的这一论述给了我们基本的价值导向，就是以义制利：符合道义的利益，我们坦然受之；不义之财，不义之贵，理应弃之如敝履。《孟子·告子上》中讲："万钟则不辨礼义而受之。万钟于我何加焉?"也是用另一种论述来表达这种意思。古人讲安贫乐道，并不是要求我们都必须贫穷，而是说，如果不能通过合乎道义的途径获得利益，不能在推动道义的同时取得利益，我们应该宁可安于贫困也要遵守我们的道义，从对道义的传播、遵守和践行中体会到那份富贵带不来的坦然、安乐。

## 原文

行一不义，杀一不辜①，而得天下，皆不为也。(《孟子·公孙丑上》)

## 注释

① 不辜：无辜。

## 解读

孟子认为伯夷、伊尹和孔子等圣贤都遵守了以义制利的原则，坚决不会做一件不义之事，坚决不会枉杀一个无辜之人，即使因此可以得到整个天下，他们也不会这么做。天下，是古人心中的整个文明世界；得天下，就是做当时所知文明世界的最高统治者，被古人认为是最高的利益。孟子认可、推崇孔子等人的这种不能因为利益，哪怕是极高的利益，而行不义、杀无辜的原则，也就论述了遵守践行道义、不能枉杀无辜原则的至上性。我们知道，儒家认可、推崇、追求的是修齐治平，即修身、齐家、治国、平天下。得天下，对于平治天下具有极为重要的价值。实际上，儒者后来不敢奢望得天下了，退而求其次，希望能够通过辅佐明主（得天下者），得到其支持，来推行自己治国理政、建设美好社会的理想。孟子在这里指出，孔子等圣贤认为，即使可以换来得天下的好处，也不可行不义之事，杀无辜之人，这就把践行道义、爱护生命提高到了至高无上的地位，确立了以义制利的最高典范地位。

## 原文

居天下之广居①，立天下之正位②，行天下之大道③。得志，与民由④之；不得志，独行其道。富贵不能淫⑤，贫贱不能移，威武不能屈，此之谓大丈夫。（《孟子·滕文公下》）

## 注释

① 广居：最宽阔的住宅，能够给千万人的内心提供安宁的庇护场所，这里喻指“仁”。

② 正位：最中正的位置，最不偏不倚的位置，这里喻指“礼”。

③ 大道：最开阔的大路，这里喻指“义”。

④ 由：顺从，听从，凭借。

⑤ 淫：过分，指态度傲慢骄狂。

## 解读

这是孟子对大丈夫品性的集中描述。孟子认为，女子以顺从为正确的准则，男子则不然。男人应该以成为真正的大丈夫作为自己追求的目标。孟子认为的大丈夫具有如下品格：内心充满仁爱，行事遵守礼仪，践行和弘扬道义。得志的时候，带头规范天下百姓，使大家都按照道义礼仪的规范过上幸福的生活；不得志的时候，独自一人也要坚持对道义礼仪的遵守和践行。这样的人，即使拥有高官厚禄、万贯家财，也不会表现出傲慢骄狂；即使经济贫穷、地位低下，也不会改变自己的初衷，依然以道义礼仪为行动准则；强大的势力和暴力的威胁也不能使之屈服，使之背叛自己的心志。孟子描述的大丈夫品格，成为激励千百万仁人志士坚持道义、坚持良心、坚持人格的重要资源。后来，人们用“男子汉大丈夫”来表达一个热血男儿应该以“大丈夫”为自己的品格修养目标，应该以这些品格要求自己的思想、言语和行为等丰富含义。中华民族之所以能够屹立五千年，成为世界上唯一延续至今、不曾间断的伟大民族，与孟子的这种大丈夫精神的倡导、弘扬和践行有着巨大的正向关系，这种大丈夫精神是中华民族伟大精神的重要内容。

**原文**

故义胜利者为治世，利克[1]义者为乱世。上重义则义克利，上重利则利克义。（《荀子·大略》）

**注释**

① 克：胜。

**解读**

荀子认为，尧舜之时之所以为治世，就在于尧舜能够使老百姓的欲利服从于道义；桀纣之时之所以为乱世，就在于桀纣是使老百姓对道义的喜爱屈从于对欲利的争夺。荀子认为，老百姓究竟更喜爱义，还是更喜爱利，关键在于国家领导者自身的倡导和表率。如果国家领导者更喜爱道义，则老百姓就会更喜欢道义，整个社会、整个国家就会更加注重道义，这样的时代和社会就是治世，就是得到合理治理且百姓富足、安康的社会。如果国家领导者更喜欢欲利，则老百姓就会更喜欢欲利，整个社会、整个国家就会更加注重欲利，这样的时代和社会就是乱世，就是治理混乱、民不聊生、贫穷动荡的社会。在当今社会，人民作为国家的主人，发挥着比历史上任何时期都更为重要的社会影响和作用，并通过自媒体、选举等途径来影响国家社会的发展进程和方向。作为当今社会青年中坚力量的大学生，理应更好地学习并践行“义克利”的思想，推动社会的良性发展。

## 三、见利思义

**原文**

见利思义，见危授命，久要[1]不忘平生之言[2]，亦可以为成人[3]矣。（《论语·宪问》）

**注释**

① 要：困顿。
② 言：誓言。
③ 成人：完人。

## 解读

孔子在这里提出了一个重要的概念，即“成人（完人）”。孔子认为，一个每当看到利益的时候，都按照道义想一想这个利益自己能不能、该不该得到，经过思考后再去拿自己该拿的利益的人，一个遇到危难，愿意承担责任、不怕献出自己生命的人，一个长期处于经济困顿之中，但仍然不忘记自己当初誓言的人，才可以被认为是一个完人。在此段文字之前，孔子认为一个有智慧、不贪心、勇敢、多才多艺并有文采的人是完人。由此可见，孔子认为完人的各种品质中，注重道义、敢于承担、不忘初心是最为重要的三种品质，是完人品质中的核心部分，以至于只要有这三个部分，就可以被看作一个完人了。见利思义，就是要以义制利；见危授命，就是要为了道义勇于奉献，不怕牺牲，以义御利；不忘平生之言，就是意志坚决，目标执着，方向坚定。能够不为利益所惑，能够勇于承担责任，能够坚守自己的目标，就是品质上的完人，不仅道德水平过硬，而且成功的潜质极高，能够为国家、民族、社会、人民做出自己应有的贡献。

## 原文

上下交征[①]利，而国危矣。（《孟子·梁惠王上》）

## 注释

① 征：取，追求。

## 解读

孟子认为，一个国家的最高领导者，不能以私利及其最大化作为自己的行为准则。因为国家领导者不仅具有极高的政治领导地位，而且对于社会风气具有极为重要的引领作用。如果国王关注的仅仅是如何才能更有利于国家，诸侯以及各级官吏就会更多地关注如何才能更有利于自己所管理的地方，老百姓就会更加关注如何才能更加有利于自己财富的积累。如果一个社会每一个层次的管理者和民众都只把利益最大化作为自己行为处事的标准，那么不同管理层之间、不同地区之间、不同民众之间，虽然存在互利共赢的可能，但是必然会存在诸多损人利己的行为，从而导致中央和地方之间、不同层次的地方之间、同一层次的不同地方之间、不同民众之间的利益冲突，这样一来，就没有内部的团结和谐，正常的秩序法治就会不复存在，整个国家就处于危机之中。反之，如果国家领导者和管理教化阶层，都能够以义制利，以德为先，如风行草偃，带动整个社会风气的良性转化，就会使社会和谐，百姓幸福，国家安康。

## 原文

鸡鸣[①]而起，孳孳[②]为善者，舜之徒也；鸡鸣而起，孳孳为利者，跖[③]之徒也。欲知舜

与跖之分，无他，利与善之间也。（《孟子·尽心上》）

注释

① 鸡鸣：天刚蒙蒙亮，一早的意思。公鸡会在天亮之前啼鸣，因此古人用鸡鸣来表示天要亮了。

② 孳孳：不懈怠的样子。

③ 跖：人名，春秋时郑国的大盗。

解读

孟子在这里给出了一个区别圣贤与盗贼的简易方法。一个人，天一亮就起来，一心追求的是如何做善事，是怎样把善事做得更多更好，那么这个人就是像古代的圣贤虞舜一样的人。一个人，天一亮就起来，一心追求的是如何赚取更多的钱财，是如何增加自己的私利，是如何让自己的私利更多、更快地增加，那么这个人就是像古代的盗跖一样的人。这里不仅指出了如何区别一个人的品质，同时指出了不断积善必能成德成圣，一味逐利必将道德沦丧，最终可能沦为盗匪。中国古代圣贤认为，人和人的区别，更多的不在于生理和家庭，而在于如何存心行事、如何确立自己的追求目标。一心行善，心中存着他人，关心国家民族的命运，并且愿意坚持不懈地身体力行，努力奉献，为推动社会的进步、他人的幸福和国家的富强而努力的人，就是或大或小的圣贤。反之，一心逐利，心中只有自己，为了利益不惜侵害他人和社会的利益，乃至铤而走险、违法乱纪的人，终将成为盗贼、罪犯，祸国殃民，为人不齿。

## 四、利民为义

原文

因①民之所利而利之，斯不亦惠而不费乎？择可劳而劳之，又谁怨？（《论语·尧曰》）

注释

① 因：根据，依靠。

解读

孔子这两句话是解释君子如何能做到惠而不费、劳而不怨。君子制定政策，组织民众，并推动民众将能够得利的事情顺利实现，将能够得利的项目工程顺利完工，从而使民众得到利益。因此，君子能够靠自己的付出而让民众得到利益。选择民众的空闲时节，在民众可以承受的范围内，利用民众乐意接受的方式组织民众进行劳作，民众就不会抱怨。孔子这两句话，说的是君子的美德，涉及的却是领导艺术。在当今时代，充分调动民众的积极性和创造性，发挥民众自我组织、自我管理、自我经营的聪明才智，推动创新创业，实现国家进步、社会发展、人民幸福，就是“惠而不费、劳而不怨”的现实意义。发动民众，组织民众，为了民众，带领民众，就是君子，就是百姓期待的领导者和组织者，就是国家社会稳定发展、不断进步的中坚力量。我们学习经典，效法先贤，更要结合时代发展，立足自身条件，推动圣贤精神的传承弘扬和圣贤事业的永续发展。

## 原文

君子不尽利以遗①民。（《礼记·坊记》）

## 注释

① 遗：留给。

## 解读

孔子认为，有德行的人在面对利益问题上应该有所克制，应该考虑其他人的利益。此处所讲，一方面，包括君子在自己应得、可得的利益问题上，要给其他的民众留下余地。例如，古代的君子在收获自己田地里的庄稼时，每块田里会故意留下一两把庄稼，以便留给鳏寡孤独之人来捡取，这就是一种不尽利而遗民。而另一方面，君子应该立足于本行业的领域范围，不应该在其他的领域进行经营，从而损害该领域业者的利益。例如，古代从事行政管理的君子应该依靠自己的俸禄生活，而不提倡同时从事农、渔、商等行业，以防止这些领域竞争激烈，危及这些领域业者的生存状况；同样，农业生产者应该从事自己的行业，而不提倡他们进行渔猎行为。古人讲，安居乐业，其中的乐业，除了包含对于自己的职业行业感到满意，并尽力做好本职工作之外，还包含不跨界经营，限制赢者通吃，以免危及其他行业从业者利益的含义。如今，市场经济大潮中，跨行业经营已经很普遍，但是古人所倡导的“不尽利以遗民”的思想及其内核仍然具有十分重要的意义，值得我们珍视和弘扬。

## 原文

政之急者，莫大乎使民富且寿也。（《孔子家语·贤君》）

## 解读

治国理政，何者最急？何者为先？孔子认为，最急之政就是让民众富裕起来，长寿起来。孔子认为为政者减少劳役、赋税，敦促礼仪、教化，使老百姓远离各种罪恶和疾病，民众就会变得富裕而又健康长寿。为政之本，在于为民，在于使民富且寿。中国传统政治文化最为强调的不是让民众自己做主，而是要求为政者、知识阶层和道德高尚的人为民众奉献自己的组织、管理和教化能力，使民众能够摆脱贫穷、苦难，过上富裕健康的生活。可以说，中国传统政治文化与西方近代以来才有的主权在民、让民众自己决定国家大事的价值导向相比，各有千秋，具有独特的深邃意义和践行价值。为人民服务，让民众富裕、长寿，是中国政治文化的基本基因，历史悠久，传续至今。中国长期以来保持统一稳定，文化传承不间断，并且能够历经各种考验磨难，越挫越强，与包括这一政治价值追求在内的中国优秀传统文化密不可分。

## 原文

仓廪[①]实则知礼节，衣食足则知荣辱。（《管子·牧民》）

## 注释

① 仓廪：仓库。古代把储存谷物的仓库叫作仓，储存米的仓库叫作廪。

## 解读

管子是古代杰出的政治家，他根据自己的长期政治管理实践，认识到物质基础对于知晓和遵守道德规范的重要影响。管子认为，治理国家，最重要的事情就是按照农时来进行农业生产，最关键的指标就是要使粮食产量得到提升，要使各种仓库都存有丰富的粮食。这样一来，远方的人就会来投奔，本地的百姓就不会离开。仓廪充实，衣食充足，民众就会珍惜生活、珍惜名誉、远离耻辱，国家的各种道德规范、法律制度就会得到遵守，进而实现国内大治，国强民富。人首先是一种生理性存在，吃饭、穿衣等生理性需求是人们最基础的需求，如果这些需求得不到满足，民众就会为了生存、为了基本的生活必需品而相互斗争，甚至铤而走险、违法乱纪，从而导致国家动荡不已，民众流离失所。当然，我们知道，物质生产的基础性地位不是自然实现的，还需要进行相应的教育教化，需要相应的法律制度。可以说，仓廪实、衣食足不是知礼节、知荣辱的充分条件，但绝对是必要条件。这种思想，和我们今天强调的经济基础对道德等上层建筑的重要影响，和我们今天高度重视经济发展、收入调节的认识，是相契合的。

## 原文

仁之事者[①]，必务求兴天下之利，除天下之害，将以为法乎天下。利人乎，即为；不利人乎，即止。（《墨子·非乐上》）

注释

① 仁之事者：当作“仁人之事者”，仁人所行之事。

解读

墨家是中国早期传统文化中的重要一支，影响巨大。墨子认为，仁义之人，必定要为天下之人谋求利益，为天下之人铲除祸患，以此作为天下的准则：有利于天下人的，就去做；不利于天下人的，就不做。以天下为己任，就是以仁为己任。孟子说：“乐以天下，忧以天下，然而不王者，未之有也。”（《孟子·梁惠王下》）在这一点上，儒墨两家息息相通。这一思想对后世影响巨大，刘备说“勿以恶小而为之，勿以善小而不为”（《三国志·蜀志·先主志第二》之裴松之注），范仲淹说“先天下之忧而忧，后天下之乐而乐”（《岳阳楼记》），皆与此思想一脉相承。近代以来，为了挽救国难，兴天下之利，千百万的优秀中华儿女奋不顾身，为了利益天下，杀身成仁，死而后已，成为中国走出濒临亡国灭种的深渊，并进而成为世界强国的重要动力和源泉。

## 五、遵义兴利

原文

夫利，百物之所生也，天地之所载①也。而或专之，其害②多矣。（《国语·周语上》）

注释

① 载：成，生成。
② 害：怨恨。

解读

《国语》是先秦时期国人的智慧结晶，其中所含的治国理政的优质资源极为丰富。西周时期芮良夫认为：物质利益、各种物品是百物生长出来的，是大自然所赐，因为来自于百物，来自于天然，所以任何人没有独享这些利益的权力，这些利益（大自然的物产）应该归天下百姓共同享有。如果国家领导阶层过多地专享这些利益，必将导致利益被侵犯的广大百姓的怨恨，长此以往，国将生乱，国家领导阶层的权益也得不到尊重和保障。这种思想，与“天下是天下人的天下”的思想，与“君子不尽利以遗民”的思想，相辅相成。

随着社会的进步，国家和国家之间、地区和地区之间、阶层与阶层之间、此代人民与下一代人民之间，利益的共享，发展的共享，应该成为整个社会的基本共识和价值导向，让自然的物产、人民的智慧更多、更好地造福更多的民众，这样才会减少怨恨，实现和谐。

## 原文

乾始能以美利[1]利[2]天下，不言所利，大矣哉![3]（《周易·乾·文言》）

### 注释

① 利：名词，好处、利益。

② 利：动词，使得利，此处指让天下万物得到利益。

③ 不言所利，大矣哉：指天的利惠之大，难以言喻。

### 解读

《周易》是儒家六经之首，对于道家具有极大的影响，是中国儒、道两家的共同根源，对于中华文化影响极大。此处解释乾卦，说明天（大自然）能够通过四时流转，利益天下万物，其利益之大，难以言表。儒家特别推崇乾卦所体现的精神，“天行健，君子以自强不息”，君子应该效法天的美德，自强不息。自强不息所为者何？我认为所为者之一，就是以美利利天下，即给天下万民万物带来巨大的利益，这就是君子应该追求的品德和行为。儒、释、道三家中，儒家刚健中正，奋发有为，为民为国，死而后已，这与儒家对“美利利天下”的价值追求密不可分。儒家义利之辩，不是不讲利，不是不求利，恰恰相反，儒家讲利，求利，讲大利，求大利，为民求大利。儒家讲的修齐治平，也是这种“美利利天下”的体现。因此，儒家反对出家，反对出世，以“如欲平治天下，当今之世，舍我其谁”（《孟子·公孙丑下》）的精神，孜孜以求，不怕曲折，舍身为国，为中华文明的延续、发展、繁荣做出了极为重要的贡献。

## 原文

利者，义之和[1]也。（《周易·乾·文言》）

### 注释

① 义之和：宜之和，各得其分之和。

### 解读

《周易》用“健”来表示乾卦的品质，用“元亨利贞”来深入阐释“健”。一方面，利，就是万事万物在大自然的孕育下，出生成长，各得其利，相互和谐，彼此相宜。天（大自然）带来的大利，就是相宜之和，就是万物各得其宜，各得其利。各得其宜，就是利。另一方面，所谓义，就是宜，合适、中正、不偏斜，就是综合考虑相关各方之利，不损害任何一方的利益，不压制任何一物的成长。可见，在《周易》的作者（们）看来，利和宜本来就是紧密联系在一起的，而宜就是义，可以说，没有利，不涉及利，就说不清什么是宜、什么是义。日常生活中，我们所谓的义与不义的区别评判，离不开对利益的认识和处理，也从一个方面证明了利与义互为表里、难以区隔。所谓义，就是正确处理利益关系，乃至舍弃自己的利益以争取他人、众人乃至国家、天下人的利益；所谓不义，就是不能正确处理利益关系，乃至过度关心争取自己的私利，不惜为此损害他人、众人乃至国家、天下的合法利益。

### 原文

吾闻事君者，从其义，不阿[①]其惑。惑则误民，民误失德，是弃民也。民之有君，以治义[②]也。义以生利，利以丰民。若之何其民之与处而弃之也？（《国语·晋语一》）

### 注释

① 阿：附和。

② 义：上下之义，辨别等级地位、职责权益。

### 解读

晋国大夫丕郑认为：臣子与君王共事，应该服从其符合道义的正确的决定，不能附和其昏乱的决定，因为这些昏乱的决定会对民众产生不良影响，损害民众的利益。国家管理阶层昏乱就是失去道德，就是抛弃民众，不顾民众的利益得失。民众之所以需要和拥护君王等管理阶层，是因为只有这样才能给予社会上的人不同的地位和权责，从而把民众组织起来、管理起来，进行物质生产和社会管理，使广大民众过上丰裕、祥和的生活。因此臣子不能抛弃民众，也不能附和君王抛弃民众、损害民众利益的决定和行为。从这里，我们可以看出儒家民本思想的源远流长、根深蒂固，也可以看出我们“为人民服务”这一宗旨的历史文化渊源。为民众服务，带领、组织民众改造社会、组织生产和管理生活，让民众过上幸福的生活，是中华优秀传统文化的核心和灵魂，也是我们今天倡导的核心价值。

### 原文

名以出信，信以守器，器以藏礼，礼以行义，义以生利，利以平民，政之大节也。（《左传·成公二年》）

## 解读

孔子认为，国家领导者的名号和象征身份的器具是不能授予他人的，名号对应地位，地位对应象征身份的器具。这些器具蕴含着不同等级的人应该遵守的礼仪即礼法。礼法是用来明确规范上下之别、明确权益职责的，而明确不同的权益职责是用来组织、管理、协调生产生活的，是用来产生物质利益的，物质利益是用来满足人民、治理人民的，这样就构成了国家治理的基本架构。在这里，道义用来产生利益，利益用来治理人民，蕴含了深刻的儒家道理。道义不仅仅是私人之间的言而有信，更重要的是国家利益、社会利益、人民利益高于一切的价值导向。道义代表的是更高等级的大利，大利就是大义，大义就是民众的利益。而民众得到了利益，能够过上充足、和谐的生活，社会才会稳定、发展，国家才会富裕、强大。在此基础上，国家各个阶层才会各得其所、各安其位。以大义生大利，以大利安百姓，百姓安居乐业，则天下太平，这是中国传统政治哲学的重要基础，蕴含着至简的大道。

## 延伸阅读


1. 张岱年．新时代的义利理欲问题．北京大学学报，1994（6）．
2. 詹万生．中国古代思想史上的义利之辩与当代青少年学生的义利观教育．吉林教育科学，1995（2）．
3. 卫春回．孔子义利观新探．山西师大学报，1995（3）．
4. 舒大刚．《易》墨“义利观”略论．周易研究，1996（2）．
5. 陈勇．儒家义利观辨析——兼论新义利观基本框架．长白论丛，1996（6）．
6. 罗国杰．论新时期的义利观．北京日报，1997－05－04.
7. 叶瑞昕．孔子的义利观．山西大学学报，1997（4）．
8. 陈国庆．儒家义利观论纲．西北大学学报，1998（01）．
9. 吴潜涛．中国传统义利观与21世纪人的价值．高校理论战线，1998（7）．
10. 龚长宇．义利问题20年．道德与文明，2003（3）．
11. 宋志明．义利之辨新解．学术研究，2004（2）．
12. 王泽应．义利关系的不同类型及其实质．南通大学学报，2006（2）．
13. 贾新奇．论传统伦理学中义利问题的类型．陕西师范大学学报，2009（6）．

# 第十章　经世致用

朱康有

概　述

在中国传统文化中，特别是儒学的整个思想体系中，经世致用的观念非常突出。除了“利用安身”的满足外，强调“达善天下”的担当意识，显示出“为天地立心，为生民立命，为往圣继绝学，为万世开太平”的博大胸怀。空谈误国，实干兴邦。儒学的“经世观”反对各种不着实际的玄虚理念，主张通过筚路蓝缕的创业艰难，倡导大事细作、慎终如始的态度和精神，要求人们勤敬其业，既建功立业，同时又能超越名利束缚，淡泊名利。

## 一、学以致用

原　文

学者非必为仕①，而仕者必如学。(《荀子·大略》)

注释

① 仕：做官。

解读

我们通常引用孔子所说“学而优则仕”，但同时孔子还讲过“仕而优则学”，这里荀子也强调“仕者必如学”的道理。在传统社会里，治理国家，教化百姓，需要一定的知识储备及其应用的转换方式；当今社会也是如此。一个人不学习（不只是书本知识，也有社会规范等无形的教化），便不能成为社会之人。所以，学习的目的不是仅仅为了当官，更重要的是立己立人。当然，如果将来做了官，不是说你的学问就随之“涨高”；为更好地履行职责，相反，则更要强化学习和修养。

原文

博学之，审问之，慎思之，明辨之，笃行之。（《中庸》）

解读

这段话把做学问分成紧密相连的五个环节，或者说五个递进的阶段。“博学”强调学习首先要广泛涉猎各种知识，做到“海纳百川，有容乃大”。“审问”是第二个阶段，“审”，意为详细、周密，即对知识要详细探询、刨根问底，真正弄懂。之后，还须通过认真缜密的思考来消化，这就是“慎思”。“明辨”为第四个阶段，对所学知识要加以分辨，去粗取精，去伪存真；否则，所谓“博学”就会良莠不齐，真伪不分。“笃行”为最后一个阶段，“笃”有踏踏实实、一心一意、坚持不懈之意。学以致用，始能做到“知行合一”，这才算真正学会了、学活了、学好了。如果能这样循序渐进地治学，那么“虽愚必明，虽柔必强”。

原文

不患无位，患所以立。不患莫己知，求为可知也。（《论语·里仁》）

解读

不怕没有职位、地位，就怕自己没有安身立命的本领。这是孔子经常和学生谈论的问题，是他立身处世的基本态度。孔子并非不想成名成家，并非不想身居要职，但他更希望他的学生立足于自身学问、修养、才能的培养，具备足以胜任官职的各方面素质。东汉大科学家张衡亦曾言“君子不患位之不尊，而患德之不崇”。这些都反映了儒学一直强调的做人大原则——“反求诸己”。《礼记》用射箭的道理解释说，在社会中做人，就像射箭一样。射箭时先要把自己的身心调整好，调正了你才能去发射；射不中，你不能怨别人胜过了你，再回来调整自己的身心就可以了。具体来讲，就是要贯彻孔子说的“忠恕”之道。所谓“忠”道，就是“己欲立而立人，己欲达而达人”；所谓“恕”道，就是“己所不欲，勿施于人”。忠恕之道的基本精神是推己及人——我自己不愿意别人怎样对待我，也不要以之来对待别人；我自己所希望达到的，也希望别人能达到。

原文

不在其位，不谋其政。（《论语·泰伯》）

## 解读

如果不担任某个职位，就不应该对其管理范围指手画脚。孔子之所以要求“无关人士”摆正自己的位置，主要是担心意见纷繁，导致实际负责人无所适从。至于职务范围内的问题，孔子一向主张在其位则谋其政，这是一种真正的敬业精神。集中精力于本职工作，不因私心杂念干扰自己的判断，也不因种种理由而懈怠，在职一日，就努力工作一日。这句话常用来表达不干扰权责以外事务的想法。

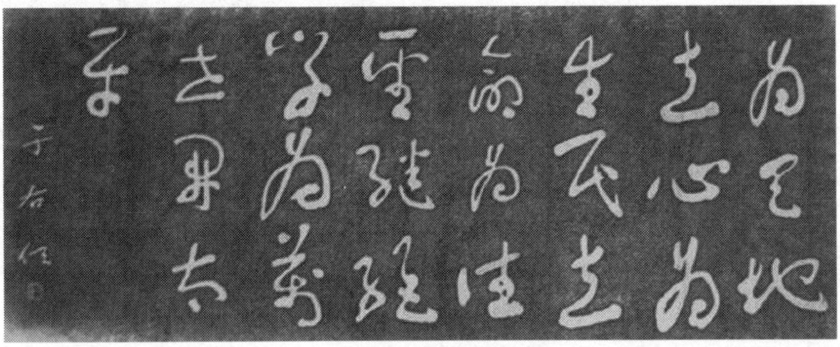

## 原文

君子素其位①而行，不愿乎其外。（《中庸》）

## 注释

① 素其位：安于现在所处的地位。素：平素、现在，这里做动词用。

## 解读

成语“素位而行”即来源于此句，其意思与《大学》中所说的“知其所止”相近，就是要人们安分守本分，也就是现在常说的安分守己。儒家观点认为，任何成功的追求、进取都是在对现状恰如其分的适应和处置后取得的，而对现状积极适应和处置的方法就是安分守己，是什么角色，就做好什么事，而不去奢望本职以外的名利。有修养的人安于现在所处的地位，并努力做好相应的工作，不妄求本职以外的事。如此才能游刃有余，进一步积累、创造自己的价值，水到渠成，取得成功。

## 原文

穷则独善其身，达则兼善天下。（《孟子·尽心上》）

## 解读

独善其身是君子处境困难时的不得已之举。在佛家看来，独善其身是“自了汉”所为，和救苦救难的菩萨不可同日而语。在人们以前所受的教育里，独善其身颇有“事不关己，高高挂起”的意思，简直是贬义了。其实，在没有能力或者时运不济的时候，致力于提高自己的修养和学识，蛰伏积聚力量，一旦时来运转或者环境通达，那么，经世济民就有了很好的基础。这些观念不失为一种积极向上的引导。其中的两个“善”字特别提请大家注意：在艰难困苦之际，切勿怨天尤人，满腹牢骚，仍要积极向上；而在春风得意的时候，亦不可志满意傲，甚至为所欲为，而要始终保持一颗向善的心，与人为善，影响和撒向这个社会的永远是满满的正能量。这句话也隐含了儒家一向推崇的“内圣外王”理念，就是以内在道德修养，去为大众社会做事业；最高应达到“圣人”修为的境界，去做治理国家，乃至为整个人类谋福利的大事业。

## 原文

是故形而上者谓之道，形而下者谓之器。化而裁之谓之变，推而行之谓之通，举而错①之天下之民谓之事业。（《周易·系辞上》）

## 注释

① 错：通“措”，安排、放置。

## 解读

超越于形体之上的，叫作“道”；居于形体层面的叫作“器”。两者的作用，导致事物交感化育、互为裁节，叫作“变”；顺沿变化而推广，叫作“通”，将这些道理留给天下百姓使用，就叫作“事业”。南怀瑾先生曾经精辟地指出，很多人还不知道什么叫“事业”，其中“事业”的定义在《周易·系辞》里很明白地告诉了我们，那就是“举而错之天下之民，谓之事业”。他解释说，“一个人一生里做一件事情，对世界人类永远有功劳，永远有利益给大家，这个才叫事业。像大禹治水，这叫事业，因此他为万世所崇仰，其功永不可没。上面最高到皇帝，下面最倒霉到讨饭的，都不是事业，那是职业。工商界老板生意做得很好，赚钱很多，要讲事业那还差得很远。”我们从这句话中可以看出，古人讲的“事业”，不完全是“形而下”的事功，它来源于“形而上”无形之“道”的理念指导，有体有用，体用具足，深含儒学“内圣”的修为，这才是真正所谓的“盛德大业”。

## 原文

精义①入神，以致用也；利用安身②，以崇德也。（《周易·系辞下》）

### 注释

① 精义：精研道义、理义。

② 利用安身：利于施用，安处身心。

### 解读

在宇宙中，人的精神和智慧是大自然的精华，它具有对内对外的意识反映功能，并能建构起基于认知的理性系统。人的行为和智慧一旦精益求精，把物理与人生的理融会贯通，就能明了真相，甚至达到入神的境界。真正可以起作用而又没有负面后果的，就是智慧的最高境界。把握真理的精神，能够在实际中灵活变通运用，且非被物役用、身心耗损、无所皈依，同时功业化忘，淡泊名利，自然身安意和，增益充实内在生命能量。

### 原文

随时以举事，因资①而立功，用万物之能②而获利其上。（《韩非子·喻老》）

### 注释

① 资：条件。

② 能：特性。

### 解读

我们做事讲究天时、地利、人和。天时就是要讲究做事情的时机，在时机成熟的时候做事情，一举促成，可以起到事半功倍的效果；地利就是做事情的客观条件要具备，任何事情都有其发生、发展、消亡所需要的客观条件，只有在条件具备的情况下，事情才能朝着预期的方向发展；人和就是强调做事情的主观意愿要一致，大家齐心协力，心往一处想，劲儿往一处使，才能把事情做好。道家讲的“不为而成”，在一定程度上可以理解为“顺势而为”，就是要根据时机和客观条件来决定是否做事情或者怎么做事情。《盐铁论》中指出“明者因时而变，知者随事而制”，只有因时、因事做事情，借势而起，乘势而发，才能利用事物的特性把事情做成功。

### 原文

工人数变业则失其功。（《韩非子·解老》）

## 解读

屡次更换职业，反复“跳槽”，不仅有损自己的专业技能，而且会给工作乃至国家带来损失，这一观点是追求工作稳定性的体现。每个人都应该尊重和认同自己的职业，珍惜自己的工作岗位，同时还要对自己的职业前景做好规划。如果只是这山望着那山高，盲目频繁地变换工作，那么自己曾学到的很多知识和技能都可能白白浪费。这既是对自己、对工作的不负责，也是对人生的一种虚度。这句话常用来强调从业者要具有干一行爱一行的敬业精神，这正是大国建设所需要的“工匠精神”。

# 二、开物成务

## 原文

禹、汤罪己，其兴也悖[①]焉；桀、纣罪人，其亡也忽[②]焉。（《左传·庄公十一年》）

## 注释

① 悖：迅速，势不可挡。

② 忽：迅速，突如其来。

## 解读

纵览历史风云，细细品味历代王朝兴衰，我们惊奇地发现：历代王朝创造繁荣的过程极为相似，其衰亡也经历了惊人相似的轨迹，这就是“其兴也悖焉，其亡也忽焉”。现代人称其为“历史周期律”。一般来说，建朝初期的帝王大都励精图治，兢兢业业。他们时刻惦记着创业难、守业更难和“水可以载舟，亦可以覆舟”的训箴，精心打理自己的“家国天下”。尽管每一个王朝灭亡的具体方式可能千差万别，帝王或被俘沙场，或被捉宫廷，或身首异处，或客死他乡，或自焚宫中，或自缢身亡，或亡命天涯，或葬身鱼腹……但任何一个王朝由盛至衰、由衰至亡都不是朝夕之间的事，都是有迹可循的。即便如所谓的清平盛世，也同样潜伏着危机，只不过被表面的繁华所掩盖。能否超越历史周期律的“魔咒”，在今天仍然考验着我们。

## 原文

图[①]难于其易，为大于其细。天下难事，必作于易；天下大事，必作于细。（《老子·

第六十三章》）

### 注释

① 图：处理。

### 解读

这几句格言，对行事、求学而言，都是不移的至理。它提醒人们，处理艰难的事情，须先从细易处入手。面临细易的事情，不可掉以轻心。有些难事、大事，看起来让人觉得“老虎吃天，不知道从哪儿下口”，但其实把它分解后，还是要从一点一滴相对较为容易的地方做起。在具体生活和工作中，正是这些点滴才积累起、支撑起一项辉煌的事业。需要注意的是，“一着不慎，满盘皆输”，在一些关键的细节上，抱着戒慎恐惧的态度，认认真真，看似易处，小心为上，否则阴沟里也翻船。如果主观上认为，什么事情都很容易，马虎一些没啥大不了，得过且过，带来的后果可能是“多易必多难”，困难重重，往往坚持不到最终。这就是说，做事情时，若看得太容易反而遭遇的困难一定更多。所以，特别是在某些关键点上，有修养的人抱着“犹难之”的态度，遇见事情似乎总把它看得艰难，详细推究环节，避免可能的失误，具体操作过程反而不会遇到什么大的障碍，没有什么困难了。

### 原文

合抱之木，生于毫末[1]；九层之台，起于累土[2]；千里之行，始于足下。（《老子·第六十四章》）

### 注释

① 毫末：指细小的萌芽。

② 累土：有两种解释：一是指“低土”，二是指“一堆土”。

### 解读

自然和社会的任何事物在诞生初期都是处于萌芽的状态。从消极的意义上讲，如果是不好的“萌芽”，就要在还未发展至躁动混乱之前即进行修正和整治，否则待态势发展起来，再想修正和挽回，那就会变得越来越困难了。这就是防患于未然、防微杜渐之理，“为之于未有，治之于未乱”。从积极的意义上讲，新生事物发展初期的“萌芽”，尽管很脆弱，但生命力很强，如果注重护养，长成参天大树也不是不可能的。成长和积累的过程不会是一帆风顺的。尤其是在将要成功又还未完全成功之时，特别需要提请注意，“慎终如始，则无败事”。世俗之人应对事物，往往是在将要成功之际，却得到失败的结果。这是其因生轻忽骄慢之心，以致精神无法集中而失本，所以必会于紧要处产生偏失；因生执得求速之心，以致违背事物发展规律而妄作强为，最终的结果就会一溃千里或者功亏一篑。

原文

道虽迩[①]，不行不至；事虽小，不为不成。(《荀子·修身》)

注释

① 迩：近。

解读

学习和修养，是一个积累的过程。没有长时期的点滴积累，或者浅尝辄止，时断时续，最终必将一无所获。很多人都想干一番大的事业，遗憾的是，他们不从脚下的小事一步一步做起。即使是一些看起来不起眼的小事，不去谋划和具体操作，也无法完成。实际上，有些小事，如果不用心，马虎大意，做出来的所谓“成果”也会让人挑出许多瑕疵，就更不用说去完成什么“大业”了。

原文

故不积跬步[①]，无以至千里；不积小流，无以成江海。骐骥一跃，不能十步；驽马十驾，功在不舍。锲而舍之，朽木不折；锲而不舍，金石可镂。(《荀子·劝学》)

注释

① 跬(kuǐ)步：半步，相当于今之一步。

解读

《劝学》是《荀子》的首篇，较为系统地论述了学习的理论和方法，阐述了学习的重要性，介绍了学习的步骤、内容、途径等相关问题。贯穿全文的中心思想是“学不可以已”，即强调学习要有持之以恒、坚持不懈的精神和态度。这句话则是从事例的角度对这一态度进行了诠释，成语“锲而不舍”即来源于此。没有专一精诚的精神，就没有清明的智慧；没有坚定不移的行为，就不会有巨大的成就。持之以恒、坚持不懈不仅适用于学习，也是敬业的体现。

原文

虽有天下易生之物也，一日暴[①]之，十日寒[②]之，未有能生者也。(《孟子·告子上》)

## 注释

① 暴（pù）：通“曝”，晒。

② 寒：冻。

## 解读

即使是天下最容易生长的植物，把它放在太阳下晒一天，再放在阴寒的地方冻十天，它也不可能存活。成语“一曝十寒”即出于此。战国末期，思想家孟子到齐国游说，对齐王说了这个道理后，又讲了一个故事：弈秋是全国最闻名的下棋能手，让弈秋同时教两个人下棋，其中一个专心致志，只听弈秋的话；另一个虽然也在听，但心里总是觉得有天鹅飞来，一心想着如何张弓搭箭去射它。两个人虽然一起学习，后者却比不上前者，原因就在于他们的专心程度不一样。孟子的这段言论，目的在于劝谏齐王处理事务要有恒心。无论是下棋、治国还是做其他工作，都需要持之以恒的专注精神和勤奋、刻苦、精益求精的职业素养。这不仅关乎一个人能否完成工作、履行职责，更体现了他的责任心和担当意识。

## 原文

凡事豫①则立，不豫则废。（《中庸》）

## 注释

① 豫：事先准备。

## 解读

做好任何一件事情，仅仅有热情和能力是不够的，有热情只是具备了想干事的态度，有能力只是具备了干成事的条件，有具体的操作方法才是干好事的保证。实际工作中，很多人由于没有掌握正确的方法，容易出现两种倾向：一种是瞎子摸象，对工作没有全面的把握；另一种是纸上谈兵，眼高而手低，遇到具体事情不知从何处着手。不管是哪种情况，都不利于工作的开展和深入。要把事情做好，就要善于未雨绸缪，既要从大处着眼，学习曹冲称象；又要从小处着手，学习庖丁解牛。“工欲善其事，必先利其器”，这些准备工作都非常重要。正如俗话所说“磨刀不误砍柴工”。工匠在做工前打磨好工具，操作起来才会得心应手，从而事半功倍。

## 原文

为山九仞①，功亏一篑②。（《尚书·旅獒》）

## 注释

① 九仞：形容高大。仞：古代计量单位。

② 篑（kuì）：古代盛土的筐子。

## 解读

周武王灭商，建立了西周。为巩固统治，武王分封诸侯，许多远方的国家和部族都向周朝称臣纳贡。一天，来自西方的旅国献上一只大狗，这只狗身高体大且通人性，武王看了十分高兴，欣然将狗收下。这件事被大臣召公奭（shì）看在眼里。退朝后，他写了一篇《旅獒》呈给武王，劝武王艰苦奋斗、专心治国，以免来之不易的事业功亏一篑。武王读后，想到商朝灭亡的教训，采纳了召公的劝谏，把收到的贡品分赐给诸侯和功臣，自己则兢兢业业地致力于国家的治理和建设。这句话告诉我们，做事要有始有终、坚持到底，否则，虽然只差一点，也会前功尽弃。这与我们今天所倡导的敬业精神相一致。从事各项工作都要善始善终，前期做得再好，也可能由于后期的不坚持而功败垂成。

## 原文

靡[①]不有初，鲜克有终。（《诗经·大雅·荡》）

## 注释

① 靡：无，没有。

## 解读

人们大都有一个良好的开端，但很少能够善始善终。诗人假托古代明君周文王之口，慨叹殷纣王无道，说他做事有始无终，初期也有励精图治的决心，但后来变得贪图享乐、任用奸臣、沉迷酒色，成了个不折不扣的昏君。诗人希望君王能以史为鉴，行善政而能一以贯之。曾为理想奋斗过，后来随着敬业精神的泯灭，变得庸庸碌碌的人，无论古代还是现代都不少见。大多数人在刚刚走上新的工作岗位时，都是有一番雄心壮志的。但是，能够始终爱岗敬业、不懈奋斗的，少之又少。许多人或因为取得了让自己满足的成就，或因为某些因素损害了斗志，或因为压力不大缺乏动力，在工作一段时间之后，就失去了进取心，甚至误入以公谋私的歧途，这是我们应该时时警惕的。这句话常用来提醒人们做事应该善始善终。

## 原文

行百里者，半于九十。（《战国策·秦策五》）

解读

战国末期，秦国实力逐渐强大，在与魏国、韩国的战争中捷报频传。此时的秦王，志得意满，不免骄傲自大起来。于是有人上前劝谏："古语云：'一百里的路，走了九十里才算走到一半。'说的是越走到最后，越艰难。"言下之意是让秦王不要放松懈怠，而是继续保持兢兢业业、持之以恒的从政态度，最终才能取得成功。如今，人们常用这句话比喻做事越接近成功越要认真对待。

## 三、精业求实

原文

路曼曼①其修远兮，吾将上下而求索。（战国·屈原《离骚》）

注释

① 曼曼：连绵不断。

解读

追求真理的道路是曲折而漫长的，需要百折不回、不遗余力地追求和探索。为了振兴楚国大业，屈原对内辅佐楚怀王变法图强，对外主张联齐抗秦。由于他的改革触动了国内贵族的利益，很快就被废除，他也遭到怀王的疏远。此后，他深陷免职和流放的苦难，"忧愁幽思"而写成不朽长诗《离骚》，尽管充满悲愤，但他以此句表明心迹：心系国家、追求善政、追求真理的崇高信念，百折不回。这种执着精神，摆脱了单纯追求个人利益的狭隘境界，常用来强调工作的专注钻研精神。

原文

闻之不若见之，见之不若知之，知之不若行之。（《荀子·儒效》）

解读

读书学习知识，这是培养素质能力的基础。但素质能力的培养和提高仅仅依赖接受书本知识、汲取前人的结论是不够的，更多地还是要靠在实践中对规律的感悟和应用。知识和经验犹如雄鹰的双翼，只有经风雨、见世面，才能飞得更高、飞得更远。越是条件艰苦、困难大、矛盾多的地方，越能锤炼人；最前沿的地方，最能砥砺品质，提高本领，实现自己的价值。在多层面的实践环境中千磨万击、磨炼意志，不断丰富自己、充实自己、完善自己，才干增长了、思考深入了、见识提升了，“百炼成钢”，这是成就人才必然经历的过程。《说苑·政理》载，魏文侯派西门豹去管理邺这个地方，行前叮嘱他要“全功、成名、布义”。西门豹问怎样才能做到成全功名、广施仁义，魏文侯答道：“耳闻之不如目见之，目见之不如足践之，足践之不如手辨之。”

## 原文

敬业乐群。（《礼记·学记》）

## 解读

这是“敬业”一词的最早出处。《学记》是我国最早的一篇专门论述教育和教学问题的作品，它比较系统和全面地总结了先秦时期的教育经验，主张课内与课外相结合，课本学习和实际训练相结合，既要扩大知识领域，又要培养高尚的道德情操和良好的生活习惯。其中有“三年视敬业乐群”一句，意思是儒学第三年要考查学生是否专心于学业，能否和同学和睦相处。后来，敬业不再专指学业，而演变成对工作、事业极其负责的态度，“乐群”则是在敬业的基础上学会与他人合作。在工作岗位上认真踏实、精益求精，并处理好与同事之间的关系，是一个人事业成功的关键。这句话常用来激励人们要爱岗敬业，团结协作，共同走向事业的成功。

## 原文

凡百事之成也，必在敬之；其败也，必在慢[①]之。（《荀子·议兵》）

## 注释

① 慢：怠慢，疏忽。

## 解读

敬业是人们基于对一件事情、一种职业的热爱而产生的一种全身心投入的精神，是社会对人们工作态度的一种道德要求。荀子认为，治军用兵跟世间大多数事物的运行一样，认真严谨地对待，就容易获得成功；而治军不严、操练怠慢，必然导致败亡。这句话推而广之，也适用于人们的日常学习与工作生活。对学习和工作抱有认真、尊重的态度，就是敬业的态度。“敬其事而后其食”，把事情做好再去谈论什么俸禄，是应有的态度。我们常说，态度决定成败，天才出于勤奋。人若能保持旺盛的事业心，从每一件小事入手，专心致志，刻苦钻研，事业自然会给予我们丰厚的回报。

### 原文

居①之无倦，行之以忠。（《论语·颜渊》）

### 注释

① 居：在担任官职时。

### 解读

本句讲的是“从政要勤勉尽忠”的道理，因为言简意赅，自古以来就被当作从政者的座右铭。这句话有两个要点：一是要求对工作不懈怠、不厌倦，二是要求处理问题、颁布政令时没有私心、尽职尽责，这显然体现了孔子在“敬业”方面的高标准严要求。工作久了，业务熟了，我们是否也会有懈怠情绪，会有私心作怪、不够尽责的时候呢？我们是否应该提升自己的职业道德修养，使自己更加敬业呢？换一种工作态度，抛开厌倦心理，阻止私心作祟，我们的事业也许会达到一个新的高度。

### 原文

天将降大任于斯人也，必先苦其心志，劳其筋骨，饿其体肤，空乏其身，行拂①乱其所为，所以动心忍性，曾②益其所不能。（《孟子·告子下》）

### 注释

① 拂（fú）：违背。

② 曾（zēng）：同“增”。

### 解读

舜发于畎亩之中

舜从田间劳动中成长起来，傅说从筑墙的工作中被选拔出来，胶鬲被选拔于鱼盐的买卖之中，管仲从囚犯中被提拔，孙叔敖从海边被发现，百里奚从市场上被选拔……许多能人贤士，在受到重用之前都经历过磨难和挫折——战国时期的思想家孟子根据历史事实，得出了这个结论。后人常引以为座右铭，激励着无数志士仁人在逆境中奋起，在工作中不怕劳苦、甘于奉献。这也是敬业精神的一种表现。我们从事任何职业、做任何事情都不会轻易取得成功，只有坚定自己的信念，知难而进，保持昂扬的斗志和坚韧的作风，才能向着目标和理想迈进。

## 原文

以力服人者，非心服也，力不赡[1]也；以德服人者，中心悦而诚服也。（《孟子·公孙丑上》）

## 注释

① 赡：充足，足够。

## 解读

我们的传统文化中，法家主张靠武力、靠权势让人民服从。儒家的孟子不这么看。他说，凭着强力让人屈服，人家并非内心真的佩服，那是自己力量不够；靠着道德让人信服，人家才是内心愿意并实实在在地佩服。那么，当代的领导干部在管理活动中靠什么发挥影响力呢？现代管理科学认为，一种是权力因素，另一种是非权力因素。权力让人产生敬畏感和服从感。而非权力的影响，主要由道德品格、知识才能、意志情感等构成，使人产生一种敬重感、信赖感和激励感。非权力影响主要来自领导的内在因素，通过潜移默化的自然过程体现出来，所以对人的影响非常巨大而且持久。中国古代更看重非权力因素即道德威望的影响力，它有着“怀近柔远”的巨大政治凝聚力和向心力作用，“德化”理念甚至渗透到了外交和贸易之中。

## 原文

凡贵通者，贵其能用之也。（汉·王充《论衡·超奇篇》）

## 解读

汉武帝时期提倡“罢黜百家，独尊儒术”，但是在官方意识形态上，儒学内部也出现了脱离实际、下笔千言、离题万里的空疏学风。特别是在西汉末年，今文经学与谶纬神学相结合，更是虚幻离奇、荒诞不经。王充指出：“凡论事者，违实不引效验，则虽甘义繁说，众不见信。”不论谁提出的理论，不论什么样的理论，如果与事实不符，都不会得到民众的信任。“即徒诵读，读诗讽术，虽千篇以上，鹦鹉能言之类也。”那些只会背诵圣贤语录、不能解决实际问题的所谓理论家，不过是徒有虚名。崇尚学贵有用，是儒家学说的重要学术品格之一，明清学者称其为“实学”。“实学”提倡“实事求是”“经世致用”，各种知识必须变成有利于国计民生的“实功”“实效”。不论是道德伦理知识，还是社会科学知识、自然科学知识，都必须坚持“学以致用”的原则，这样才能发挥各种知识的应有效果。

## 原文

不受虚言，不听浮术，不采华名，不兴伪事。（汉·荀悦《申鉴·俗嫌》）

## 解读

古往今来，凡事兴于实，败于虚。成就人世间的一切梦想，又有哪一个能离得了实干？战国赵括纸上谈兵，让40万将士惨遭活埋；盛唐三朝宰相姚崇临终前总结为政经验，只言及“崇实充实”四个字。南北朝时期，南朝士大夫与世沉浮、虚谈废务、崇尚清谈、向往玄学、不尚实干，结果使南朝偏安一隅长达数百年，留下了深沉的历史之思。只会纸上谈兵而不知知行合一，热衷虚谈废务而不求真务实，追求形式主义而不脚踏实地，结果只能使理论落空。针对“虚言”“浮术”“华名”“伪事”，只有痛下针砭，才能转变华而不实的作风和做法。

## 原文

慧者心辨而不繁说，多力而不伐功，此以名誉扬天下。（《墨子·修身》）

## 解读

古人说，品行要从自己的行动中表现出来，名声则需要别人认可才能传扬。做了一些贡献、有了一些成绩就夸夸其谈的人，得不到好名声。与先秦儒家一样，修身也是墨家思想体系中的有机组成部分。墨家不但认识到修身是立身行事之本，而且重视实践、反省等修养方法以及环境对于修身的影响作用。墨家修身的原则是固本为先，务末次之。固本为先，即抓住主要矛盾的主要方面，则事半功倍，切中要害；舍本逐末，流于形式，则失去修身的根本目的。墨子反对为了名而修身，但认为只要如此修身便可“名誉扬天下”。所以他赞赏“言无务为多而务为智，无务为文而务为察”，即说话不图繁多而讲究富有智慧，不图文采而讲究明白；批评那些不学无术、是非不分、充满惰性的人是背离正道。

## 原文

故明主之吏，宰相必起于州部，猛将必发于卒伍。夫有功者必赏，则爵禄厚而愈劝；迁官袭级，则官职大而愈治。夫爵禄大而官职治，王之道也。（《韩非子·显学》）

## 解读

州部指古代地方基层行政单位；卒伍为古代军队基层编制，五人为伍，百人为卒。韩非子是战国法家思想的集大成者，他强调国家的文臣武将，特别是高级官员和将领，一定要有基层实际工作经验。因为这些人来自基层，更了解百姓的疾苦和战场的形势，也就能够更好地处理政务、领兵作战。反之，如果缺乏基层历练，就有可能纸上谈兵，误国误民。如果通过层层正常无误的道德、学识、才干等方面的选拔，到了“官职大”的层次，一定是最优异的人。如此，一个国家的治理才能走上正轨。

## 四、淡泊名利

原文

德者，本也；财者，末也。（《大学》）

解读

中国本土的“经济”学，具有独有的“德本财末”、德财相应的经济观念。古时中国称致富为“治生”“货殖”“生财”，关键在于一个“生”字。《论语》中说：“大德必得其位，必得其禄，必得其名，必得其寿。故天之生物，必因其材而笃焉。”财富的多少是善行累积厚薄的结果。有德者必可有财富，但是德者未必求财，德者的财富形式也未必是金钱的形态。《周易》所言“积善之家必有余庆，积不善之家必有余殃”，从变易规律中指出了不易的财富代际延续问题。“二十四史”的记载表明，就国家经济整体观之，无非一条是因德而兴，另一条就是败德而亡，虽然“金玉满堂”，但“莫之能守”。经济的本质是伦理德行的外化，遵守自然伦理，就兴旺发达；悖逆自然伦理，就动乱衰亡。

原文

仁者以财发身①，不仁者以身发财②。（《大学》）

注释

① 仁者以财发身：仁德的人靠施财而使自己有美名。

② 不仁者以身发财：没有仁德的人会不惜用自己的名誉做抵押去聚敛财富。

解读

《了凡四训》中说：“有千金之产者，必是千金人物。”经济的结果不过是人的素质的外在表现，是心理谋划的物质体现。伦理道德是和天体运行一样客观的存在，顺之者昌，逆之则亡。为富不仁者必败家道，富不过三代是也；勤俭持家，乐善好施，不过三代必兴旺发达。世间的个人和家庭的运势就在这种交替中“高低起伏，冬去春来”。人事如此，国家也是如此。提高道德的过程就是增加财富的过程；道德败坏的过程就是引发经济危机和社会灾难的过程。百姓常说：不是好道来的财，也不会有什么好的花法。不是辛勤赚来的，其出也快。这也是《大学》中所说的“货悖而入者，亦悖而出”的道理。

## 原文

不作无补之功，不为无益之事，故意定而不营[1]气情[2]。（《管子·禁藏》）

## 注释

① 营：惑，迷惑。
② 气情：欲望，情欲。

## 解读

事业的成功，最后的结果如何衡量？管子提出了标准，这就是对社会、对人群有无补益，尤其是否有长远的补益。显然，由于生活所迫、生存所困，人们往往以各种眼前的需要作为尺度，那就会给未来埋下隐患。因此，立足长远、根本、宏观和整体，高瞻远瞩、明察秋毫，采取任何措施都应坚持“不论现行而论流弊，不论一时而论久远，不论一身而论天下”的原则，不做表面文章、建形象工程，而给人民的生命、财产乃至生态环境埋下隐患、带来灾难；改革弊害、应对危机等，都要考虑到长远的影响，特别是对人民幸福的流弊。我们做很多具有根本和长远即整体意义的事情，肯定有不少事情是很多人所暂时无法理解的，甚至可能暂时不会给一些人带来利益，甚或可能会暂时伤害到某些人的利益而招来讥讽、反对或毁谤、抵抗，这正是考验我们的眼光、胸怀、正气和定力的时候。

## 原文

不义而富且贵，于我如浮云。（《论语·述而》）

## 解读

对于钱财的态度能反映一个人品德的高下。在商品经济时代，物质财富是人们满足自己生活的手段，并且在一定程度上也是个人能力的象征。但是，对于财富，我们应该做到君子爱财，取之有道，用之有度。孔子认为，用不正当的手段得来的富贵，对于自己来讲就像是天上的浮云一样。对于普通人来讲也一样，物质财富虽然可以决定人们物质生活的舒适程度，但是物质财富的多少不能代表个人品德的高低。对于财物应该有正确的态度，不要单纯为了追求经济效益而忽视甚至损害社会效益。

### 原文

举世誉之而不加劝①，举世非之而不加沮。定乎内外之分，辩②乎荣辱之境，斯已矣。（《庄子·逍遥游》）

### 注释

① 劝：勉励。

② 辩：通“辨”，分辨。

### 解读

逍遥，是庄子哲学中对自由状态的文学化描述，既可指身体的不受羁绊束缚，又可指心灵的自由放逸。庄子认为，现实中的事物都相互联系，有所依凭，因此不能得到绝对自由，唯有超脱现实之外，不受外物影响，才能得到无条件的精神自由。因此，可以不必在意外部世界对自己的评价。为什么能够“誉不加劝、非不加沮”呢？主要是能够认清自我与外物的分际，辨明光荣和耻辱的界限。人作为社会的动物，不能完全脱离现实而生活，因此并不能全然对外界的评价不管不顾，然而，保持自我独立的精神自由，不过分受外部观念影响，也是必要的。无论面对的是外界的称赞还是责难，都需要清醒认识自我，否则，只会随波逐流，迷失自我。这句话常用来形容精神自由不受外物干扰的状态。

### 原文

功遂①身退，天之道②也。（《老子·第九章》）

### 注释

① 功遂：功业成就。

② 天之道：自然的规律。

### 解读

一般人遇到名利当头的时候，没有不趋之若鹜的。老子说出了知进而不知退、善争而不善让的祸害，叫人要适可而止。贪位慕禄的人，往往得寸进尺；恃才傲物的人，总是耀人眼目，这都是应深自警惕的。“身退”并不是引身而去，更不是隐匿形迹。它是敛藏，不表露。老子要人在完成功业之后，不把持，不据有，不露锋芒，不咄咄逼人。所以“身退”并不是要人做隐士；只是要人不膨胀自我。这就告诉我们，在事情做好之后，不要贪慕成果，不要尸位其间，而要收敛意欲，含藏动力。

原文

不为轩冕[①]肆志[②]，不为穷约趋俗。（《庄子·缮性》）

注释

① 轩冕：原指古时大夫以上官员的车乘和冕服，后借指官位爵禄，泛指为官。

② 肆志：快意，随心，纵情。

解读

无论是为官春风得意的时候还是穷困潦倒的时候，都能独立不依，可以说非常难。有人为了高官厚禄，为了钱财，几乎就是不择手段，铤而走险。很多人为了获得“轩冕”，无所不用其极，什么“人格”，什么“卑鄙”，什么“低三下四”，置一切于不顾，争之，抢之，夺之。《庄子·天地》中还说到“名，公器也，不可多取”，追求名誉也好、地位也好，不但手段要正当，而且要认识到它是公共的东西，是用来为大众服务的，不是追求的目的。

原文

行出于己，名生于人。（《逸周书·谥法解》）

解读

俗话说“人过留名，雁过留声”，人生在世都想留一个好名声，期待百年之后能够流芳百世。但是，好名声不是自己能编造出来的，而是要靠别人的口碑积累的。要想别人给自己好的评价，自己就要有与之相匹配的德行。人的好名声是靠自己的一点一滴累积起来的。“勿以善小而不为，勿以恶小而为之”，要从小事做起，注重德行的修养，扬善弃恶，做一个言行无愧、品德高尚之人。后人常用这句话告诫人们，人的名望是要依靠自己的良好德行去赢得的，因此，做人要注重自身德行的修养和提高。

## 延伸阅读

1. 郝宜今．中国历史上的“经世致用”之学．内蒙古师范大学学报，1991（4）．

2. 何显明．毛泽东哲学与中国经世致用思想传统．毛泽东思想研究，1992（4）．

3. 张念丰，时中．中国传统哲学的经世致用与马克思主义哲学的应用．社会科学战线，1993（6）．

4. 李颖科．孔子与经世致用之学的起源．西北大学学报，1995（4）．
5. 阎钢．内圣外王——儒学人生哲理．成都：四川人民出版社，1995.
6. 蒋永穆．安人惠民——儒学事功与现代管理的绩效．成都：西南财经大学出版社，1998.
7. 葛荣晋．实心实学的现代价值．中国社会科学院研究生院学报，2001（3）．
8. 张晓光．经世致用——前清哲学．沈阳：辽海出版社，2001.
9. 葛荣晋．中国实学文化导论．北京：中共中央党校出版社，2003.
10. 熊吕茂．从经世致用到实事求是的创新．长沙大学学报，2004（1）．
11. 刘河元，王华生．毛泽东对经世致用思想的创造性转化．湖南行政学院学报，2004（4）．
12. 苏中立，苏晖．执中鉴西的经世致用与近代社会转型．北京：中华书局，2004.

# 第十一章　大同理想

韩　星

## 概　述

“大同”一词最早见于《尚书·洪范》，但还不是后来社会政治理想意义上的大同。《诗经·魏风》描写了人们对乐土、乐国、乐郊的向往，是关于大同思想最早的文字记载和文学表现。《礼记·礼运》的大同小康表达了不同层次的社会政治理想。孔子提出“不患寡而患不均，不患贫而患不安”，孟子描绘了自给自足的小农家庭经济的理想蓝图。天下一家是儒家立足于血缘情感对大同理想的独特表达，如孔子的“老安少怀”，子夏的“四海之内皆兄弟”，《礼记·礼运》的“以天下为一家，以中国为一人”，孟子的“老吾老以及人之老，幼吾幼以及人之幼”，荀子的“四海之内若一家”。公平太平是大同理想的价值标准，王道政治在本质上就是指一种中正无偏之道。孔子以古代圣王为楷模，指出政教公平则民说，“三无私”则天下的老百姓会心悦诚服。荀子希望为政者、执法者以公平中和之道处理政事、执法断案。《吕氏春秋》强调天下非一人之天下也，是天下之天下，希望君主公平无偏，以天下为公。

## 一、向往乐土

### 原　文

硕鼠①硕鼠，无食我黍！三岁贯女②，莫我肯顾。逝将去女③，适彼乐土。乐土乐土，爰得我所④？

硕鼠硕鼠，无食我麦！三岁贯女，莫我肯德⑤。逝将去女，适彼乐国。乐国乐国，爰得我直[6]。

硕鼠硕鼠，无食我苗！三岁贯女，莫我肯劳[7]。逝将去女，适彼乐郊。乐郊乐郊，谁之永号[8]？（《诗经·国风·魏风》）

### 注释

① 硕鼠：就是《尔雅》里的鼫（shí）鼠，又名田鼠，啮（niè）齿类动物，穴居河川沿岸，吃豆粟等物。今北方俗称地耗子。这里用来比喻剥削无厌的统治者。“硕鼠”解作“肥大的鼠”亦可。《郑笺》：“硕，大也。大鼠大鼠者，斥其君也。”

② 三岁贯女：就是说侍奉你多年。三岁：言其久。贯：侍奉。女：汝，指统治者。

③ “逝将去女”句：逝：发誓。去女：言离你而去。

④ “爰得我所”句：爰：于是。所：指可以安居之处。

⑤ 德：恩惠。

⑥ 得我直：就是说使我的劳动得到相当的代价，即有报酬。直：即“值”。

⑦ 劳：慰问。

⑧ “东郊乐郊”二句：言既到乐郊，就再不会有悲愤，谁还长吁短叹呢？之：犹“其”。永号：犹“长叹”。

### 解读

这首诗，很多人都耳熟能详，千百年来传诵不衰，是对大同思想最早的文字记载和文学表现。诗中的“乐土”“乐国”“乐郊”这些称谓都是人们厌恶剥削压迫、向往自由平等的社会理想的朴素表达，这种表达与大同社会理想的基本精神是一致的。诗中以女（汝）、我对照：我多年养活汝，汝却不肯给我照顾，给予恩惠，甚至连一点安慰也没有，从中揭示了汝、我关系的对立，基本的诉求是以人为本的，渴望对人的关怀和爱护。这里所说的汝、我，都不是单个的人，应扩大为你们、我们，所代表的是一个群体或一个阶层。后四句带有强烈的感情，“逝”字喊出了他们的心声，表现了诗人决绝的态度和坚定的决心。尽管他们要寻找的安居乐业、不受剥削的人间乐土，只是一种幻想，现实社会中是不存在的，但却代表着他们美好的生活憧憬。只有人民心中的乐土，才是光明、温暖、幸福的。

## 二、大同小康

### 原文

汝则[1]有大疑，谋及乃心[2]，谋及卿士，谋及庶人，谋及卜筮[3]，汝则从。龟从，筮从，卿士从，庶民从，是之谓大同。身其康强，子孙其逢[4]，吉。（《尚书·洪范》）

## 注释

① 则：假若。

② 乃心：你自己心里考虑。

③ 卜筮：是古代占问吉凶的两种方法，用龟甲占问叫“卜”，用蓍（shī）草占问叫“筮”，具体不同的时代使用的方法有不同。

④ 逢：陆德明《经典释文》引马融曰：“逢，大也。”

## 解读

你（君王）若有重大的疑难，你自己要考虑，再与卿士商量，再与庶民商量，再与卜筮官员商量。你赞同，龟卜赞同，蓍筮赞同，卿士赞同，庶民赞同，这叫大同。早期君主在解决重大的疑难问题或做重大的决策时，要考虑五方意见，即君主、卿士、庶人、龟、筮的意见，最终以其多少数定吉凶。如果五方都一致赞同，就叫作大同，这样君王就会自身康强，子孙昌盛，因此是大吉大利！这是儒家经典当中最早提到“大同”一词。所以，这里的大同还不是儒家社会政治理想意义上的大同，真正用大同来指称社会政治理想的则是《礼记・礼运》。

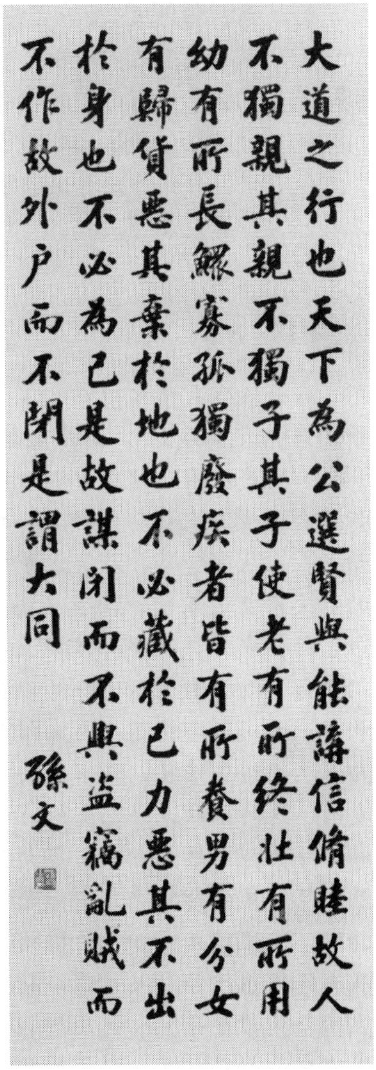


### 原文

大道之行也[①]，天下为公，选贤与能，讲信修睦。故人不独亲其亲[②]，不独子其子[③]，使老有所终[④]，壮有所用[⑤]，幼有所长[⑥]，鳏寡孤独废疾[⑦]者皆有所养；男有分[⑧]，女有归[⑨]。货[⑩]，恶[⑪]其弃于地也，不必藏于己[⑫]；力[⑬]，恶其不出于身也，不必为己。是故谋[⑭]闭而不兴，盗窃乱贼而不作，故外户[⑮]而不闭，是谓大同。（《礼记・礼运》）

## 注释

① “大道之行”句：大道：言道之广大而不偏私。行：意谓通达于天下。

② 亲其亲：前一个“亲”：乃动词，言亲爱。后一个“亲”：乃名词，言亲近的人。

③ 子其子：前一个“子”：乃动词，作为子女。后一个“子”：乃名词，这是古人对

于所生子女的概称，不论男女皆称子。

④ 使老有所终：使老人皆得以赡养终其余年，全寿而终。

⑤ 壮有所用：使每一个壮年人能为社会奉献其才华及能力。壮：古人以三十岁曰壮。

⑥ 幼有所长：幼：按《曲礼》注，人生十年曰幼，二十曰弱，故知十九岁以前通称幼。有所长：指幼小者皆能长大成人，得到良好的教育。

⑦ 鳏：老而无妻或丧妻者皆曰鳏。寡：五十岁无夫曰寡，今妇人丧夫皆曰寡。孤：幼年丧父或父母双亡者。独：老而无子曰独。废疾：谓精神或体力不完全者也。

⑧ 男有分：男人各尽其责做适当的事，各安其业。

⑨ 女有归：女孩出嫁不失其时，找到适合的人家并按时出嫁。

⑩ 货：指资源。

⑪ 恶：指讨厌。

⑫ 不必藏于己：即凡是资源皆应及时好好保藏，却不是为了自己，即不为个人也不必私藏，不会有据为己有的贪念。

⑬ 力：指包括体力与脑力的劳动力。

⑭ 谋：奸邪诈欺之谋，于众人之间有所互谋即是所谓“相图谋也”。

⑮ 外户：大门。

## 解读

这一段借孔子之口描述了大同社会的情景。这是一个非常美好的理想社会，其总原则就是“天下为公”，是派生其他具体内容的根源和出发点。体现为具体原则有：在经济上，财产公有，这是大同社会的经济基础。在政治上，举贤能，用人才，讲信用，实行社会民主。在社会生产上，按性别、年龄和社会需要进行分工，各尽其力，为社会劳动；人人从事劳动，社会成员平等地享用劳动成果；在社会生活中人们的地位是平等的，大家互敬互爱，互靠互养，诚实无欺，过着美满幸福的生活；没有盗贼，没有战争，社会安定，秩序井然，天下太平。总之，虽然这里只有短短的107个字，但是它提纲挈领，向我们展示了一幅以公有制为基础的大同社会的美丽画卷。如果用现代语言来表述，大同社会就是人与自然和谐相处，经济可持续发展；社会有选贤与能的机制，人与人之间讲信修睦，在家庭关系上提倡仁义孝悌，物质文明、制度文明与精神文明和谐发展。这种采取追寻已逝的时代的方式所表达的对理想社会的向往和追求，是中国儒家的一种典型的思想方式，经过先秦至秦汉几百年的培育，又经过其后上千年的漫长发展，从形式到内容等各方面已经积淀在民族文化心理结构当中，成为悠长而深厚的历史传统。这里对大同社会的描绘虽然不是历史的，是不现实的，但它又是合情合理的。自从大同思想问世以来，曾经鼓舞着一代又一代的志士仁人为改变现实的黑暗，追求美好生活而英勇奋斗。大同理想在中国上空徘徊了二千余年，“世界大同”成为中华民族孜孜以求的美好境界。它是理想的灯塔，不仅给失望中的人们不断带来希望，而且更感召着人们为未来进行不懈努力。

## 原文

今大道既隐[1]，天下为家，各亲其亲，各子其子，货力为己，大人世及[2]以为礼，城郭沟池[3]以为固，礼义以为纪，以正君臣，以笃[4]父子，以睦兄弟，以和夫妇，以设制度，以立田里[5]，以贤勇知[6]，以功[7]为己。故谋用是[8]作，而兵[9]由此起；禹、汤、文、武、成王、周公，由此其选[10]也。此六君子者，未有不谨于礼者也，以著其义[11]，以考[12]其信，著有过，刑仁讲让[13]，示民有常[14]：如有不由此者，在埶者去[15]，众以为殃，是谓小康。(《礼记·礼运》)

## 注释

① 隐：消逝。

② 大人：这里指天子诸侯。世及：指世代相传。世：父亲传位给儿子。及：哥哥传位给弟弟。

③ 郭：外城。沟池：护城河。

④ 笃：淳厚。

⑤ 田里：此处指田里制度。田：指阡陌；里：指闾里。

⑥ 贤勇知：把勇敢和有智慧看作是贤能。知：通“智”。

⑦ 功：成就功业。

⑧ 用是：因此。

⑨ 兵：这里指战争。

⑩ 选：指杰出的人物。

⑪ 以著其义：著：彰显。义：道义。

⑫ 考：成就。

⑬ 刑仁讲议：刑：通“型”，仪型、典范。让：礼让。

⑭ 常：常法。

⑮ 在埶（shì）者去：埶：同“势”，职位，指统治地位。去：罢免。

## 解读

《礼记·礼运》叙述了礼仪文明的起源、运动与归宿，其中构想了上古大道行世，天下为公时代的情景，儒家认为那是人类社会的最高境界，称为“大同”；往后禹、汤、文、武、周公、成王等治理下的封建社会，也不过是“大道既隐”的“小康”之世，人类社会向后退步了。在这里，“小康社会”被看成是仅次于“大同社会”的一种理想社会模式。这种模式，以财产、劳动力私有为经济特征，以实行世袭制、等级制的“礼仪”作为政治伦理规范来管理事务、调整关系，以武力和刑罚来维持社会秩序，重点是以礼仪作为纲纪去调节匡正君臣、父子、兄弟和夫妇之间的人伦关系，从而立足于伦理角度凸显了儒家所一贯推行的礼、义、正、笃、睦、和、立、贤、勇、知、仁、常等一系列重要德目。相比大同社会高度自觉的人格与人本尊严，小康社会是要用很多教育、法律、制度去维持个人的安居乐业。小康思想在中国民间影响深远，盛行千年而不衰，成为普通百姓对美好生活追求的目标。当然，相对于“大同之世”，小康社会仍处于较低层次，“大同”的理想才是人们孜孜以求的终极目标。从大道行世到大道隐没，从大同世界到小康社会，显示了儒家独特的历史观，它通过把过去理想化给人们提供未来社会的美好景象，与我们今天受西方影响而形成的历史是由低级阶段往高级阶段发展进化的历史观截然不同。这一历史观与老子的“失道而后德，失德而后仁，失仁而后义，失义而后礼”（《老子·第三十八章》）有异曲同工之处。史籍上有孔子早年问学于老子的说法，也许孔子受到了老子的影响，故而他们的思想路线虽然不同，但还是颇有相通之处。

## 原文

民亦劳止①，汔可小康②。惠此中国③，以绥四方④。（《诗经·大雅·民劳》）

## 注释

① 劳止：辛劳，劳苦。

② 汔（qì）：几乎，差不多。小康：指的是一种不愁温饱、略有节余的理想生活状态，也是古代劳动人民对美好生活的淳朴向往。

③ 中国：古时“中国”含义不一，一般是相对于“四方”而言的，它的本义是“国之腹地”。这里是指帝王所在的都城——京师。

④ 绥：安抚。四方：指京都外的诸夏。

## 解读

小百姓因纳赋税、服徭役已经很劳瘁了，差不多可以让他们休息一下了。可见，“小康”的“康”，是指安乐、休息、安宁的意思，小百姓整日辛苦劳作，向往富足安康的生活。劝告当政者应该加惠京都，同时安抚京都外的区域。这是作者规劝暴君周厉王的，让他先从爱护人民开始，让人民过上富足安康的生活，进一步从京都推而广之，安定天下，反映了当时的人们对美好生活的向往。

## 原文

丘也闻有国有家者，不患寡而患不均①，不患贫而患不安②。盖均无贫，和无寡，安无倾。（《论语·季氏》）

## 注释

① 不患寡而患不均：寡：老百姓数量少。均：财富各得其应得的份额，不是仅仅

"平均"之意，实有"公平"之意。

② 不患贫而患不安：贫：财物匮乏。人们一般认为，此句的"贫"应与上句的"寡"互换则前后上下文意较为贯通，今从之。安：上下相安。

## 解读

本节意思是说，我听说有国的诸侯、有家的大夫不担心人民稀少而担心财富不均，不担心贫穷而担心不安定，因为财富均匀便不觉得贫穷，彼此和睦便不觉得人口稀少，境内安定便不会有倾覆的危险。显然，孔子认为，治国的道理在于"不患寡而患不均，不患贫而患不安"，不在于他所占有的土地和人民的多寡，而在于国内的政治是否平均，是否公平合理；不在于国家是否富足或贫穷，而在于他的人民是否安宁，社会是否秩序、祥和，因而他提出统治者应当防止社会的"不均""不安"。"不患寡而患不均"就是在这样的语言背景中产生的，但是在现代文化观念中则被严重地曲解了，人们把这句话理解成了一种经济平均思想，甚至常常受到人们的批判，人们会理直气壮地说：平均主义会造成普遍的懒惰，使整个社会失去进取心，永远停滞在贫穷的阶段。而"不均"即不平等则可以刺激人们去竞争，使整个社会充满活力，最终可以使整个社会摆脱贫穷。这种观点看上去似乎很有道理，但如果我们换一个角度来分析，孔子"均无贫"的观点也不无道理。从某种意义上可以说"贫寡"与"不均"其实是一件事的两个方面，人们之所以会产生贫与寡的感觉，就是因为"不均"的存在，没有"不均"就无所谓"贫寡"。孔子希望看到的是均、和、安的社会，就是要争取实现人际关系比较合理、社会环境比较安宁和人民生活水平比较富裕的社会。这实际上就是小康社会。

## 原文

五亩之宅，树之以桑，五十者①可以衣帛矣。鸡豚狗彘之畜②，无失其时，七十者可以食肉矣。百亩之田，勿夺其时，数口之家可以无饥矣。谨庠序③之教，申④之以孝悌之义，颁白者不负戴于道路矣⑤。七十者衣帛食肉，黎民不饥不寒，然而不王者，未之有也。（《孟子·梁惠王上》）

## 注释

① 五十者：五十岁的人。

② 鸡豚（tún）狗彘（zhì）之畜：豚：古人把小猪叫作豚。彘：猪。

③ 庠（xiáng）序：古代地方所设的学校。

④ 申：一再。

⑤ 颁白者不负戴于道路矣：颁白：须发半白。颁：通"斑"。负戴：以背负物，以头顶物，意指负重的劳动。

解读

孟子托言古制，向梁惠王勾画了一个田宅、农桑、禽畜相结合的自给自足的小农家庭经济的理想蓝图：五亩大的住宅场地，种上桑树，五十岁的人就可以穿丝织品了；鸡、猪、狗的畜养，不要耽误它们的繁殖时机，七十岁的人就可以吃肉食了；百亩大的田地，不要耽误它的生产季节，几口之家就可以不受饥饿之苦了。认真地兴办学校，把尊敬父母、敬爱兄长的道理反复讲给百姓听，须发花白的老人就不会背负或头顶重物在路上行走了。七十岁的人能够穿上丝织品、吃上肉食，百姓没有挨饿受冻的，这样还不能统一天下、实行王道，是绝不会有的。每家农户作为宅地每户分给五亩地，种桑养蚕以充衣料，饲养鸡猪以供肉食，衣食丰足。从中可以看出孟子减轻劳役、发展生产、兴办教育、利民保民的主张，其目的在于通过保证人们自给自足的生活，把人民从饥寒交迫中解救出来，反映了“保民而王”的积极思想。这是在传统农业社会下比较理想的小康生活形态，实际上由于时代的局限，是很难实现的。

## 三、天下一家

原文

老者安之，朋友信之，少者怀之。（《论语·公冶长》）

解读

孔子与学生颜渊和子路在一起讨论各自的志向，孔子说：“我的志向是老人能享受安乐，朋友能信任交往，少儿能得到关爱。”这一句是孔子述其志，在孔子思想中具有特殊的意义，它与孔子追求的大同社会理想有关。这几句话很简洁，但却有着极为丰富的思想内涵。“老者安之”，直接与“孝道”和“仁道”相关联。老者不安，应是孝道出了问题。孝道有问题，涉及仁道，由亲情之爱，影响到了整个社会的人道关怀。“朋友信之”，直接与“诚信”和“交友”之道相关联。“朋友”关系，是儒家重视的伦理关系中最倾向于社会方面的人伦，也是最具有现代意义的层面。在广义上，“朋友”关系涉及社会秩序问题。朋友不信，就会产生猜忌、倾轧和争斗。每一个朋友的后面都有一个“家”（家族，氏族），争斗的连绵，就会导致乱世。这是孔子当时的社会现实的反映，也是孔子非常焦虑，试图极力遏制、消弭的社会现象。“少者怀之”，与孔子的社会教化思想有关。少年人（青年人）得到关爱，社会便有淳厚之风，文明的薪火就会在和谐的环境下代代相传。所以，这三个志向，孔子不是随意说出的，而是深思熟虑的结果，可见孔子“理想国”的风景。

## 原文

司马牛忧曰："人皆有兄弟，我独亡[①]。"子夏曰："……四海[②]之内，皆兄弟也。君子何患乎无兄弟也？"（《论语·颜渊》）

## 注释

① 亡：无。

② 四海：即北海、东海、南海、西海。这里的"海"，其本意是泛指辽远无边的未知地域（含水域），并不仅指储水的"海"。实际上是指中国以外的其他地方。

## 解读

司马牛忧虑地说："别人都有兄弟，独是我没有。"子夏说："……四海之内，都是兄弟。君子何必担心没有兄弟。""四海之内皆兄弟也"这句话是有来历的。远古中国人认为自己居住在"四海"的中央，称四周天下为"四海"。作为《论语》里一句经典的语录，它是儒家一个很高境界的政治理想。这一句经典语录把中国人以血脉为经、以文化为脉织起了一张富有人情味的网络，让我们彼此感到人性仁爱的交融和手足情深的温暖，反映了中国文化巨大的包容性、涵盖性和人文精神。在联合国总部大楼也挂上了这句名言，说明这句经典语录已经为世界所认同。它以一种特殊的方式传达一个声音：世界无论多大，其实就是一个大家庭，而我们每一个生命的个体彼此为兄弟姐妹。今天全球化已经是不可阻挡的历史趋势，经济和科技的发展使不同种族、不同文明紧密地联系在一起。世界经济的相互融合，世界文化的相互渗透，世界科技的相互协作，世界秩序的相互协调，都需要我们用同样一个友爱的声音表达——"四海之内皆兄弟也"。这一表达可以说是世界大同的先声，早在两千年前已被我们的圣贤朴素地表达了出来。

## 原文

故圣人耐[①]以天下为一家，以中国为一人者，非意之[②]也，必知其情，辟[③]于其义，明于其利，达于其患，然后能为之。（《礼记·礼运》）

## 注释

① 耐：古"能"字。

② 非意之：不是以己意测度谋虑。

③ 辟：开辟，开发。

## 解读

古代的圣人能以天下和合共为一家，能以中国共为一人，这并不是以己意测度谋虑，

他必定是懂得人情世故，讲明大道义理，明白利害所在，然后才能使天下人好像一家人，整个中国好像一个人一样，和谐，凝聚，无争，出现一个其乐融融的局面。在源远流长的中国儒家思想中，“家”居于社会细胞的地位。儒家的政治思想是推己及人、由个人而家而国而天下，基本思路是修身齐家治国平天下，所以“天下一家，中国一人”就成为一种社会政治理想。这一思想的关键是把个人与社会打通，把家与天下打通，不然就会导致自私和封闭。后儒对此不断有深入的论证，如王阳明《大学问》：“大人者能以天地万物为一体者也。其视天下犹一家，中国犹一人焉。”吕坤《呻吟语·应务》云：“天下一家，中国一人。”这是古人的一种社会理想，也是一个美丽的梦想。

## 原文

老吾老以及人之老，幼吾幼以及人之幼①，天下可运于掌②。《诗》云“刑于寡妻，至于兄弟，以御于家邦”③，言举斯心加诸彼而已。故推恩④足以保四海，不推恩无以保妻子。古之人所以大过人者无他焉，善推其所为而已矣。今恩足以及禽兽，而功不至于百姓者，独何与？（《孟子·梁惠王上》）

## 注释

① “老吾老”二句：第一个“老”和“幼”都作动词用。老：尊敬；幼：爱护。
② 运于掌：在手心里运转，比喻治理天下很容易。
③ “刑于寡妻”三句：引自《诗经·大雅·思齐》。
④ 推恩：施恩惠于他人。

## 解读

尊敬自己的老人，并由此推广到尊敬别人的老人；爱护自己的孩子，并由此推广到爱护别人的孩子。做到了这一点，整个天下便会像在自己的手掌心里运转一样容易治理了。《诗经》上说：“先给妻子做榜样，再推广到兄弟，再推广到家族和国家。”说的就是要将心比心，以自己的心推想他人的心。所以，推广恩德足以安定天下，不推广恩德连自己的妻子儿女都保不了。古代的圣贤之所以能远远超过一般人，没有别的什么，不过是善于推广他们的好行为罢了。如今大王的恩惠能够施及动物，却不能够施及老百姓，这是为什么呢？这段话讲儒家仁爱思想如何突破亲情的局限扩大到别人。儒家的仁爱是从亲情出发的，亲情是基础，但是不能停留在这里，应该推而广之，扩而大之，把这种对自己亲人的爱心施加于普遍的社会对象身上。这不但对于普通老百姓是必要的，对于君王更是这样。君王要治国平天下，就要能够亲亲仁民，仁民爱物。由近及远，由小而大，由私而公地推广儒家的仁爱。孟子把这种“仁爱”的思想称为“推恩”。“推恩”观念的出现对中华民族的文化心理的影响是很大的，它强化了人们的同情心与扶贫济困的责任意识。今人熟知的“将心比心”“推己及人”之类的成语，就是从“推恩”观念演绎出来的。孔子的“己所不欲，勿施于人”强调的是不该怎样做，而孟子的“推恩”则是告诉人们应该怎样做，它们共同构成了儒家人文主义的思想源头。

### 原文

四海之内若[1]一家，故近者不隐其能，远者不疾[2]其劳，无[3]幽闲隐僻之国，莫不趋使[4]而安乐之。（《荀子·王制》）

### 注释

① 若：如，像。
② 疾：憎恶，痛恨。
③ 无：犹“虽”，即使。
④ 趋使：驱使，役使。

### 解读

四海之内就像一家人一样，所以近处的人不隐藏自己的才能，远处的人不痛恨奔走的劳苦，即使是幽远偏僻的国家，也无不乐于前来归附听从役使。“四海之内若一家”是荀子对儒家“天下一家”理想的独特表达。荀子处于战国末期，天下出现了统一的趋势，但是现实中人们的生存状况实际上更为险恶。荀子的思想就是适应这种统一的历史趋势，提出了许多重建社会秩序的设想，“四海之内若一家”是其中富有理想色彩的一个重要观点，与《论语》中子夏提出的“四海之内皆兄弟也”是一脉相通的。

### 原文

近者歌讴[1]而乐之，远者竭蹶[2]而趋之，四海之内若一家，通达之属莫不从服。（《荀子·儒效》）

### 注释

① 歌讴：讴歌，歌颂。
② 竭蹶（jié jué）：力竭而跌倒，形容竭尽全力拼命奔走的样子。

### 解读

秦昭王与荀子讨论什么是儒者，荀子回答说内心意志坚定，用礼义制度修治朝廷，用各种规章制度整顿官府，百姓之中，忠诚、信实、仁爱、利他的美德蔚然成风。为了获得天下而做不合礼义的事情，错杀无罪的人，这样的事情，他们是一件也不会做的。这种做君主的道义被人民接受，传遍四海，那么天下的人就会齐声响应他。这是什么原因呢？就因为他尊贵的名声显赫，天下的人都很仰慕。所以，君主周围的人就会歌颂他、欢迎他；而远方的人，也会不辞辛劳去投奔他。这样，四海之内，如同一家一样，交通方便的地方，没有不服从的，这就是“人师”——德行、学问等各方面可以为人表率的人，是地位在人之上的儒者产生的社会效应。

## 四、公平太平

### 原文

无偏无陂，遵王之义①；无有作好②，遵王之道；无有作恶，遵王之路。无偏无党，王道荡荡③；无党无偏，王道平平④；无反无侧，王道正直⑤。（《尚书·洪范》）

### 注释

① “无偏无陂”二句：无：不要。陂：不正。义：法。
② 好：私好，偏好。
③ 荡荡：宽广的样子。
④ 平平：平坦的样子。
⑤ 无反无侧：反：违反。侧：倾侧，指违犯法度。

### 解读

不要有任何偏颇，就是遵循王的法则；不要私行偏好，就是遵循王的大道；不要为非作歹，就是遵循王的正路；不要偏私，不结朋党，才能使王道宽广；不结朋党，不要偏私，才能使王道平坦；不反复不倾斜，才能使王道正直。可见，“王道”在本质上是指一种中正无偏之道。这是从商纣王的囚室里刚刚被放出来的箕子在回答周武王向他咨询循天理以治天下的道理时说的话，是他所理想的由一个君王统领众多诸侯国的原则和方针，汉唐经学家解之为“先王之道路”或“先王所立之道”。孔子后来说的：“天下有道，则政不在大夫。天下有道，则庶人不议。”这里的“道”指的就是王道。在孔子的理想中，一直期望恢复的就是自尧舜到周公所遵循的这种公正无偏的王道政治。王道荡荡、王道平平、王道正直，是一种政治与社会的理想状态，这种理想状态是人人所期望的，如此才成为公共的准则。尽管可以说没有哪个人能够完全地破除个人的偏颇和好恶，可是只要有正义感的人们，都一定要寻找这个规则，并拿这些准则来衡量和规约自己的行为，如果大家都这么做，社会的正气就能树立起来，就可能产生那种理想状态。

## 原文

谨权量[1]，审法度[2]，修废官[3]，四方之政行焉。兴灭国，继绝世，举逸民，天下之民归心焉。所重：民、食、丧、祭。宽则得众，信则民任焉，敏则有功，公则说[4]。（《论语·尧曰》）

## 注释

① 谨权量：认真整顿量衡使之统一公平。权：秤锤。量：斗斛。

② 法度：有两种解释：一是度，量长短，与前句“谨权量”合说一事，谨慎地审定度量衡。二是泛指一切礼乐制度。

③ 官：官职。

④ 说：通“悦”。

## 解读

谨慎地审查度量衡器，周密地制定礼乐制度，修复已经废弃了官职，四方的政令就会通行了。复兴灭亡了的国家，接续断绝了的世族，举用遗落了的人才，天下的民心就会归服了。重视四件事：人民、粮食、丧礼、祭祀。宽厚就能得到众人的拥护，诚信就能得到别人的任用，勤敏就能取得功绩，公平就会使百姓高兴。这是对尧、舜、禹、汤、文、武、周公这些古代圣王治国平天下的简洁概括，最后归结为宽、信、敏、公，邢昺《注疏》解释得比较好：“帝王之德，务在宽简、示信、敏速、公平也。宽则人所归附，故得众。信则民听不惑，皆为己任用焉。敏则事无不成，故有功。政教公平，则民说（悦）。凡此上事，二帝三王所以治也，故传之以示后世。”古代圣王就是这样把国家天下治理得很好，所以有必要传给后世。古代圣王的这些做法和观点并没有过时，对于我们今天推进国家治理体系和治理能力现代化有重要的参考价值。

## 原文

子夏曰：“三王[1]之德，参于天地[2]，敢问何如斯，可谓参于天地矣？”孔子曰：“奉三无私以劳[3]天下。”子夏曰：“敢问何谓三无私？”孔子曰：“天无私覆，地无私载，日月无私照，奉斯三者以劳天下，此之谓三无私。”（《礼记·孔子闲居》）

## 注释

① 三王：禹、汤、周文王。

② 参与天地：德与天、地并立为三。

③ 劳：慰勉。

## 解读

学生子夏问孔子说："禹、汤、周文王的德行可以与天地并立为三，请问老师，怎么样理解德行与天地并立为三呢？"孔子说："三王能够奉行三无私慰勉天下的人。"子夏说："请问什么叫作三无私？"孔子说："像上天无私地覆盖大地，像大地无私地负载万物，像日月无私地照耀各地。三王能够奉行这三个方面慰勉天下的人，这就叫作三无私。"所谓"奉三无私"，即要求为政者与天地同心，有"天""地""日月"对世间万物的"无私"气度和胸怀，并以"无私"之心服务于天下。"天无私覆，地无私载，日月无私照"，是天道之至公；人间圣王"奉三无私以劳天下"，是人间圣王所行之王道。天道之至公与人间圣王所行之王道，都无私就是大公无私。早期儒家所追求的"无私"，是天道之至公与人间圣王所行之王道的统一，是早期儒家的最高道德境界，是孔子"大同"理想的重要内容。为官从政者用"三无私"精神来治国平天下，那将是天下百姓的最大福祉。《性理大全》卷六十五引朱子说："天无私覆，地无私载，日月无私照。王者奉三无私，以劳于天下，则兼临博爱，廓然大公，而天下之人莫不心悦而诚服。"如果王者能够奉行"三无私"的精神，就能招徕天下的百姓。如果能这样做，你就有了博大的爱心，就能大公无私，那么天下的老百姓就会心悦诚服地拥护你。

## 原文

公平者，职之衡也①；中和②者，听之绳也。（《荀子·王制》）

## 注释

① 职之衡也：职：当是"听"字之误（刘台拱说）。衡：秤，引申指准则。

② 中和：适中和谐，指处理政事时宽严适中，有适当的分寸。

## 解读

公正，是处理政事的准则；宽严适中，是处理政事的准绳。唐杨倞注："言君子用公平中和之道，故能百事无过。"为政者、执法者以公平中和之道处理政事、执法断案，就不会有过错。中国古代思想家多以度量衡器来比喻为政执法的客观、公正、公平，并以《中庸》的“致中和”作为考量和追求的最高目标。只有“刑政平”，才能“百姓和”，通过公平中和之道，维持社会的和谐。

## 原文

昔先圣王之治天下也，必先公[1]。公则天下平[2]矣。平得于公。尝试观于上志，有得天下者众矣，其得之以公，其失之必以偏。凡主之立也，生于公。故《鸿范》[3]曰：“无偏无党，王道荡荡。无偏无颇，遵王之义。无或作好，遵王之道。无或作恶，遵王之路。”天下，非一人之天下也，天下之天下也。阴阳之和，不长一类；甘露时雨，不私一物；万民之主，不阿[4]一人。（《吕氏春秋·孟春纪·贵公》）

## 注释

① 公：是指秉公行事，不徇私情。

② 平：是指国泰民安，天下太平。

③ 《鸿范》：即《洪范》，《尚书》篇名。旧传为箕子向周武王陈述的“天地之大法”。今人或认为系战国后期儒者所作，或认为作于春秋。

④ 阿：迎合，偏袒。

## 解读

过去，先辈圣王治理天下，必定把公正无私放在首位。公正无私则天下就安定了。天下安定是从公正无私获得的。试请考察一下古代的记载，曾经取得天下的人相当多，他们取得天下必定是凭着公正无私，他们丧失天下必是由于偏私所致。大凡君主的确立，都是出于公正无私。天下不是某个人的天下，而是天下人的天下。阴阳合和，不只生长一种物类。甘美适时的雨露，并不偏私一种物类。万民的君主，并不偏袒某一个人。古代圣王治天下，首先要讲“公”，只有法天下之大公，才能称得上是圣王。三代以降，社会虽然进入了大道既隐的私有制社会，但是如果君主私欲过分膨胀，以天下为自家的私产，为所欲为，必然成为“一夫”，遭到人民的反对和唾弃。所以，历代中国有远见的思想家，都想法说服君主以天下为公，强调天下非一人之天下也，是天下之天下。因此，公则天下平，相反，不公则天下不平。这里提出了一个治理社会的指导原则问题，就是要公正无私，公平无偏，应该建设“无偏无党”的王道政治。作者的观点是有深刻的理论依据的，那就是“天下非一人之天下也，天下之天下也”，天下是公天下，是所有人之天下，所以，每一个社会成员都应该享受到公平的社会待遇，就像大自然“不长一类”“不和一物”一样，国君也应该不私一人，对社会成员一视同仁，平均对待，将恩泽播于万家。

## 延伸阅读


1. 郭洪纪．儒家大同理想与传统政治文化辨析．青海师范大学学报，1993（2）．
2. 吴格言．古代中国大同理想之衍进．解放军艺术学院学报，2003（4）．
3. 陈寒鸣．儒家“大同”理想及其对近代中国人的影响．盐城工学院学报，2004（1）．
4. 郭剑林．大同理想的历史回顾与时代启示．南平师专学报，2006（1）．
5. 牟钟鉴．是天下一家还是弱肉强食——儒学天下观的当代意义．探索与争鸣，2007（1）．
6. 周有光．全球化和大同理想．群言，2007（7）．
7. 田翠琴．公平正义的内涵与历史演变．学习与实践，2007（11）．
8. 马克锋．大同理想与世界主义．社会科学，2013（3）．
9. 白杰．儒家大同理想与当代中国社会治理探析．前沿，2014（Z3）．
10. 牟钟鉴，翟奎凤．人类要构筑共同的未来梦想——论《礼运》大同理想的历史与当代意义．江苏社会科学，2015（2）．

# 第十二章　尊道贵德

林光华

## 概 述

“尊道而贵德”出自《老子·第五十一章》，代表了《老子》的核心精神。“道”与“德”是《老子》的核心概念，“道”是万物的来源与根据，“德”是得之于“道”的具体表现。具体包括以下几个方面：

一、道法自然。《老子·第二十五章》提出“道法自然”，自然不是“道、天、地、人”这“四大”之外的第五大，而是“道”的属性。自然是自己如此、是其所是的意思，“侯王”法自然之道治理百姓，百姓得以自然生活；圣人辅助万物生长，万物得以成自然之性，故从价值层次上说，“自然”在《老子》中是最高的。

二、上德不德。老子认为，最高的德不标榜德。《老子·第三十八章》曰：“失道而后德，失德而后仁，失仁而后义，失义而后礼，夫礼者，忠信之薄而乱之首。”春秋末年，礼乐崩坏，道德走向虚伪，“道”经过“德”“仁”“义”不断退化而走向最糟糕的“礼”。他所反对的只是违背了忠信之实而流于形式的“礼”。

三、致虚守静。致虚守静是老子工夫论的代表。遵循道、实现德，都不只是思辨上的，而是工夫上的。老子的工夫论首先是针对统治者提出的。做到虚静，才可能洞察万物，回归素朴，这样才能做好王者，治理好百姓，天下才能长久。老子讲虚静工夫不是泛泛而论，而是认为上虚静无为，下才能安稳度日。

四、无为而治。无为首先是从治国的意义上说的，是老子的政治理想。无为而治的理想社会是“小国寡民”的社会，“无为”是“生而不有，为而不恃，长而不宰”，是完全符合“自然”精神的举措。在这样的理想社会下，百姓才能享受甘、美、安、乐的生活。

## 一、道法自然

### 原 文

道可道①，非常道②；名可名③，非常名。无名，天地之始④，有名，万物之母⑤。故常无欲[6]，以观其妙[7]；常有欲[8]，以观其徼[9]。此两者同出而异名[10]，同谓之玄[11]，玄之又玄，众妙之门[12]。(《老子·第一章》)

## 注释

① 道可道：道是可以说的。第一个“道”：本义是道路，做动词是“疏导”意，这里指老子所说的“道”。可道：可以道说。第二个“道”：动词，说。

② 非常道：不是恒久之道。常道：帛书本作“恒道”。恒，恒久，长久。

③ 第一个“名”：名称、称谓，这里指对“道”加以一定的称谓。可名：可以命名的。第二个“名”：动词，命名、取名的意思。

老子像

④ 无名：没有形象、没有称谓，指未有天地的时候混沌素朴的本始状态。天地之始：天地万物的开端。天地：帛书本作“万物”，天地即对“万物”的总称。始：原始、初始的意思。

⑤ 万物之母：万物产生的根源。母：河上公注：“母，本也。”指根本、根源。

⑥ 无欲：空虚其怀、无思无欲，这里泛指没有私欲、思虑、意志的状态。

⑦ 以观其妙：洞察“道”的精微、玄妙。妙：王弼注：“微之极也。”其：承接上文指“道”。

⑧ 有欲：有私欲、思虑、意志。参照“无欲”。

⑨ 徼：徼向、归终。

⑩ 此两者同出而异名：“无”与“有”这两个方面来源相同而名称有别。出：发生、显现。异：不同。

⑪ 同谓之玄：同出之处（根源）可谓玄妙。帛书本作“两者同出，异名同胃（谓）”。玄：本义指深黑的颜色，此处引申为不可测知。

⑫ 众妙之门：（“道”是）各种微妙变化的门径。众：所有的事物或现象。妙：精妙、微妙。门：门径、门户，引申为万物生成变化的根源。

## 解读

本章为通行本《老子》的首章，它开门见山地提出了老子哲学体系的最高范畴——道，并用含蓄而又精练的文字揭示了“道”的本质属性。本章在《老子》全书中也具有提纲挈领、统驭全局的地位与作用。正如王晓毅所称，它涉及老子宇宙本根的基本性质和主要称谓的表述，浓缩了老子关于宇宙本根性质的全部思想。

“道”是抽象的存在，非对象化的存在，它既是产生天地万事万物的总根源，即“天地之始”“万物之母”，又是万事万物发展变化的普遍规律，即所谓“玄之又玄，众妙之门”。

“道”的提出，在中国思想发展史上具有里程碑的意义，它不仅宣告了道家的正式诞生，而且标志着中国哲学上的第一次重要突破。它使得在它之前一直占统治地位的精神世界的主宰——“天”“上帝”等丧失了权威地位，而让位给了“自然”这个概念。“道”不再是一个人格意义上的概念或神话体系中的名词，而是生成天地万物、决定世界秩序的终极原因，这一理性的思考，可以说是从老子才真正开始的，后来又经过庄子及庄子后学进一步发展开去。

## 原文

人法①地，地法天，天法道，道法自然②。（《老子·第二十五章》）

## 注释

① 法：做动词，效法的意思。王弼注：“法则也。”

② 自然：自然而然。河上公注：“道性自然，无所法也。”范应元注：“人法地之静重，地法天之不言，天法道之无为，道法自然而然也。”

## 解读

《老子·第二十五章》说明“道”的含义，并将“人”与“道”贯通起来，提出最高的法则“自然”。这几句在本章中尤为重要。老子强调“道”先于天地万物而存在，混混沌沌，周行不止，具有动态的特征，它不依靠外力而运行，具有绝对性和永恒性。宇宙间有“四大”——“道”“天”“地”与“王”。“王”是人的杰出代表。人通过法地、法天、法道而最终效法“自然”的原则而生活。“自然”是本来如此的意思，它不是具体的、僵硬的法则，而是看不见、摸不着的宇宙总法则。它既包括大自然的法则，也包括人世的法则，它自然而然地发挥作用，无偏无私，周遍万物。宇宙因此才得以经久运行，万物才得以按照本性生长、发展、生生不息。

宇宙本根是超言绝象的，故没有名字。因为它在宇宙中的地位至高无上，居“域中四大”之首，比王、地、天更为重要，它本身就可称为“大”。“大”是老子非常重要的思想，至大无外，它超越了一切有形、有声、有色、有味的东西，而要靠我们的想象力去达到，如同庄子笔下“抟扶摇而上者九万里”的“大鹏”（《庄子·逍遥游》）。“大”是“道”的另一种表达，与“道”义同。“大”本身又揭示了“道”的特点。老子让我们往“大”处想，从而从日常的具象思维、逻辑思维中跳脱出来，去领会“道”。例如老子所推崇的“大制不割”（《老子·第二十八章》），“万物归焉而不为主，可名为大”（《老子·第三十四章》)，“执大象，天下往”（《老子 · 第三十五章》），“大成若缺”“大盈若冲”“大直若屈”“大巧若拙”“大辩若讷”（《老子 · 第四十五章》）等。相应地，在人格修养上，老子亦推崇“圣人终不为大，故能成其大”（《老子 · 第六十三章》）的“大成”，而非局限于眼前，成一家之言、一己之功的“小成”。

## 原文

夫道，有情有信①，无为无形；可传而不可受②，可得而不可见；自本自根，未有天地，自古以固存；神鬼神帝③，生天生地；在太极之先而不为高，在六极之下而不为深④，先天地生而不为久，长于上古而不为老⑤。（《庄子·大宗师》）

庄子像

## 注释

① 信：信验，信实。

② 可传而不可受：可心传而不可口授。这里从陈启天说。受：同“授”。

③ 神鬼神帝：产生了鬼神与上帝。神：章炳麟认为与“生”义同。

④ 在太极之上而不为高，在六极之下而不为深：在太极之上却不算高，在六合之下却不算深。喻道无所不在，可以无限高，也可以无限低。六极：六和，包括天地、四方。

⑤ 先天地生而不为久，长于上古而不为老：在天地之前就产生了，但不算长久，比上古还年长，但不算长寿。

## 解读

庄子认为道是真实的，没有形迹，可以心传而不可以口授，可以心得而不可以目见，但它创生了万物。他承认《老子》之“道”的宇宙本源的含义。这是《庄子》中不多的谈论宇宙本源之道的文本。

“未有天地，自古以固存”，与《老子》中说的“先天地生”同义，道在万物之先就已经存在了，它具有先在与永恒性。但这“道”不是具体的，“在太极之上而不为高，在六极之下而不为深，先天地生而不为久，长于上古而不为老”，它无高无下、无生无死，超越一切具体形态。正因为此，庄子并不执着于“道”究竟是什么。

《齐物论》曰：“有始也者，有未始有始也者，有未始有夫未始有始也者；有有也者，有无也者，有未始有无也者，有未始有夫未始有无也者。”他认为无法从实体意义上说“道”，只能从逻辑意义上说“道”。如冯友兰说的，“道”或“无”是逻辑意义上的起点，不是实体意义上的。庄子淡化宇宙论，而转向逍遥的境界论。因此，在《齐物论》中对

“天籁”并没有给出明确定义，而是说：“怒者其谁邪?”在庄子看来，人最符合“道”的状态正是自然。人从有待逍遥到无待逍遥，从自由到自在，保护天性、释放天性，尚真、尚朴，是最重要的。

## 二、上德不德

### 原文

上德不德[1]，是以有德[2]；下德不失德[3]，是以无德[4]。上德无为而无以为[5]，下德为之而有以为[6]。上仁为之而无以为，上义为之而有以为。上礼为之而莫之应[7]，则攘臂而扔之[8]。(《老子·第三十八章》)

### 注释

① 上德不德：真正的“德”不以“德”自居。河上公注：“上德谓太古无名号之君，德大无上，故言上德也。不德者，言其不以德教民，因循自然，养人性命，其德不见，故言不德也。”

② 有德：真正保有“德”。王弼注：“是以上德之人，唯道是用，不德其德，无执无用，故能有德而无不为。”陈柱云：“天生万物，德之至大也，而天不自为德，物亦不知其德，此上德不德，所以为德也。”(《老学八篇》)。

③ 下德不失德：虚伪的“德”乃处处表现自己“有德”。河上公注：“下德谓号谥之君，德不及上德，故言下德也。”林希逸注：“‘不失德’者，执而未化也。”(《老子口义》)

④ 无德：丧失真正的“德”。王弼注：“下德求而得之，为而成之，则立善以治物，故德名有焉。求而得之，必有失焉；为而成之，必有败焉。善名生，则有不善应焉。”

⑤ 上德无为而无以为：真正的“德”顺任自然而为，而不刻意有为。王弼注：“下德为之而有以为也。无以为者，无所偏为也。”

⑥ 下德为之而有以为：虚伪的“德”有所作为以求表现其“德”。王弼注：“凡不能无为而为之者，皆下德也，仁义礼节是也。”

⑦ 莫之应：即“莫应之”，没有谁响应它。河上公注：“言礼华盛实衰，饰伪烦多，动则离道，不可应也。”

⑧ 攘臂而扔之：挽起衣袖，伸出双手拉人，指强迫人们服从。攘：撩起，挽起；扔：拉引。林希逸曰：“引也。民不从强以手引之，强掣拽之也。只是形容强民之意。”楼宇烈说：“此处形容气势汹汹，强迫人遵守礼节。”

## 解读

这里通过“道”的层层堕落阐述了“上德”的最高理想，说明了“有德”与“无德”的不同表现，对“无德”社会提出有力的批评。老子认为顺应自然、持守虚静、无为而治是“有德”；好事有为、违背自然是“无德”。春秋末年，礼乐道德正走向虚伪和崩溃，从“道”经过“德”“仁”“义”不断退化而走向最糟糕的“礼”的社会。这些都是“朴散真离”、道德沦丧的社会状况。

老子对“礼”的批评最为犀利、直接，称其“忠信之薄而乱之首”。传达了两个含义：一是此时的“礼”已经不能给百姓带来任何福祉，而是失忠信而乱人心的罪魁祸首。此“礼”不是孔子最初提出和向往的“礼”，而是已经异化了的、虚伪的、负面的、流于形式的“礼”；二是从反面说明老子是肯定“忠信”的，他肯定忠实守信的品质，这一点同于儒家。他所反对的只是违背了忠信之实质而流于表面形式的“礼”。“道”的层层堕落，首要的原因在于人们失去了“忠信”，因此，“忠信之薄而乱之首”是本章的点睛之笔。

在此激烈的批评之下，道家重申自己一贯的主张：“处其厚，不居其薄；处其实，不居其华。”这也就是上篇中所讲的“朴”“无为”“自然”“如婴儿”等重要德行。老子有“破”有“立”，论说周密。“去彼取此”，结论简单明了，直中要害。“彼”代表一切扰乱人心、矫饰伪作的主张，也即上文所说的“前见”；“此”代表符合“道”的一切自然而然的、真实的状态、品质和价值观念。因此，要看到老子的针对性和分析的思路，而不能简单地认为老子反对儒家的一切观点。

## 原文

是以万物莫不尊道而贵德[①]。道之尊，德之贵，夫莫之命而常自然[②]。（《老子·第五十一章》）

## 注释

① 尊道而贵德：意谓万物生成的源头在“道”与“德”，故以“道”为尊，以“德”

为贵。王弼注："道者，物之所由也；德者，物之所得也。由之乃得，故不得不尊；失之则害，故不得不贵也。"

② 莫之命而常自然：没有人封给它爵位，它的尊贵是自然而然的。命：帛书本作"爵"，楼宇烈亦认为作"爵"。这里做动词，封以爵位。

## 解读

《老子·第五十一章》首先描述了"道"滋生万物的整个过程，然后进一步论证"道"尊"德"贵的原因，强调"道"生养万物而不居其功，是深厚玄远之"德"。"道"的地位与作用既然这么重要，人们从事任何社会活动就必须遵循、效法"道"，不应有任何的违犯。敬畏并学习无私、玄远之"德"，育养万物而不加破坏。

老子认为，"道"的根本特性是"自然"。"自然"并非客观世界的大自然，也不是具体的法则或律则，而是指一种本来如此的状态或性质。"自然"就是"道"的最高发展准则，事物都应该顺应它而发展。侯王应该做到"生而不有，为而不恃，长而不宰"，尊重万物的本性与特点，辅助万物的发展而不加干涉。老子这一观点不仅有哲学上的意义，而且也有社会政治方面的价值，它对于执政者的最大启示，即提醒他们在治国管理上也应该采取顺应万物自然本性的方式，追求最纯真的自然——"朴"的状态，返"朴"归真，不可勉力人为，以至"朴散真离"，陷入不可自拔的动乱竞争局面。

"生而不有，为而不恃，长而不宰"是老子关于修养工夫的重要内容。"生而不有"是指圣人"不塞其源，不禁其性"的品性，也是对"玄德"的具体展开。此与《老子》说的"圣人无为，故无败"（《老子·第六十四章》），"圣人不行而知，不见而明，不为而成"（《老子·第四十七章》）亦相符合。王弼注第二十九章曰："万物以自然为性，故可因而不可为也，可通而不可执也。"又曰："圣人达自然之性，畅万物之情，故因而不为，顺而不施。除其所以迷，去其所以惑，故心不乱而物性自得之也。"也就是说，圣人要做到自身的心灵没有任何堵塞，才能不塞万物之性。

## 原文

夫至德之世，同与禽兽居，族①与万物并。恶乎知君子小人哉！同乎无知，其德不离；同乎无欲，是谓素朴。素朴而民性得矣。及至圣人，蹩躠②为仁，踶跂③为义，而天下始疑矣。澶漫④为乐，摘僻⑤为礼，而天下始分矣。故纯朴不残⑥，孰为牺尊⑦！白玉不毁，孰为珪璋⑧！道德不废，安取仁义！性情不离，安用礼乐！（《庄子·马蹄》）

## 注释

① 族：聚合。

② 蹩躠（bié xiè）：努力行走的样子。这里形容勉强的样子。

③ 踶跂（dì qí）：提起脚，努力向上的样子。这里形容勉强的样子。

④ 澶（chán）漫：李颐注："犹纵逸。"

⑤ 摘僻：烦琐。
⑥ 不残：未经雕刻。
⑦ 牺尊：酒器。
⑧ 珪璋：玉器。

解读

无为之治达到的是什么样的社会呢？庄子认为，百姓保持本来的天性，纺织而衣，耕耘而食，浑然一体而没有偏私，自然放任。百姓行为持重，内心简单专一。盛德的时代，和鸟兽同居，和万物并聚，没有君子小人之分。大家都不用智巧，没有贪欲，这叫作素朴。素朴则老百姓自然能保持本性。等到圣人出现，勉强求仁，勉强为义，天下才开始迷惑。纵逸求乐，烦琐为礼，天下才开始分离。

庄子这一观点与老子对“仁”的批判是一致的。真正的“德”不是简单地提倡仁义礼智，而是顺其自然，“以百姓心为心”（《老子·第四十九章》），不去刺激百姓的欲望，让他们保持素朴的天性。庄子这里批评的“圣人”是打着仁义礼智的旗号破坏人的天性的假圣人。庄子与老子一样，认为真正的“道德”是自然而然的。可见，道家的“道德”不是伦理学意义上的“德性（virtue)”，而是自然之道与自然之德。王弼注：“德者，得也。”德，是得之于道，道法自然，因此，德是法自然的体现。

“性情”则是庄子衍生出来的概念。庄子注重作为个体的天性，这在《老子》中是没有的。人之“德”首先表现在“性情”的本真，不伪饰、不异化，是其所是。这是人最自然的一面。道家认为，“仁义礼智”是对素朴性情的伪化、异化，而非保护。其中“礼”是对人的自然性情的约束与压制。但这自然的性情不包括多余的欲望，老子提倡“少私寡欲”（《老子·第十九章》），《庄子·山木》中也提到素朴之民“少私而寡欲”，“素朴而天下莫能与之争美”，素朴的状态是不会有“恶”的。自然之道失去了，才落入仁义礼智的层次，老庄是从根本上思考那个时代的问题。

## 三、致虚守静

原文

载营魄抱一[①]，能无离[②]乎？专气致柔[③]，能如婴儿[④]乎？涤除玄览[⑤]，能无疵[⑥]乎？爱民治国，能无知[⑦]乎？天门开阖[⑧]，能为雌[⑨]乎？明白四达[⑩]，能无为乎？（《老子·第十章》）

注释

① 载营魄抱一：安顿魂魄、抱道守一。载：朱谦之认为与“抱”同义（《老子校

释》)。营魄：魂魄。一：指“道”。又如“是以圣人抱一，为天下式”(《老子·第二十二章》)，“天得一以清，地得一以宁”(《老子·第三十九章》)，“一”皆指“道”。

② 离：离开，离失，离散。

③ 专气致柔：积聚精气，达到柔顺和谐的境界。专：集中，积聚。《管子·内业》：“抟气如神，万物备存。”尹知章注：“抟谓结聚也。”《孙子兵法·虚实篇》：“形人而我无形，则我专而敌分。”“我专为一，敌分为十。”致：极。

④ 能如婴儿：能像婴儿一样精满气和。

⑤ 涤除玄览：排除心中杂念，观照万物极致。玄览：观照万物，喻人的心灵玄妙，清澈如镜。王弼注：“玄，物之极也。”帛书甲乙本作“鉴”，高亨云：“‘览’读为‘鉴’，……玄鉴者，内心之光明，为形而上之镜，能照察事物。”

⑥ 疵(cī)：瑕疵，缺点。

⑦ 知：同“智”，聪明，智慧。按：刘师培、朱谦之、黄炳辉等人认为“知”当从景龙本、林希逸本、吴澄本、焦竑本作“为”。王弼注“治国无以智，犹弃智也”，是作“无知”解。下文有“明白四达，能无为乎”，故这里不宜再作“无为”解。“无知”避免重复，文意更加通畅。

⑧ 天门开阖(hé)：一动一静，或兴或废。开阖：开闭，引申为动静变化。《周易·系辞上》：“阖户谓之坤，辟户谓之乾。一阖一辟谓之变，往来不穷谓之通。”《孙子兵法·九地篇》：“敌人开阖，必亟入之。”

⑨ 为雌：守雌，指保持柔静、卑弱的状态。雌：雌性、母性，引申为退让、柔弱。《淮南子·原道训》：“是故圣人守清道而抱雌节。”高诱注：“雌，柔弱也。”按：王弼本作“无雌”，乃误植，其注曰：“言天门开阖能为雌乎?”其意即“为雌”。景龙本、河上公本、傅奕本均作“为雌”。

⑩ 明白四达：明白事理，通晓奥妙。河上公注：“如日月四达，满于天下八极之外。”王弼注：“至明四达，无迷无惑。”

## 解读

尽管儒、道思想有很大不同，常常互相攻讦，但是，在思维方式上，二者却有相通之处，例如，儒道在贯彻其思想宗旨方面都主张由小及大，由近及远，由身及物。《大学》曰：“古之欲明明德于天下者，先治其国；欲治其国者，先齐其家；欲齐其家者，先修其身；欲修其身者，先正其心；欲正其心者，先诚其意；欲诚其意者，先致其知。致知在格物。”如儒家强调修身，修身乃是爱民治国、平定天下的基础。

老子以六个反诘疑问句的方式，逐一深化了他修身治国的基本理念。具体地说，便是从个人修身养性的角度入手，积极提倡知雄守雌、退守谦让、甘于淡泊的人生态度，并进而将它推广到社会政治领域，要求做到抱一无离，专气致柔，玄览无疵，治国无为，开阖无雌，明白无知。

庄子继承了这一“无为”而治的观点，进一步扩展到尊重人的天性的层面。《庄子·则阳》曰：“今人之治其形，理其心，多有似封人之所谓。遁其天，离其性，灭其情，亡其神，以众为。”他认为这是有违修养之“道”的做法。在道家眼里，治民如同种庄稼，要顺随其性而深耕细芸，否则带来的只是恶果，人生亦如此，违背性情、扭曲本性、逐于外物，会产生同样的恶果。顺应天所赋予的性情，因循而用，合于“天道”，是道家所极为推崇的修身乃至治国之法。

## 原文

回曰：“敢问心斋。”仲尼曰：“若一志①，无听之以耳而听之以心②，无听之以心而听之以气③！听止于耳④，心止于符⑤。气也者，虚而待物者也⑥。唯道集虚。⑦虚者，心斋也。”（《庄子·人间世》）

## 注释

① 若：你。一志：心志纯一。

② “无听”句：不要像常人一样用耳朵听，而要用心听。无：不要。

③ 气：人专一寂静的状态下所生起的虚柔之气。成玄英疏：“心有知觉，犹起攀缘；气无情虑，虚柔任物。”陈鼓应注：“当指心灵活动到达极纯精的境地。”

④ 止：不动、停止，这里指不为外界的声音触动。

⑤ 符：接合，成玄英疏：“合也。心起缘虑，必与境合。”这里指心不与外界接合，不为外界所扰。

⑥ “虚而待物”句：虚：空虚。陈鼓应注：“喻空明的心境。”待：等待、容纳。

⑦ 唯：只有。道：曹础基认为指“有道者”。集：集结。

## 解读

庄子借颜回与孔子的对话，讲出“心斋”这个非常重要的道家工夫论概念。心斋，即斋心，让心斋戒，表示心志纯一。庄子提出，不要用耳朵去听而要用心听，不要用心听而要用气听！耳朵对外界的声音毫无触动，心与外界事物没有接合。气，是指冲虚而能容纳万物的东西。只有有道的人能集中于虚静之中。此与《老子》的“致虚极，守静笃”（第十六章）遥相呼应。

庄子认为，事物的本性，也即那幽暗中的光明，是光靠感官、知识与心智所达不到的。所以，庄子在这里进一步指出比“心”更能接近事物本性的是“气”，因为“气”是虚的，虚无，故能纳万有。因为人的身体靠阴、阳二气来运转，所以，庄子用了一个形象的比喻：虚空的气就是心的房子。这时的“心”便超过“心灵”的意涵，而成为一个吐纳万物的“视域”。在这个视域下，“思”已跑到了“心”外，“思”由“心”，但又比“心”更辽远。所以，“心斋”是一个超越物理时间和空间的概念。郭象注：“虚其心，则至道集于怀也。"[1] 那么，"虚其心"就是让心空着，无限地扩大，形成一个无极的空间。成玄英疏："唯此真道，集在虚心。故知虚心者，心斋妙道也。"[2] 心的房子空了，才能体验道的妙处。

"心斋"是理论上的洞察，"坐忘"则是具体的修行方法，《大宗师》假托仲尼与颜回之对话曰："堕肢体，黜聪明，离形去知，同于大通，此谓坐忘。""坐忘"的核心在一个"忘"字。"忘"的境界有很多层，庄子认为，忘掉"仁义"是第一层，即《老子·第五章》所说："天地不仁，以万物为刍狗。"忘掉"礼乐"是第二层，因为"礼乐"是外在的，将"仁"内化于心，也就无需"礼乐"了。最高的境界是忘掉形体和智慧，那也就是"忘心"了。"忘"，从心，亡声，字面的意思恰好就是"心"没有了。把心都忘掉了，才能达到与天地相通的体验。从人的心灵把杂物都驱除掉，才能得到更多的东西。通过"忘"将一切成见都"还原"掉，从而进入一个完全空灵的场域。当人达到忘掉躯体的存在时，他也就忘掉了时间和空间，这时才能与道合一。

## 四、无为而治

**原文**

道常无为①而无不为，侯王若能守之②，万物将自化③。化而欲作④，吾将镇之以无名之朴⑤。(《老子·第三十七章》)

**注释**

① 无为：不妄为。河上公注："道以无为为常也。"

② 守之：指遵循"无为"的原则。

③ 自化：自我化育。河上公注："万物将自化效于己也。"范应元注："万物将自化其虚静恬淡，则是无不为矣。"

④ 欲作：指贪欲发作。高明曰："谓贪欲之复起也。"

⑤ "吾将镇之"句：镇：制止、镇抚。河上公注："镇抚以道德也。"朴：指"道"。河上公注："无名之朴，道也。"

**解读**

这是通过"天道"无为以论证"人道"贵静，反映了老子反对有为，主张顺任自然，

(1)(2) 郭象注，成玄英疏．南华真经注疏．北京：中华书局，1998：82.

让人民自我化育的政治理想。老子重申“道”的作用以及“无为而无不为”的思想，认为侯王应该遵“道”而行，“无为”治国。老子再次引入“道”的指代词“朴”来说明。“朴”是贪欲、私欲的对症之药，以“朴”治之，是从人性治之。老子提出“无为”这一看似不切实际的理想主义说法，其实从《老子》的前三十七章中我们已经可以看到，老子对现实人性有深刻的洞察。“私欲”是老子的切入点，人皆有“私欲”，“私欲”容易被刺激而走向过度、失衡以致变成贪欲。老子首先是承认人性中的这一弱点的，他思考的是如何能节制私欲，避免悲剧发生。他不是直接从个体修养来谈，也不是从道德规范或刑法制度来考量，而是首先从掌握权力的“侯王”入手。他希望“侯王”自身能节制欲望，向圣人学习，以“道”治国，效法自然。

老子的思想是建立在对人性的洞察和对各家思想弊端之认识的基础上的。当然，什么样才是“朴”，如何具体用“朴”来引导百姓，老子并没有具体论说，他只是提供思想上的指引，他不是政治家，而是思想家。这一点不必苛求。从历代帝王的治理方法中我们可以看到“朴”的具体用法。譬如汉代的“文景之治”、唐代的“贞观之治”都有这种“朴”的精神在其中。上“朴”而下达，掌握权力的人首先自己要“朴”，以身作则，才能约束和说服下面的层层地方官，才能取得百姓的信任。另外，法令条例要少，苛捐杂税要少，不能劳民伤财，而让百姓安安稳稳过日子，平平淡淡享受生活，才是首要的考虑。

## 原文

为学日益[①]，为道日损[②]。损之又损[③]，以至于无为[④]，无为而无不为[⑤]。（《老子·第四十八章》）

## 注释

① 为学日益：追求学问，知识一天比一天增多。河上公注：“学谓政教礼乐之学也。日益者，情欲文饰日以益多。”

② 为道日损：追求“道”，人为的东西一天比一天减少。为道：从事大“道”。河上公注：“道谓自然之道也。日损者，情欲文饰日以消损。”范应元注：“为常道者，则日损私欲以致虚。”

③ 损之又损：减损再减损。河上公注：“损之者，损情欲也。又损之者，所以渐去之也。”

④ 以至于无为：一直达到无为的境界。河上公注：“当恬淡如婴儿，无所造为也。”

⑤ 无为而无不为：什么都不妄为，什么都能做成。王弼注：“有为则有所失，故无为乃无所不为也。”

## 解读

这里强调“为道”与“为学”的方法之不同，不需要知识层面的增加，而需要内心的修炼。老子所讲的“学”的对象并非指所有东西，从严格意义上说，“道”也是人要学的东西。故这里引入河上公的理解，“学”其实特指儒家那一套“政教礼乐之学”，也即《论语·颜渊》中提到的“博学于文，约之以礼”等。老子对它持否定态度，认为这些都属于“有为”，对于人生修养与治国管理不但没有益处，反而会让国家更加混乱。这与《老子》第十八章“大道废，有仁义”、第十九章“绝圣弃智，民利百倍”、第二十章“绝学无忧”的思想完全一致。《庄子·马蹄》曰：“道德不废，安取仁义！性情不离，安用礼乐！五色不乱，孰为文采！五声不乱，孰应六律！”这样的“学”违背了自然之“道”，并非“真知”，所以越少越好，也即老子所说的“为道日损”。

老子认为，正确的选择是“为道”，而不“为学”。一旦能跳出“为学”的误区，就可以自然而然地寻找到真知的方向，进入“无为”的境界，即“损之又损，以至于无为”。这同时意味着治理天下有了成功的保证，即“取天下常以无事”。

## 原文

“‘藐姑射[1]之山，有神人居焉。肌肤若冰雪，绰约若处子[2]。不食五谷[3]，吸风饮露。乘云气，御飞龙[4]，而游乎四海之外。其神凝[5]，使物不疵疠[6]而年谷熟。’吾以是狂而不信也。”连叔曰：“然。瞽者[7]无以与乎文章之观，聋者无以与乎钟鼓之声，岂唯形骸有聋盲哉，夫知亦有之。是其言也，犹时女[8]也。之人也，之德也，将旁礴[9]万物以为一，世蕲乎乱[10]，孰弊弊[11]焉以天下为事！……”（《庄子·逍遥游》）

## 注释

① 藐：远。姑射（yè）：山名，在今山西临汾。

② 绰约：柔弱。处子：处女。

③ 五谷：黍、稷、麻、菽、麦。

④ 乘云气，御飞龙：指与天地精神相往来。

⑤ 凝：专注。

⑥ 疵疠（cī lì）：疾病。

⑦ 瞽（gǔ）者：瞎子。

⑧ 时女：处室之女。成玄英疏：“少年处室之女也。指此接舆之言，犹如窈窕之女，绰约凝洁，为君子所求。但智之聋盲者，谓无此理也。”

⑨ 旁礴：混同。

⑩ 世蕲（qí）乎乱：指世人追求名利，纷纷扰扰。蕲：求。

⑪ 弊弊：经营，忙碌的样子。

## 解读

庄子这里没有直接提出“无为”，但表达了“无为”的思想。姑射山神人代表无待逍遥的境界，不食五谷，吸清风饮露水，独与天地精神相往来，而遨游于尘世之外。她凝神专注，可使万物无病、五谷丰登。这样的人，这样的德，与万物玄同为一，不会为天下之事操心。这里不是说真的不关心天下的事，而是说她具有“生而不有，为而不恃，长而不宰”之德，默默为万物做事而不用太过有为。庄子接着讲述尧治理天下之民，安定海内政事，到姑射山上、汾水的北面，拜见四位得道之人，进入深远的状态而忘了天下。这就是“无为”的境界。

庄子的“无为”与老子的“无为”亦有细微的不同。老子的“无为”是针对政治而言，庄子的“无为”则可以是内心的境界。《逍遥游》曰：“今子有大树，患其无用，何不树之于无何有之乡，广莫之野，彷徨乎无为其侧，逍遥乎寝卧其下。不夭斤斧，物无害者。无所可用，安所困苦哉！”这里的“无为”不是治国的策略，而是治心的方法，这里的无为也就是逍遥，是一种大的胸怀，无所挂虑，既可存生，也可静心。

庄子在《应帝王》篇中提出“圣人用心若镜”，是道家的“内圣外王”，内无为才能外无为。内心的“无为”是“无己、无功、无名”的心境，这是圣人的境界，“侯王”应该学习之，才能把天下治理好。

## 延伸阅读


1. 淮南子著，何宁撰．淮南子集释．北京：中华书局，1998.
2. 郭象注，成玄英疏．南华真经注释．北京：中华书局，1998.
3. 王利器．文子疏义．北京：中华书局，2000.
4. 陈鼓应．论道与物关系问题——中国哲学史上的一条主线（上）．哲学动态，2005（7）．
5. 刘笑敢．“反向格义”与中国哲学研究的困境——以老子之道的诠释为例．南京大学学报，2006（2）．
6. 杜保瑞．当代老学道论研究的基本哲学问题解析．华中师范大学学报，2006（6）．
7. 陈丽桂．从出土简帛文献看战国楚道家的道论及其相关问题——以帛书《道原》《太一生水》与《亘先》为核心．中国文哲研究集刊，2006，9（29）．
8. 陈鼓应．黄帝四经今注今译：马王堆汉墓出土帛书．北京：商务印书馆，2007.
9. 郑开．《老子》第一章札记：两个语文学疏证及哲学阐释．清华大学学报，2008，23（1）．
10. 河上公注，王卡点校．老子道德经河上公章句．北京：中华书局，2009.
11. 李若晖．道之隐显：《老子》第一章阐微（上）//哲学门：第20辑．北京：北京大学出版社，2010.
12. 李若晖．道之隐显：《老子》第一章阐微（下）//哲学门：第21辑．北京：北京大学出版社，2010.
13. 曹峰．《老子》首章与“名”相关问题的重新审视——以北大汉简《老子》的问世为契机．哲学研究，2011（4）．
14. 郭永秉．关于《老子》第一章“道可道”“名可名”两句的解释．出土文献与古文字研究（第五辑）．上海：上海古籍出版社，2013.

# 第十三章　养生有道

余强军

概　述

人们常说五福临门，“五福：一曰寿，二曰富，三曰康宁，四曰攸好德，五曰考终命”（《尚书·洪范》），其中第一就是长寿。在人类漫长的历史发展过程中，健康与长寿一直是人们追求的美好愿望。中华文化绵延数千年，基于深厚底蕴的中国哲学，中国医学、道家、佛家和儒家等遵循人类生命法则和规律，总结提炼了一系列预防疾病、增强体质、身心养护和益寿延年的基本养生理论和方法，孕育了博大精深的中华养生文化。两千多年前的《黄帝内经》就提出了“上医治未病”的预防养生理念。可以说，相比于世界其他地区而言，中国人更注重养生，也更会养生。尤其是道家道教的养生思想文化，凝聚历代中国人破解宇宙自然法则和人体生命科学的智慧结晶，是中华优秀传统文化的瑰宝。其信念试图超越自然物质世界的束缚，成就长生不老的果实，这在世界上是独一无二的。

## 一、正气存内，邪不可干

原　文

仁者寿。（《论语·雍也》）

解读

子曰：“知者乐水，仁者乐山；知者动，仁者静；知者乐，仁者寿。”仁者就是有仁爱之心的君子，一个道德崇高、胸怀宽广的仁者，更容易长寿。现代身心医学认为，人的生命体系不是一个纯粹的生物体，而是一个复杂的社会文化载体。对于人类健康而言，自然生理与人文心理同等重要。仁者的内心充满慈爱温暖，这种平静的心理状态使人体组织系统处于和谐有序的状态，所以仁者在身心诸多方面都具备了有利于生命健康延续的积极因素。这是养生的基石。“巧言令色鲜矣仁。”（《论语·学而》）一个虚伪的人，动辄掩饰自己本来面目的人，往往内心是冷漠的。心理学研究亦证实，处处虚伪掩饰是许多精神衰弱症的根源。人格心理学发现心理健康与人格健全密切相关，任何一种自觉的品格修养，其本身就是自我心理保健的良方。仁者远离忧郁、嫉妒等阴暗的心境，其慈悲爱心和维护身心健康的阳性情绪自然生发。所以仁者寿，仁者无愧无怍，不急躁，不上火，精气不耗散，这是生命的法则，也是高尚的道德情操所孕育的巨大生命能量。

## 原文

天地所以能长且久者，以其不自生①，故能长生。（《老子·第七章》）

## 注释

① 以其不自生：指天地的运作不为自己。

## 解读

天地所以能够长久，乃是因为它们的一切运作都不为自己。“是以圣人后其身而身先；外其身而身存”，把自己的生死安危置之度外，反而能够保全自己。正是因为他的无私，反而成就了自己。明薛蕙《老子集解》认为第七章“要其归，乃在于无私”。这里展示了一条重要的养生原则。追求长生不老是人们普遍的心愿，如何实现这样的愿望，老子给出了一种独特的生命智慧。不自生，即不要过分忧心于自身的健康状况，不要过分关注自身的生活奉养，反而会更健康。就人性而言，因气质之性的局限，凡事总喜欢为自己打算，很容易为一己私心碌碌终生。《老子·第五十章》说：“出生入死。生之徒，十有三；死之徒，十有三；人之生，动之于死地者，亦十有三。夫何故？以其生生之厚。”大意是说，长寿的人占十分之三；短命的人，占十分之三；过分地奉养生命，胡乱摄生而走向死路的，也占了十分之三。为什么呢？因为奉养过度了。本想好好保养生命，结果事与愿违，反而动之于死地。以为是在养生，其实是在戕生。

## 原文

养心莫善于寡欲。（《孟子·尽心下》）

## 解读

《黄帝内经·素问·灵兰秘典论》说：“心者，君主之官也，神明出焉。”说明心在人体脏腑功能中的核心地位，人体是在心之神明的统帅下有序运行的。所以养心是养生的首务。心何以养呢？孟子说“养心莫善于寡欲”，就是说修养心性最好的办法在于寡欲。“我善养吾浩然之气”“反身而诚，乐莫大焉”（《孟子·尽心上》），这些话都是孟子集义寡欲、善于养心的真实流露。浩然正气，至大至刚，则生命就有了最基础最本源的保障。《黄帝内经·素问·宣明五气篇》说：“五脏所藏：心藏神，肺藏魄，肝藏魂，脾藏意，肾藏志。”认为人体五脏与情志、精神活动有着密切关联。多欲熏心者，往往心火炽盛，心神不宁，失魂落魄。《乐育堂语录》载：“或生怒心，或恚念，或生贪念，种种嫉妒嗔恨，无非后天凡火。此火一起，即有邪火焚身之患。”什么是火？中医有相火和君火之谓，凡是淫欲、情欲和躁动的意念皆是火。道家独创一“炁”字，炁属火部，“炁”字下面的四点是火的假借，直接说，无火之谓炁。这个字本身已经透露了养生的真义。没有了这些多欲的躁火，生命的气机渐渐引发，元气自然生长。

## 原文

黄芽白雪不难寻，达者须凭德行深。（宋·张伯端《悟真篇》）

## 解读

丹道养生是锤炼心性的过程，是清洗隐藏的心灵创伤，使得心灵获得解脱的过程，是个体智慧和道德觉悟逐渐完善的过程。因之在丹道的养生实践中，高度的道德觉悟自始至终都是核心课题。所谓信为道源德为母。道生之，德蓄之。丹家认为，积善行德是丹道成仙的基础，如果只懂得法决，而没有极大累积的善行，希冀仙道的果位是没有指望的。张伯端《悟真篇》云：“黄芽白雪不难寻，达者须凭德行深。”《悟真篇》论述了人体生命修炼升华的基本原理，特别强调了能够生出“黄芽白雪”这类灵丹妙药都是德行修养极其深厚的人。又说：“大药修之有易难，也知由我亦由天。若非积行修阴德，动有群魔作障缘。”在内丹学看来，一个人的道德涵养缺失，诚惶诚恐，又如何能将心念静定下来，若贸然修习必然会导致日后各种魔境、幻丹和倾炉倒鼎的悲惨下场。在道家看来，道德问题不仅仅是个体觉悟与修养的问题，而是与生命健康息息相关的本源性问题。心理治疗学的临床实践证明，许多心理疾患都是道德问题与心理问题相互缠绕的综合征候群，各种错综复杂的心理障碍很多都能够追溯到道德与价值观的扭曲上来。

### 原文

人能无私之时，便是玄关一窍①。（元・余洞真《悟玄篇》）

### 注释

① 玄关一窍：道家丹道养生学最重要的关窍，是内丹修炼之枢纽。过了此关，阳性生命能量逐渐回复，人的精神气象发生嬗变。《老子・第六章》：“谷神不死，是谓玄牝；玄牝之门，是谓天地根，绵绵若存，用之不勤。”玄牝者，即玄关之异名。

### 解读

李涵虚《道窍谈・玄关一窍》云：“玄关一窍，自虚无中来，不居于五脏六腑，肢体间无论也。”意思是说玄关一窍自虚无中来，它并不是生理上一个可以对应的穴位，而是神气高度媾合时的一种非常独特的身心状态，是后天返还先天的临界点，是进入本体层次的超越状态进而招摄先天一气的契机。在日常生活中，亦可以捕捉到类似玄关的体验，如微微醺醉、庄子梦蝶、男女初恋等皆是刹那间阴阳合一，时空感顿然消失，无私无我的浑然状态。所以余洞真说：“人能无私之时，便是玄关一窍。”在丹道实际的玄关体验到来时，一个人后天破碎的身心会获得某种新生的幸福感，会体验到一种前所未有的自在解放。人本主义心理学家马斯洛发现那些追求与满足更有利于大众和社会目标的人们，常常提到生命中曾有过的一种特殊经历，“感受到一种发至心灵深处的颤栗、欣快、满足、超然的情绪体验”，由此获得的人性解放，心灵自由，照亮了他们的一生。马斯洛说，常常处于忘我状态，忘我地投身现实生活与工作之中，就可能不经意间触碰到它，这种体验与超越性人格紧密相联。无须隐遁山林，忘我奉献于现实社会，就是生命的“玄关一窍”。

## 二、法于阴阳，和于术数

### 原文

阴平阳秘①，精气乃治；阴阳离决，精气乃绝。（《黄帝内经・素问・生气通天论》）

## 注释

① 秘：封藏、密固的意思。

## 解读

阴阳观念乃医家纲要，历代医家依阴阳符号建构起了严密的医理解释系统。知阴阳，即知人体运动变化之机枢。故《黄帝内经・素问・阴阳应象大论》云："阴阳者，天地之道也，万物之纲纪，变化之父母，生杀之本始也。"阴阳互根互生，阴中有阳，阳中有阴，宇宙世界就是阴阳交感生生不息的过程，人体生命活动亦是如此。当阴气平和、阳气固秘而不散失，阴阳相互制约、相互平衡时，人体才会处于气血冲和、组织器官功能和谐有序的健康状态；否则阴阳分离，其平衡状态破裂，就会呈现各种危重生命体征，进而生化无源，精气枯竭，生命也就终结了。要之，保持人体阴阳平衡，生命系统就能够抵御各种外邪的侵袭，"内外调和，邪不能害，耳聪目明"（《黄帝内经・素问・生气通天论》）；如果人体阴阳平衡状态被破坏了，偏阴偏阳，各种病邪就会乘虚而入，"五藏气争，九窍不通"（《黄帝内经・素问・生气通天论》），生命体征就会呈现病态，各种生命机能就会大大削弱。有必要指出的是，阴阳对立统一体虽然以平衡为本，但始终要保持"阳秘"即阳气坚固旺盛，才能源源不断生化阴精。

## 原文

人是小乾坤，得阳则生，失阳则死。（明・张景岳《类经附翼》）

## 解读

人是小宇宙，祖国医学把人体阳气比为自然界的太阳，太阳光温煦普照大地，万物生长靠太阳，人体生命生存与健康就依赖此点真阳，它是生命的火种，是人体机能活动的原动力，持续地供给生命的能量。《黄帝内经・素问・生气通天论》所言："阳气者若天与日，失其所，则折寿而不彰。"张景岳说："天之大宝，只此一丸红日；人之大宝，只此一息真阳。"（《景岳全书》）真阳健旺，人就健康；真阳削弱；人就生病；真阳耗尽，人就死亡。所谓"得阳则生，失阳则死""生杀之权，皆由阳气"（《景岳全书》）。医家认为，生死关头，救阳最急；存得一丝阳气，便有一线生机。《黄帝内经・素问・上古天真论》详细阐述了人体从青壮年到年老体迈阳气逐渐耗散的过程，生命衰退的过程也就是乾阳逐渐剥离的过程，到最后仅剩一爻阳气的复卦（一阳来复），至而纯阴的状态，生命就终结了。由于社会生活环境的变化，当代人的生活方式也发生了很大的变化，今人体质上阳虚者甚多，屡见各类疑难怪病。究其缘由，乃过多的苦寒消炎类西药攻伐阳气，加之现代人饮食不节、久坐熬夜、过度频繁的夜生活等生活习性都是戕害人体真阳的祸首。

## 原文

民气郁阏①而滞著，筋骨瑟缩②不达，故作为舞以宣导之。（《吕氏春秋・仲夏纪・古乐》）

## 注释

① 郁阏：犹郁滞。

② 瑟缩：收缩，卷缩。

## 解读

古字“巫”“舞”相通，原始宗教中这种巫舞和由此发展而来的导引术，后来被道教的道士继承。古人以为导气令和，引体令柔，谓之导引，有宣导气血、锻炼肢体、疗病健身之效。按摩亦是请人或自己折按肢体和推拿皮肉以疏通筋脉，有强身去疾之功。道教导引和按摩术多和存思、吐纳、行气等功法相互配合，作为健身的一种手段。《庄子·刻意》云：“吹呴呼吸，吐故纳新，熊经鸟伸，为寿而已矣。此导引之士，养形之人，彭祖寿考者之所好也。”可见在春秋战国时期，就已经出现与“吹呴呼吸、吐故纳新”相配合的名为“熊经”“鸟伸”的二禽戏，可使气更平和，肢体更柔软。依此又发展出更具功效的五禽戏，《后汉书·华佗传》云：“古之仙者，为导引之事，熊经鸱顾，引挽腰体，动诸关节，以求难老。吾有一术，名五禽之戏：一曰虎，二曰鹿，三曰熊，四曰猿，五曰鸟。亦以除疾，兼利蹄足，以当导引。体有不快，起作一禽之戏，怡而汗出，因以著粉，身体轻便而欲食。”道家认为五禽戏与人体五脏气机有密切对应关系，能够安和五脏，有效帮助人体疏导经脉气血运行。

## 原文

夫求仙道，绝粒[1]为宗；绝粒之门，服气为本；服气之理，斋戒为先。(《云笈七签·卷六十》)

## 注释

① 绝粒：又名辟谷、却谷、休粮、断谷等，因此种养生方术常和服气之术结合，故统称为“却谷食气”。马王堆汉墓帛书即存有《却谷食气篇》。

## 解读

丹家认为要修习仙道须将后天生理运行机制转化为先天生理运行机制，其有效的方法是选择吃饭和呼吸作为突破口，即辟谷和胎息。所以丹家确定以“绝粒为宗”，绝粒即是辟谷。按《云笈七签》之《中山玉柜服气经》所载，修习仙道首先从辟谷下手，然而人若断绝了食物，靠什么生存呢？要服气，靠呼吸和存思（存想日月星光），直接吸收日月自然的精气和能量，以延续生命。究竟怎样进入辟谷状态呢？则要“斋戒为先”，即靠调整心灵信息启动辟谷程序。古斋戒法，要求独处一室，焚香沐浴，素食静默，咽气纳津，以坚定修习成功的心理信念。道家本有“气满不思食”的说法，即行气至胎息境界，会自然出现辟谷现象。运用恰当辟谷食气法，可以促进人体真气运行，激发人体潜能，改变人的体质。葛洪《抱朴子内篇·杂应》说：“余数见断谷人三年二年者多，皆身轻色好，堪风寒暑湿，大都无肥者耳。”现代养生学研究亦发现，保持肠胃的清亮洁净，减食节食，确可涤荡体内变异组织细胞，起到更新体质、防病健身的效果。

## 原文

欲不可绝，欲不可早，欲不可纵，欲不可强。（元·李鹏飞《三元延寿参赞书》）

## 解读

一阴一阳之谓道，偏阴偏阳之谓疾。健康适宜的性生活是成年男女正常的生理需求，是人类繁衍不息的基础，所谓“天地氤氲，万物化醇；男女媾精，万物化生”（《周易·系辞下》）。古代房中养生家认为这是不能禁绝的，“男不可无女，女不可无男”（《素女经》），若勉强压制禁欲，反而有损健康。《抱朴子·释滞》曰：“人复不可都绝阴阳，阴阳不交，则坐致壅瘀之病，故幽闭怨旷，多病而不寿也。”《医宗金鉴》亦列举了诸多鳏寡因长久索然无趣的独居生活，引发脏腑各类复杂病变的例子。“人之所上，莫过房欲”（《洞玄子》），色欲过度则伤肾，房事无节则精竭，故养生之要，节欲知戒为先。高濂《遵生八签》以为“阴阳好合，接御有度；惜精如金，惜身如宝”，张仲景《金匮要略》认为房劳是人体病因的重要诱因。道家丹道认为常人沉溺在七情六欲之中，只知消耗，不知补充，是不能长生的主要原因。黄元吉《乐育堂语录》云：“天地包罗一团元气，亿万年而不朽。人身亦包罗一段氤氲之气，何以不如天地之长存哉？盖以七情六欲日夜摧残，先天元气耗散不少，是以生老病死苦也。”是故欲不可纵。

## 三、归根曰静，静曰复命

### 原文

致虚极，守静笃①。万物并作②，吾以观复③。夫物芸芸④，各复归其根⑤。归根曰静，是谓复命⑥。（《老子·第十六章》）

### 注释

① 致虚极，守静笃：回复心灵本来的清湛明净。极、笃：意为极端、极度。
② 作：生长，发育，发展。
③ 复：循环往复。
④ 芸芸：形容草木繁盛的样子。
⑤ 归：根：复归于道。根：指道。
⑥ 复命：复归本性，也指重新孕育新的生命。

### 解读

尽量做到致虚守静的功夫。万物一齐蓬勃生长，我看出其中循环往复的道理。世间万物纷纷芸芸，都各自回归它们的本根。返回本根叫作静，这就是回到生生本原。清净无为是老子修身哲学的基本观念，所谓“清净自正，无为自化”（《史记·太史公自序》）。将塞蔽心灵的机巧与成见都消解掉，回到生命本根的虚静状态，深蓄厚养，发挥生命本有的潜能。“虚静”是道家身心修养体系中最重要的观念，也是最重要的方法。“千经万论，不能舍静定而别有工夫。”（傅金铨《性天正鹄》）道家在千百年的生命探索和实践中，早已发现了宇宙生命无上的根本法则。复原生命的自愈潜能、发挥生命无穷的功能，都是在身心寂然静谧的状态下，悄然发生的。所以，老子说：“致虚极，守静笃。万物并作，吾以观复。夫物芸芸，各复归其根。归根曰静，是谓复命。”《阴符经》亦云“静者，命之归也”，芸芸众生，大千世界的万事万物，若可以回归到寂静湛明的本根状态，就可以保持生命充沛的能量和生生不息的生命功能。“虚静”同时也是道家智慧生长的源泉，静则生慧，故《清静经》说：“清者浊之源，静者动之基。人能常清静，天地悉皆归。”

### 原文

至道之精，窈窈冥冥①；至道之极，昏昏默默②。无视无听，抱神以静，形将自正③。必静必清，无劳女形，无摇④女精，乃可以长生。（《庄子·在宥》）

## 注释

① 窈窈冥冥：深远暗昧。

② 昏昏默默：寂然，看不见听不到的状态。说明至道是难见莫测的。

③ 自正：自然正常，健康。

④ 摇：侵扰耗散。

## 解读

至道的精粹，深远暗昧；至道的极致，静默沉潜。视听不外用，抱守精神的宁静，形体自能健康。静虑神清，不要劳累你的形体，不要耗散你的精神，才能够长生。据《庄子》记载，黄帝曾经向隐居崆峒山的广成子请教长生久视之道，广成子告之："无视无听，抱神以静，形将自正。必清必静，勿劳女形，勿摇女精，乃可以长生。"这段触及生命奥秘的言论已见道家内丹学思想雏形。举凡东方传统养生学，一个根本旨趣是将身心返还到虚静杳冥的本根状态，触发生命本有的自愈潜能，就可以保持生命充沛的能量和生生不息的生命机能。道家的"玄关"修养学证实，"归根自有归根窍"（李涵虚《道窍谈》），人体确实存在一个招摄先天能量的关窍。就人体这一系统而言，由于生命向下堕落的惯性，七情六欲随时在耗散着这个系统的能量（精、气、神），逐渐远离系统的有序平衡状态，最终归于死寂、毁灭。依据系统论的观点，假如有某种负熵源（有序的能态）能够注入，在系统"自组织"过程当中，新的有序和平衡就可能"自发"地产生。"抱神以静"，正是一个负熵源流入的"自组织"过程，"形将自正"，健康的新生命自生自成。

## 原文

堕①肢体，黜②聪明，离形③去知④，同于大通⑤，此谓坐忘。（《庄子·大宗师》）

## 注释

① 堕肢体：把肢体看作不存在。堕：通"隳"，废。

② 黜聪明：把聪明才智抛弃掉。黜：废除。

③ 离形：离折肢体。

④ 去知：除去心智。意思是不受形骸、智巧的束缚。在坐忘的境界中，以"忘知"最为枢要，忘掉分解性的、概念性的知识活动。

⑤ 大通：圆融的大道。

## 解读

《庄子》一书描述静功内养的文字很多，该著作者应该熟谙此道。《人间世》篇的"心斋”，《大宗师》篇的“坐忘”，都是道家传统养生学的名篇。若能够体会到庄子的“坐忘”理趣，也能加深对庄子精神世界的了解。忘却自己的形体，不摆弄自己的聪明，超脱形体和智巧的束缚，与大道融通为一，这就是坐忘。郭象注曰：“夫坐忘者，奚所不忘哉？即忘其迹，又忘其所以迹者，内不觉其一身，外不识有天地，然后旷然与变化为体而无不通也。”（《庄子注》）坐忘是一种无人、无我、无内、无外、与道合一的境界。此心消弭了所有的分别，主客二分浑然消解，“天地与我并生，万物与我为一”，你的世界就是宇宙的世界，你进入了它，它进入了你。生命的无与宇宙的无，交相辉映，复见天地之心。唐代高道司马承祯在其名著《坐忘论》中，就如何实现“坐忘”做了翔实的解析。他认为养生在于静定，静定最好的办法就是坐忘，并针对庄子的坐忘理念提出了具体的实施方法，“安心坐忘之法，略成七条，修道阶次，兼其枢翼”（《坐忘论》），即敬信、断缘、收心、简事、真观、泰定、得道。时至今日，静坐（七支跏趺坐）已经成为修身养性的基本姿势，是恢复身心健康的便捷法门。

## 原文

胎从伏气中结，气从有胎中息。（《高上玉皇胎息经》）

## 解读

“胎”者如婴儿之定神于母胎，不动不摇；“息”者伏气为息，绵绵密密，幽幽微微，粗气灭绝，如胞胎中之婴儿，不以鼻口呼吸。所以《高上玉皇胎息经》云：“胎从伏气中结，气从有胎中息。”伏气的意思是说能将呼吸之粗气灭绝，往来无迹，如此心息相依，神气相注。《乐育堂语录》说：“夫胎息非口鼻之凡气，非丹田之动气，亦非知觉之灵气。”“乃父母未生之前一点元气。”可见胎息与先天元气密切关联。《庄子·大宗师》云：“古之真人，其寝不梦，其觉无忧，其食不甘，其息深深，真人之息以踵，众人之息以喉。”所谓“真人之息以踵”，即“真人之息”深藏绵密，听而不闻，搏而不得，如气悄然达于脚底。丹经记载，若胎息发动，即觉丹田火暖，美快无比，如痴如醉。口鼻呼吸渐渐收敛，由粗而细若无，而脐腹内真息绵绵，神清气爽，周身酥软。丹道认为，念有一毫未止，息不能定；息有一毫未定，命不我有。就普通人的生命而言，一旦呼吸停止，其结果必然是死亡。但对于丹家而言，这是返还到先天呼吸即胎息的契机。道家内丹学对于人类呼吸机理的特殊体验加深了人类对生命奥秘的认识。

## 原文

昔逢师传真口诀，只教凝神①入气穴②。（宋·薛道光《还丹复命篇》）

## 注释

① 凝神：凝聚先天元神，心念精诚不二。

② 气穴：人体气机的本根。

解读

道家复原身心健康的下手功夫就是这几个字："凝神入气穴"，神与气合一，神恋气，气抱神，神气相依相抱，如寒潭秋月，神光朗朗，气息绵绵。一旦凝神入气穴，后天心猿意马的攀缘心就会渐渐安歇。丹道的起步阶段，由于在尘世生活习性的根深蒂固，情欲的牵挂纠缠，要静定下来是非常艰难的。为了使得心念静定下来，道家各宗各派在长期修养实践中发明了诸多便捷法门，其平常妥帖的法门即所谓"凝神入气穴"，自宋薛道光倡导以来，已经成为内丹学入门的基础方法。"凝神入气穴"亦谓"心息相依"，即心念和气息的纯熟合一。丹经所谓心息相依，久成胜定，神气相合，久致长生。《听心斋客问》云："用调息功夫，拴系此心，使心息相依。调字亦不是用意，只是一呼一吸系念耳。至心离境，则无人无我，便无息可调，只绵绵若存，久之，自然纯熟。"收心摄念、凝神调息等都是为了对付纷乱的念头。愈是深度的静定，各种陈年往事便愈会不绝如缕地冒出来。当念头生出时，只要直观念头，不作止念之想，不必驱除它和招惹它，不意图操纵它，仅是"看"着它即可。

## 四、上药三品，神与气精

原文

精、气、神，养生家谓之三宝。（明·汪绮石《理虚元鉴》）

解读

中医认为人有"三宝"，即精、气、神。精、气、神是维持人体生命活力的三大基础能量形式。精满、气足、神旺，人体健康才有保障，一旦精亏、气虚、神耗，就会加速人体衰老。人体天生有大药，即是指精、气、神。中医中药很大程度上就是凝聚和调动体内精、气、神，发挥生命本有的自愈潜能，祛邪扶正，恢复生命机能。所以，《心印经》说："上药三品，神与气精。"道家内丹学有所谓炼精化气、炼气化神、炼神还虚的次第变化，印证了精、气、神三种生命能量不可分割，相互依存、相互转化。在这三种生命能量形式中，气是人体生命活动最重要的原动力，由先天之精所化生，藏于肾，依赖后天水谷精微之滋养和补充。通过三焦分布于全身，内至脏腑，外达腠理肌肤，介于精、神之间，是形神的中间层次。祖国医学认为气具有推动、防御、温煦、固摄、气化五个方面的功能。在人体的先天状态，精、气、神实际上指谓同一物，只是能量凝聚的不同状态，精是从原始物质性一面来讲，气是从能量形态的流动性和直观性来讲，神是从形而上生命蕴涵的化生功能上讲。

### 原文

肾者，主蛰[①]，封藏之本，精之处也。（《黄帝内经·素问·六节藏象论》）

### 注释

① 蛰：藏。

### 解读

肾有储藏五脏六腑之精，供身体生长发育的机能，宜固密不宜耗泄。肾为先天之本，"先天"是指禀赋于父母的先天元精。肾精决定了人体先天禀赋之厚薄，对人体生长发育和后天脏腑功能有根本性的制约作用。《黄帝内经·素问·上古天真论》以肾气之盛衰描述了人体生老病死的过程。肾精作为人体生命活动最基础的精微物质，是养生的基石。在中国平常的养生著作中，节欲宝精的观念早已深入人心。《黄帝内经》认为养精可以蓄锐，"冬不藏精，春必病瘟。夏不藏精，秋必病痢。""善养生者，必宝其精，精盈则气盛，气盛则神全，神全则身健，身健则病少。神气坚强，老而益壮，皆本乎精也。"（《景岳全书》）实际上，在道家丹道养生实证中，丹家产生征验最明显的即是"精"。在静定的过程中，除了童贞未破的少年，气机首先就在肾脏腰部一带发动。这也的确印证了中医肾藏精之论断。其实只要稍做筑基的功夫，破体的成年人会首先发现这个部位隐隐疼痛，这正是肾脏机能自我修复的征验。《食色绅言》云："士人读书作文辛苦，最宜节欲。盖劳心不节欲则火动，火动则肾水耗。"书生学者，切忌纵欲耗精，否则引发痰火肾虚之症，重则丧命。

### 原文

人身只有三般物，精神与气常保全。其精不是交感精，乃是玉皇口中涎，其气即非呼吸气，乃知却是太素[①]烟，其神即非思虑神，可与元始相比肩。……岂知此精此神气，根于父母未生前。（宋·白玉蟾《海琼问道集》）

### 注释

① 太素：道家指宇宙创生时从无极到太极的一种状态。"太素者，质之始也。"（《列子》）

### 解读

道家内丹学所指称的精、气、神不是平常意义上的呼吸气息、思虑分别的神识和爱恋交媾的浊精，而是别有所指。这些可见可形的精、气、神皆不能够成为内丹修养的药物原料，而是所谓先天之元精、元气和元神。丹道所谓“先天”寓有宇宙创生之时、阴阳未判前和父母未生前三方面含义。内丹家所说的元精是指在心理上没有丝毫的欲念，而性器官及其连带的生殖系统本能发生作用时，即老子描述婴儿“未知牝牡之合而朘作，精之至也”（《老子·第五十五章》）。丹家认为，交感精正是人体元精受到爱恋感动而激发出来的，《听客斋客问》云：“精从泥丸顺脊而下，行至膀胱外肾泄施，成为渣滓。”西方医学认为男子性交射出的精液无非是蛋白质、果糖类碳水化合物、无机盐（包括钙、锌、钾、镁等元素）和水分等，认为这些物质完全可以通过食物或药物来补充，因此得出精液无须珍惜的错误结论。丹道认为后天淫欲交感之精与先天元精息息相关，精液含有大量生命活力激素和性能量，射精会造成生命能量的流失，使人体正气（生命活力）损耗，人的精神会马上委顿下来。相反，某些流行于世的养生观念以为无限制的闭固精液就可以达到健康长寿，也是不知晓内丹元精的无知表现。丹家并不仅仅在后天交感精的保养上下功夫，丹家下手炼养的是先天的精、气、神，也就是元精、元气、元神，尹真人高弟《性命圭指·元集》说：“炼精者，炼元精，抽坎中之元阳也，元精固则交感之精自不泄漏。”

## 原 文

先天一炁自虚无中来。（清·刘一明《修真九要》）

## 解读

“先天一炁”，道家丹经又称为祖炁、真铅、真一之炁。清刘一明《修真后辩·先天真一之气》说：“先天一炁，为生物之祖气，乃自虚无中来，为万象之主，天地之宗。无形无象，无声无臭，视之不见，听之不闻，搏之不得。然虽无形而能生形，无象而能生象。其大无外，其小无内，动静如一，阴阳混成。在先天而生乎阴阳；在后天而藏乎阴阳。”虚无者，即要从隐藏在有形有质的世界背后寻找生命化生的机理和源头。“至无之内至有存焉，至空之中，至实寓焉。”（《乐育堂语录》）“夫道之要，不过一虚，虚含万象。世界有毁，惟虚不毁。”（《唱道真言》）“虚无”是内丹之母，是万物生化之源头，是长生不老的无限可能性。老子“道生一”中的“一”，即指先天一炁，是宇宙创生之始的混沌状态，是宇宙中隐藏着的生命秩序。丹道必须在虚无杳冥状态中打开玄关，由实的色界返还至虚空的无色界，招摄先天一炁，这是丹道的必由之路。丹家能否顺利招摄到“先天一炁”是药物生成的关键，它是内丹学的“真种子”。“先天一炁”对于养生学具有重大的意义，这是历代养生家对生命法则的深刻洞见，是《道藏》万千丹经的总纲领。时至今日乃各类“气功”理念之圭臬。在道家看来，人身几乎所有的疾患皆是先天真元之气的消耗所致。一般而言，借用道家平常的精气筑基功夫，恢复身心健康并不是一件多么困难的事情。

## 延伸阅读


1. 萧天石．道家养生学概要．郑州：中州古籍出版社，1988.
2. 郭靄春．黄帝内经素问校注：上册．北京：人民卫生出版社，1992.
3. 曹英峰．易筋经奥义概言．精武，2006（2）．
4. 方铁根．浅谈推拿导引与中医养生康复学．李时珍国医国药，2009（3）．
5. 郭海英．中医养生学．北京：中国中医药出版社，2009.
6. 胡孚琛．道学通论．北京：社科文献出版社，2009.
7. 南怀瑾．定慧初修．上海：复旦大学出版社，2011.
8. 南怀瑾．静坐修道与长生不老．上海：复旦大学出版社，2011.
9. 文颖娟．中医养生探幽．中华中医药杂志，2012（12）．

# 第十四章　智慧修心

吴文新

## 概　述

佛学，跟儒学和道家思想一起构成中华优秀传统文化的主流，在超世方面跟道家相似，而在入世方面又与儒家相通，也有类似“内圣”“外王”的思想，分别表现为“智慧”和“慈悲”。智慧为佛家的内圣修为境界，慈悲是其外王修为境界；智慧通过“自利”“自觉”“自度”而以“空净”“般若”“涅槃”为鹄的，慈悲通过“利他”“觉他”“度他”而以“利乐众生”“庄严国土”为鹄的。

本章从了知佛法开始，重点读解佛学通过“心性清净”“安忍精进”而最终“修证智慧”的修养理论和方法。“心性清净”既是一种修行方法，也是身心修养的一种境界，就是对内克服各种欲望，对外则拒绝各种诱惑，而保持清净、自在、安详。“安忍精进”即忍受一切不利境遇并朝着目标勇猛精进，是一种不畏艰险、坚韧不拔、信心稳固、破浪前进的积极人生观。“修证智慧”是超世修养的归宿，人不仅要通过历练而获得世俗生活的智慧，更重要的是通过克除我执而修得大清净、大解脱、大自在、大安详等大智慧，达到佛家“内圣”修养的极境。

## 一、了知佛法

### 原文

诸行无常，诸法无我，涅槃[1]寂静。（《佛说发菩提心破诸魔经》）

### 注释

① 涅槃：是梵文“摩诃般涅槃那”的音译，意译为“圆寂”“圆满”或“灭度”，又

称“涅盘”“泥洹”等。涅槃即大解脱、大圆满、大智慧的境界。

解读

这就是著名的佛法“三法印”，是佛法的独特标志，论述了佛法的变化观、本体观和智慧观或境界观。这句经文的意思是，一切世间法（万事万物及其运动），成住坏空，生老病死，刹那不住；世间万法，时间上变动不居，空间上因缘际会、和合而生，并不存在真实不变的主体（我）；从无常、无我的观察中，深悟法性寂灭而获得大解脱。显然，“三法印”在世界观层面上把佛教、佛学、佛法跟其他宗教、学说、教法等区别开来了。这属于小乘佛教的典型特征。大乘佛教还要加上“慈悲度众”，方才完整。

原文

一切佛法依慈悲①，慈悲复依方便立。方便依智②智依慧③，无碍慧身④无所依。（《华严经·卷五十·如来出现品》）

注释

① 慈悲：慈善和怜悯，又称“大慈大悲”，源于“无缘大慈，同体大悲”，即无条件地善待众生，视同己出地爱怜众生。

② 智：在佛学里，“智”一般基于感官的经验性认知或思维能力。

③ 慧：佛学的“慧”具有超验性，并不基于感官，而是修行人悟道之后获得的大智慧，即“般若”。

④ 慧身：佛学五分法身之一；除了戒身、定身，还有慧身，就是获得了大智慧而将五蕴和合形成的人的身体（色身）看成本来空性的存在。

解读

这段经文的意思是，所有的佛法都以慈悲为出发点和落脚点，而慈悲在伦常日用中有种种善巧的行为表现；所有这些行为都要根据圆满智慧来决定，最后实现无滞无碍、圆融通达的人生。这就从慈悲和智慧两个方面把佛学宗旨和盘托出，正如近代高僧太虚大师所说：“佛教整个构成的要素，是慈悲和智慧。”（《人生佛教》）因此，“学佛的第一步，在首先完成人格，好生地做一个人。……就是先做一个完完全全的人，安全物质的生活，增高知识的生活，完善道德的生活；再以此完成优美家庭、良善社会、和乐国家、安宁世界，到士希贤贤希圣的地步，成功人中圣人，完成了完善的人格，再发无上圆觉的大心，起普度众生的大愿”（太虚大师《佛陀学纲》）。这段话明白、晓畅，彻底消除了通常人们关于佛教消极遁世的错误看法。

原文

观自在菩萨①，行深般若②波罗蜜多③时，照见五蕴④皆空⑤，度一切苦厄。（《般若波

罗蜜多心经》）

### 注释

① 菩萨：“菩提萨埵”的简称。菩提，觉悟，有智慧；萨埵，有情，即众生。菩萨有觉悟故能上求佛道、得涅槃般若，有慈悲故能下化有情、普度众生。

② 般若：类似“智慧”，但又不等同，故直接用梵文音译。般若的妙义是空，是空的大智慧。般若一般有三种：文字般若（因学习文字表达的教诫而获得的智慧）、观照般若（在文字般若基础上，随文生解，随解起行，进行正思维所获得的智慧）、实相般若（由观照诸法皆空的实相而证悟的智慧）。

③ 波罗蜜多：梵文音译，意思是“到彼岸”。

④ 五蕴：即组成我们身心的色、受、想、行、识。色是我们生命的物质组成即五根（眼、耳、鼻、舌、身）和六尘（色、声、香、味、触、法）。受、想、行、识是我们生命的精神组成部分，即感受、思虑、行为和意识。五蕴就是我们这个处于不断变化中的身心存在。

⑤ 空：不是和“没有”对立的空，而是超越了有无和一切对立的空，是一切事物的真相。佛学认为“缘起性空”，即一切事物都是因（内因）缘（外因）和合的存在，而这些因缘又相互联系、连绵不断。

### 解读

这是《般若波罗蜜多心经》（常简称《心经》）的首句，也是其总纲。《心经》全文268字，是一部启发我们开大智慧而到达自由彼岸的一部经典，是《大般若经》的核心要义。这句经文的意思是，通观那些修行慈悲般若的人，发现他们在修行高深奥妙的般若智慧并试图达到彼岸的过程中，能够照见自己的生命物质和精神都是空无实相的，因而能够转迷痴为觉悟、转烦恼为菩提，破除法执和我执，进而能够度化世间一切苦难困厄。显然，这也鲜明指出了佛教的两大宗旨，即大智慧和大慈悲，大智慧即行深般若，照见五蕴皆空，大慈悲即度一切苦厄。《心经》全文即围绕这两个宗旨展开，熟读记诵《心经》，对我们修养人生具有重要意义。

## 二、心性清净

### 原文

菩提[①]本无树，明镜亦非台，本来无一物，何处惹尘埃。（《坛经·行由品》）

### 注释

① 菩提：即“觉”“智”，就是断绝世间烦恼而达到涅槃智慧。菩提是佛教的根本理念，整个佛学体系就是说明菩提的内容及证悟菩提的实修方法。

### 解读

这是六祖慧能大师接传五祖弘忍禅宗衣钵前的悟道偈语，鲜明体现了南宗禅法扫相破执、直指心源、不落等级、顿悟成佛的特质。这句偈语的大意是，觉悟本来不需要依靠什么，明亮清净的内心也不是一个实有的平台，人的佛性自体本来就什么都没有，哪里会染着丝毫的尘埃呢。在禅宗看来，“一切众生，悉有佛性”，而且佛性自在，无需添加，只有迷误之别，没有有无之分；佛性迷者是凡夫，佛性悟者是菩萨。这首偈语告诉我们要用智慧好好保护自己本有的善良心性。与此相对应的是神秀大师所护持的北宗禅法，他认为，“身是菩提树，心如明镜台，时时勤拂拭，勿使惹尘埃。”（《坛经·行由品》）鲜明提出了渐修渐悟的修行路线，主张人之身心都只是一个修行的平台或载体，要刻苦勤奋地修炼、反省，保持这些载体的虚明清静，不要让它被环境中各种邪恶的东西所污染。无论南禅还是北禅，都是教人体悟或追求心性的清静，而静能生慧，智慧产生于宁静、清净。

### 原文

以得成就大愿海①故，得心清净。心清净故得身清净。身清净故得身轻利。身轻利故得广大不退神通②。（《华严经·卷六十一·入法界品》）

### 注释

① 大愿海：佛普度一切众生的宏愿，似海无涯。

② 神通：佛学的般若及其不同表现，又总称其为五眼六通。

### 解读

这段经文是《华严经》中文殊菩萨对诸比丘（和尚）的劝导，要他们住于普贤菩萨的行愿里，由此证入并成就菩萨的大愿海。因为成就菩萨大愿海，心里也自然清净；因为内心清净，身体生命也清净了；身体生命清净了，身体也就轻安快乐了；身上轻安快乐了，就得到广大的神通力，以及不可退转的果位。这告诉我们，求得内心的清净，是需要下大决心、对自己做出决绝的无悔承诺的，只有这样才能在极深的清净状态之中获得各种神通智慧，以及造福众生的大能力。神通智慧是修道自然所得，可遇不可求，万勿作为人生目的，我们所需要的是通过修养意识、涵养道德、历练人生而在奉献社会中达到内心清净、轻利的快乐。日常生活中，我们只有除去内心深处的种种恶念，心灵真正清静下来了，烦恼才无从发生，智慧也随即产生。

### 原文

离贪嫉者，能净心中贪欲云翳，犹如夜月，众星围绕。（《理趣六波罗蜜多经》）

### 解读

这句经文的大意是，晚间没有浮云，可以清清楚楚地看到星星、月亮，比喻人若离开贪欲、嗔恚和嫉妒等恶劣习气，就会心中清净，见事不迷。在佛学看来，一切众生最大的烦恼是贪、嗔、痴三毒，嫉妒是嗔恚之一，因此，在几乎所有的佛经中，常常劝我们断掉贪、嗔、痴，这是修养人生的根本。心中有三毒才会遇到外面的毒害，假如心中无毒，外部环境中的毒素就难以起作用。若遇毒虫咬伤，应生惭愧心。民国初年印光大师住的寮房中有臭虫、跳蚤、蚊子等，他都不驱除。小侍者欲为大师清理，大师不许，说："我的德行不够，留着它们叫我改过自新。"大师七十岁以后，所住的房间里没有一个蚊虫跳蚤。大师是做一个示范给我们看，他可以做到清净，每个人都可以做到。

### 原文

菩萨由身安故，获得心安。由心安故，息诸烦恼，远离一切所有盖障①，于所缘境其心安住，如是便入于三摩地②。（《大宝积经·卷五十三·菩萨藏会》）

### 注释

①　盖障：即形形色色的烦恼，主要是贪欲、嗔恚、睡眠、掉悔、怀疑五盖，这五种障碍能覆盖心性光明，使人坐禅难以入定。

②　三摩地：梵语 Samadhi，音译为三昧、三摩提、三昧地等，直译为合神、合一，意思是，意识会聚贯注到一起，是一种禅定，即住心一境而不散乱的状态。

### 解读

菩萨是觉悟之人，上求佛道、下化有情，因而具有非常安详宁静的身心状态。身体的安乐舒适带来心灵的清净祥和；由于心灵的祥和安适，能够消除各种烦恼痛苦，进而清除一切由烦恼蒙蔽心性、扰乱心神的障碍，这样就可以在任何条件和环境中随缘而住、随遇而安，也就进入了住心一境而不散乱的禅定境界。这段经文强调消除烦恼障碍，使身心清净安详、舒适和乐对于人生修养的重要性。

## 原文

热无过淫，毒无过怒，苦无过身[①]，乐无过灭[②]。无乐小乐，小辩小慧，观求大者，乃获大安。（《法句经·卷下·安宁品》）

## 注释

① 身：指“色身”，就是我们的物质身体，是欲望和烦恼的最终根源。

② 灭：寂灭、灭度，是佛学关于自我解脱之修证境界的一种描述，即涅槃境界，也叫作“寂灭涅槃”。

## 解读

据佛经记载，佛陀在舍卫国传法时，遇到四位比丘在讨论世间最苦的事情是什么，有的说是淫欲，有的说是嗔恚，有的说是饥渴的感受，有的说是惊怖，四人争论不休。佛陀借此因缘，对他们讲法：“你们所认为的，都不是苦的究竟原因。天底下最苦之事来自色身，所有饥渴、寒热、嗔恚、惊怖及淫欲等灾祸，都是由于它的存在。所以色身是一切苦恼的根本，也是一切祸患的根源。众生于三界中苟延存活，互相欺凌，心中亦被忧惧烦恼所束缚而轮回不休。所以，想要脱离世间苦痛，应当寻求寂灭之境，收摄身心，最后达到一念不生，即能证得真正快乐的涅槃境界。”于是，世尊说了这首偈语，意思是淫欲使人色身烦热难耐，嗔怒使人色身受到毒害，过于关注欲望必然会使身体遭受异常的痛苦，因此人世间最快乐的事情莫过于无私无欲，并证得寂静无我的涅槃境界；没有快乐或者很少快乐，有小才能和小聪明等，如果能从高远的视野予以导引和提升，就必然能够获得大快乐、大安详。显然，佛陀在教导我们，要学会在繁杂和充满诱惑的环境里收摄心神、保持定力，无私无欲、清净安详，这样才能达到人生最高的快乐、幸福和自由。

## 原文

弓匠调角，水人调船，巧匠调木，智者调身；譬如厚石，风不能移，智者意重，毁誉不倾；譬如深渊，澄静清明，慧人闻道，心净欢然。（《法句经·卷上·明哲品》）

## 解读

《法句譬喻经》记载了一个故事，可帮助大家理解这句经文。从前有个聪明人，不管什么事情，他看一眼就会，以为自己聪明无比，二十岁时发下豪语：“天下技术，要当尽知，一艺不通，则非明达也。”于是他开始游学天下，只要听说有名师就去拜学，很短时间就精通了很多，从天文地理到医术符录，从烹饪歌舞到赌博玩乐等，无不通晓，他为此豪情万丈：“我已天下无敌、垂勋百代。”之后他周游列国，比试技艺，发现不会的就虚心拜学，连续走了十六个国家，所学技艺无不超越师父，确已竞无不胜，便自负道："天地之间，谁有胜我者？"心里不免怅然若失。佛陀听闻此事，为度化他，就扮作一个沙门，拄杖持钵，从他的面前走过。青年见状甚觉奇怪，就问："我走遍天下，从未见过如此装扮者，你是何人？为何跟别人不同呢？""我是调身的人哪！"沙门说。于是，沙门告诉他，一个人能调和身心、胜守自己，才是最伟大的，也才可以真正光明洞达、照耀天地，并送他这首偈子。沙门教给青年许多调身的方法，例如持戒、修善、布施、忍辱、禅定、智慧、慈悲、喜舍等，他说只有能调身的人才能走向真正的解脱之路。"弓船、木匠、六艺奇术，斯皆绮饰华誉之事，荡身纵意生死之路也。"青年听了大为佩服，就拜佛为师，最后证得了阿罗汉道。

显然，这个故事告诉我们直面自己、调和身心才是最重要的事。一个有智慧的人调身的时间都不够，哪有空去争强好胜、计较毁誉呢？最应记住的是，我们心里满怀着宝贵的智慧，不必向别人辩解逞能，当然也不必与别人比较；胜服自己的人就是"大雄"，清净的身心就是"宝殿"，能这样，纵使再寂寞、孤独的旅途，也能有极乐之心，那是因为知道自己在走向智慧、慈悲之路，走向真实的、唯一的故乡。因此能调和身心的人，也才是真正的天下第一。

## 原文

贪欲永尽，嗔恚永尽，愚痴永尽①，一切烦恼永尽，是名涅槃。（《杂阿含经·卷一·第18经》）

## 注释

①　"贪欲"三句：贪欲、嗔恚、愚痴，即佛学"三毒"，也属于佛家"十恶业"的"意业"，一般通过"戒定慧"三学来对治，以持戒来克除贪欲，以禅定来止息嗔恚，以智慧来消灭愚痴。

## 解读

这句经文的意思浅显晓畅，教诫我们：把贪欲永远清除干净，把嗔恚永远彻底制服，把愚痴永远完全消灭，一切烦恼也就远离于人，这就是佛家所说的涅槃。《法句经·卷下·道行品》中，佛陀从反面提出了类似的意思："贪淫致老，嗔恚致病，愚痴致死，除三得道。"贪婪和淫欲使人迅速衰老，嗔怒恚恼使人罹患疾病，愚昧顽痴则导致不宜的死亡。如果把这三毒彻底消除掉，就能获得大清净、大解脱、大自在和大智慧。

## 原文

以无所得①故，菩提萨埵依般若波罗蜜多②故，心无挂碍。无挂碍故，无有恐怖，远

离颠倒梦想，究竟涅槃。（《般若波罗蜜多心经》）

注释

① 无所得：不可得，意思是凡夫与佛菩萨的所有境界都是空性中不可得的。

② 般若波罗蜜多：把我们度到彼岸的大智慧。

解读

这是《心经》关于“般若妙行”的论述。其大意是，因为凡夫和佛菩萨的种种境界在空性中都是不可获得的，因此，菩萨们就会依仗这个使我们到达彼岸的大智慧，在内心里把一切事情都放下，从而达到畅通无碍的境界。正因如此，菩萨们就没有来自自然和社会对生命可能造成种种威胁的惊惧、恐怖，就能够远离一切以无为有、以有为无、以空为有、以有为空的真假、善恶、美丑、荣辱等是非颠倒的梦想和幻觉，从而过得自在、潇洒，最终升华到寂静圆满、自由解脱的涅槃境界。这告诉我们：生活中一切名闻利养都没有实相可以获得，都是迁流不息、变幻无常的，因此要学会彻底放下一切事情，以缘起性空、本性自在的观点和方法来看待人生的一切，随缘而行、随遇而安，这样自己的人生就能够通畅圆融、自在自由。

## 三、安忍精进

原文

忍不可忍者，万福之源。（《六度集经·卷五》）

解读

这句经文说明忍的人生功用，意思是忍耐、忍辱、隐忍是一切幸福的源泉。可以设想，如果你能够忍受常人所不能忍受的一切，那么你就可以获得一切幸福的回报。南北朝陈代慧思在《法华经安乐行义》中认为，人生之“忍”有三种：“一者众生忍，二者法忍，三者大忍。”这实际上提出了忍的三层境界，而众生忍已相当不易，因为忍耐而做到打不还手、骂不还口，心定不乱，并能使打骂者改恶从善，此非甚高修养不能为也！

原文

若有愚下狂乱众生来骂辱者，皆忍受之。譬如醉象难可禁制，应以铁钩而调伏之。瞋

心醉象，亦复如是，以忍辱钩而制御之，令其调伏，名为安忍波罗密多。(《大乘理趣六波罗蜜多经》卷六)

## 解读

人生十之八九不如意，遭受各种侮骂或屈辱都是正常的，但确有很多人面对辱骂难以自持，做出激烈反应，从而置自己于险境之中，因此，忍辱就显得格外重要。忍辱在佛教里是行者对于谩骂、讥谤等消极言辞不予辩驳，对于忽视、仇恨等挫折情境不起嗔怨，对于缚掳、囚刑等伤害行为不起报复念头的忍耐、宽容，是一种感恩地开发智慧的修行方式，简言之就是行者对于眼、耳、鼻、舌、身、意之消极情境的安忍、沉静和坚定。这段经文讲的是忍辱的方法，叫作“安忍波罗蜜多”，就是通过安于忍辱而到达彼岸的大智慧：如果遇到愚昧、疯狂的人来辱骂你，你一定要定心忍受；就像一个人喝醉了而难以自制地狂乱一样，需要用铁钩、铁链把他锁起来，用以控制身体以降服他内心的狂躁；一个人处于极端愤怒的状态也像醉了一样难以自我克制，这时被他指责、辱骂的人万勿针锋相对，而要平心静气、安稳忍耐，就像什么事也没发生一样，渐渐地他会冷静下来，恢复理智。

现实生活中，“忍辱”常被看作是阿Q精神，消极自贱，认为不足取。实际上，忍辱的意义在于，行者遇到消极情景安忍不为所动，则生理、心理不会有应激的“忐忑”，情绪不会产生波动，言行不会失措；能忍则对内可以宁心静神，对外亦可化解矛盾。对此，贡嘎坚赞《萨迦格言》说：“若是克制了自身嗔恚，就是消灭了一切敌人。”显然，忍辱是生活中获得身心健康、人际和谐和人生畅达的重要修养方法。人们常说“退一步海阔天空，忍一时风平浪静”，也是此意。

## 原文

犹如深渊水，澄清无瑕秽，如是闻法人，清净心乐受。亦如大方石，风所不能动，如是得毁誉，心无有倾动。(《增一阿含经·卷三十一·力品》)

## 解读

这段经文的意思是，就像深不见底的水潭，干干净净、清亮无瑕，一个听闻佛法的修行人，就应该快乐地安住在这种清净之中。犹如一块大石头，大风吹不动它，一个人听到任何毁谤或赞誉他的话，都能够内心安然、不为所动。简言之，一个人如果能够安静和忍耐，便会有足够的定力，永享清净快乐。《吉祥经》认为：“八风不动心，无忧无污染，宁静无烦恼，是为最吉祥。”《出曜经·卷二十六》告诉我们：“犹若安明山，不为风所动，睿人亦如是，不为毁誉动。”《华严经·卷十八·明法品》也说：“悉能忍受一切诸恶，于诸众生其心平等，无有动摇，譬如大地能持一切，是则能净忍波罗蜜。”一个人如果能够忍受外界对自己的所有恶行，能够平等地对待一切众生，包括伤害或威胁过自己的人，而没有丝毫怀疑和动摇，就像大地能够宽厚地容纳一切一样，他就可以获得通过清净忍辱而到达彼岸的大智慧。可见，人生最安适、吉祥的事情就是内心无所烦扰、清静如水。

## 原文

勇猛精进[1]，志愿无杂，深心坚固，恒不退转。具胜希望，如救头燃[2]，无有厌足。（《华严经·卷七十八·入法界品》）

## 注释

① 精进：佛教“六度”之一，用以对治懒惰、懈怠。六度为布施、持戒、忍辱、精进、禅定、智慧，亦称六波罗蜜，就是乘着佛法的六艘舟船（六种方法）、渡过生死轮回的苦海（悭贪、毁犯、嗔恨、怠惰、散乱、愚痴），到达涅槃般若的彼岸。

② 救头燃：也称“救头然”，用来比喻时间紧迫，要倍加珍惜。臂烧了断臂，腿烧了断腿，头烧着了还有心思想什么好吃、什么好看、跟谁有恩怨？

## 解读

这段经文告诉我们要积极进取、自强不息。一个人要勇猛进取、精益求精，要下大决心、立大志愿，聚精会神、专心致志，意志坚定、心念稳固，不为外界任何干扰所惑，永不退缩、永不转移目标。在具备成功可能性时，要像头上着了火一样，时时处于迫在眉睫的危急状态，这样才能刻苦自励、不懈进取。寺院晚课一般要念诵这句话：“是日已过，命亦随减，如少水鱼，斯有何乐？大众，当勤精进，如救头然，但念无常，慎勿放逸。”这一天已经过去，生命也随之减少，就好像生活在越来越少的水里的鱼，还追求什么享乐？大家应该勤奋刻苦，做事情就要当危机临头一样对待，想到世事变化无常，就应该谨慎严厉，不要虚度光阴。明代高僧蕅益大师告诫我们：“豪杰丈夫具一切无明烦恼，偏向冰凌剑锋上行，非冰凌剑锋不能铸无明烦恼成菩提般若故也。天降大任，必先苦、劳、拂乱，令动心忍性。顽铁不炼不成钢，美玉不治不晶莹，松柏不历岁寒不挺秀，孤臣孽子不历熏不达。”（《寒笳集》）《佛遗教经》也说：“当勤精进。譬如小水常流，则能穿石。若行者之心数数谢废，譬如钻火，未热而息，虽欲得火，火难可得。”勤奋精进，就像小水常流，可以达“水滴石穿”之效；如果修行者进取之心屡屡中断甚至被废弃，就像钻木取火，还没钻热就停止了，那就不可能得到火。总之，精进的要义就在于坚持不懈、持之以恒。这教导我们做一个勇猛精进的大丈夫、豪杰之士。

## 原文

学道之人，不为情欲所惑，不为众邪所娆，精进无为，吾保此人必得道矣。（《四十二章经》）

## 解读

修行学道的人，不要为凡夫情欲所迷惑，不要为众多邪恶和妖娆的表象所烦扰；如果能够清静无为地勇猛精进，那就一定能得道，即达到圆满通达的境界。这告诉我们要经受得住各种迷惑、诱惑或困惑，这样才能专一心念、心无旁骛、全力进取。蕅益大师《寒笳集》说：“学不难有才，难有志。不难有志，难有品。不难有品，难有眼。惟具超方眼目，不被时流笼罩者，堪立千古品格。品立则志成，志成才得其所用矣。”他在《灵峰宗论·卷二之一》中讲道：“有出格见地，方有千古品格；有千古品格，方有超方学问；有超方学问，方有盖世文章。”志，就是志愿、发愿、决心、意志、信念；成就品格、练就才能、做好学问，都离不开专心致志、勇猛精进。

## 原文

譬如大海，一人斗量，经历劫①数，尚可穷底，得其妙宝。人有至心精进，求道不止，会当克果，何愿不得！（《佛说无量寿经·卷上》）

## 注释

① 劫：梵语音译，意为长时、时期、周期。佛学认为，世界在时间上有成住坏空四个时期即“四劫”，成劫是世界形成的时期，住劫是有情众生安住的时期，坏劫是渐趋破坏的时期，空劫是世界完全崩溃的时期；崩溃之后再入成劫，周而复始、延续无穷。

## 解读

这段经文跟“愚公移山”的故事有异曲同工之妙。譬如大海，虽然海水深广，一个人用他微薄的力量，拿着一个微小量的斗，每天舀一点，经过很长时间终究可以舀干海水，而得到这海底中的珍宝。人如果有至坚至定的意志力，不懈奋进，求道不止、修行不息，一定能得到大圆满的结果，那还有什么志向或愿望不能达成呢！蕅益大师《灵峰宗论·卷五之一》有非常生动的说法：“鸟必学飞也，而后毛羽成；舟必学操也，而后江河济；松柏必历岁寒也，而后贞干坚。行人必以佛祖自期也，而后成佛祖。”这就告诫我们，要想得道，要想有所成就，除了刻苦实践、不懈进取、勇猛拼搏，没有其他捷径。功夫就是实践的积累和时间的延续，时间就是空间，为人们提供了长才能、做事情、求大道、得清净的无限空间，所以要朝夕必争、分秒不误，用心专一、不懈奋进。

## 原文

善调琴弦不缓不急，然后发妙和雅音。精进太急，增其掉悔；精进太缓，令人懈怠。

是故，汝当平等修习摄受，莫着、莫放逸、莫取相。（《杂阿含经》卷九，第239经）

**解读**

这段经文通过弹琴譬喻讲精进的方法和策略，要把握“适度”原则，贵在坚持不懈。《杂含卷第九》《中含卷第二十九》《增含卷第十三》均记载了佛为尊者二十亿耳比丘说弹琴譬喻的事迹。亿耳比丘“是勇猛精进、专勤修行，堪任苦行者。……在暗林中，前夜后夜学习不眠，精勤正住修习道品，安静独住宴坐思惟”；即使“昼夜经行，……恒自克励不舍斯须”，乃至于“所经行处，脚坏血流盈满路侧……然复不能于欲漏心得解脱”，他灰心丧气，欲“舍（法）服，还作白衣！”于是佛就对他说了这段话。其意思是，就像弹琴，琴弦松紧要适度才能弹出“妙和雅音”，如果精进过急过猛，就会令心意烦躁，甚至徒生悔意；如果精进力度不够，就会导致松懈怠惰。所以要平平常常、一如既往，严谨修习、淡然对待一切遭遇，既不过于执着，也不放纵安逸，更不刻意追求形式。这样矫正了自己的修行方法，尊者常念佛说弹琴譬喻，独自沉静地禅修，而成就阿罗汉果，自心觉悟，得到了解脱的喜乐。这虽然说的是修成佛道之理，但一个人要成就任何志向和事业，也无非如此。

## 四、修证智慧

**原文**

无一众生而不具有如来智慧，但以妄想颠倒执着[①]，而不证得。若离妄想，一切智、自然智、无碍智，则得现前。（《华严经·卷五十一·如来出现品》）

**注释**

① 妄想颠倒执着：妄想：指一些自私狭隘、荒谬错误、自寻烦恼的念头。颠倒：是非、善恶、真假、美丑等价值标准倒置，或认贼作父，错认主人翁等。执着：指思想的顽固和情感的不舍。佛学里还有“分别”，是指对万物作美丑好坏等的分辨和取舍。实际上都属于妄想或“妄心”的范畴，与“佛性”相对。

**解读**

这是释迦牟尼在菩提树下仰望星空而悟道之际，对众生本来都有如来智慧的德相，但因妄心主宰而不能证得般若的慨叹，也体现了佛陀深爱众生的慈悲胸怀。天下有情众生本来都有真如佛性、般若智慧，但是由于世俗的成见、环境的诱惑、尘垢的蒙蔽、秽物的污染等，而呈现妄想、颠倒、执着、分别的心性状态，从而没能发现自性真如、难以证得般若智慧。相反，如果能够远离一切妄心，那么深藏于人之心性的大智慧、大清净、大通达、大圆融，就能够展现出来。

## 原文

实智慧者，则是度老病死海坚牢船也，亦是无明黑暗大明灯也，一切病苦之良药也，伐烦恼树之利斧也。是故汝等，当以闻思修慧①而自增益。（《佛遗教经》）

## 注释

① 闻思修慧：由闻法而来之慧，称作闻慧；由思考而来之慧，称作思慧；由修行而来之慧，称作修慧。以上三者合称闻思修三慧。

## 解读

这是佛陀在圆寂之前对比丘的告诫之一，充分彰显了般若智慧的地位和意义。他说：如果有了般若智慧，就不会产生贪欲和执着；如果经常返照内省，就不会失去智慧，如此则能在佛法中得到解脱。接着说了这段经文：真实的智慧，就像一艘能渡过老病死之苦海的坚固大船，像是无明黑暗中的大光明灯，像是能治疗一切病苦的灵丹妙药，也像是能够砍伐一切烦恼之树的锐利大斧。因此，诸位应当以闻思修三种慧来增益自己。这承续佛陀关于坚持净戒可以不堕三途、修行禅定可以脱离五欲的论述，强调唯有启发智慧才能出三界、实证解脱而入涅槃。佛家修行一切圣道的目的和内容，就是智慧，开发出智慧才是实证圣道的根本前提。我们常说人生要有大智慧，就是要超脱烦恼、痛苦和愚昧，超越生老病死的捆缚，从而活得圆融畅达、安详自在。

## 原文

诸智慧者，于无文字假说文字，然不着文字，法性无碍①，是故智者不碍文字。（《大宝积经·卷一百·无垢施菩萨应辩会》）

## 注释

① 法性无碍：具备智慧之后就可以明了通达万事万物的本性。法性：万事万物的本性。

## 解读

佛学认为，所有的智慧都跟文字无关，文字不过是一种假借的载体或工具；如果超脱文字，而明了通达万事万物的本性，那么，有大智慧的人没有任何文字障了。文字只是初级阶梯，最终的大智慧是要脱离文字的。明代蕅益大师《灵峰宗论·卷二之二》说：“看教贵精不贵多。……欲彻骨髓，必须看时即是观心，即曰‘观心’，功同参悟。”这告诉我们，读经文时要看透文字背后深入骨髓的精要妙义，读书也是如此，要以获得智慧为目的。六祖惠能的大弟子神会阐发“顿悟”之法：“用金刚慧，断诸位的烦恼，豁然晓悟，自见法性本来空寂，慧利明了，通达无碍。”通过断除烦恼的金刚智慧，可以圆融通达地晓悟万事万物的本性都是寂然而空的。读书或者做事，要超越文字和事情的具象，而达到对文字和事相背后精髓和规律的把握，这是一种读书和做事做人的高妙境界。

## 原文

信为道元功德母，长养一切诸善根，……信无垢浊心清净，灭除憍慢恭敬本，……信能增长智功德，信能必到如来地，信令诸根净明利，信力坚固无能坏。（《华严经·卷十四·净行品》）

## 解读

这段经文详细阐释了信心在人生修养中的重要地位和作用，此处仅摘录几句，其大致意思是，信心是上求佛道的根本，它可以帮助人们培养一切善心、增长一切善行。信心没有掺杂污垢浑浊的因素，心性因而清净无瑕，可以灭除骄傲轻慢之心，从根本上培养恭敬之心。有信心就能增长智慧和功德，有信心就能达到自在解脱的境域，有信心就能使自己六根清净、聪明睿智，有信心就能坚定不移、矢志不渝。信心、信念、信仰是人生的重要精神性要素，是人生不可或缺的灵魂，人生的健康、成功和幸福都离不开它。《经集》第十章《林主夜叉经》有偈语说：“凭信仰渡过水流，凭勤勉渡过海洋，凭勇力克服痛苦，凭智慧获得纯洁。”可见信仰、信念、信心对人生的极端重要性。

## 原文

清静信乐心[1]，名士[2]夫胜财；修行于正法，能招安乐果；真谛之妙说，是则味之上；贤圣智慧命，是为寿中最。（《杂阿含经·卷三十六·第1 013经》）

## 注释

① 清净信乐心：即清净之心、信仰之心或修行之心、安乐之心。

② 名士：即佛教界的上士，指那些能够自利利他且有上等根基的修行者。

## 解读

据佛经记载，天人问："何等为上士，所有资财物？云何善修习，而致于安乐？云何众味中，得为最上味？云何众生中，得为第一寿？"佛陀于是作此偈语。这一问一答其实很有智慧，简而言之，佛陀将"清净信乐心"视为最好的上士资财，将修行佛陀大慈大智的教法视为最安乐的生活方式，将佛学真谛的妙说视作人间天上第一味，将圣贤所具备的慧命视为长寿不老的秘诀。《经集》第十章《林主夜叉经》有这样一句通俗的话："信仰是人生的最宝贵财富；遵行正法，带来幸福；真理味儿最美；智慧的生活是人们称说的最好生活。"可见，信仰、正法、真理、智慧，这是幸福或美好人生的必备要素。

## 原文

诸恶莫作，众善奉行，自净其意，是诸佛教。（《法句经·卷下·述佛品·七佛通戒偈》）

## 解读

此句经文言简意赅，观点鲜明，表达了佛陀教育的根本宗旨，那就是奉劝和教化人们不要作任何恶，而行一切善，自己清扫干净自己的意识或心念，这就是佛陀一切教化的根本。就像中华传统文化的教育理念，一般概括为"修身养性""长善救失"。《印光法师文钞续编卷上·复徐书镛居士书》有言："学圣学佛，均以敦伦尽分、闲邪存诚、诸恶莫作、众善奉行为本。"学圣学佛，贵在实践，在实践中锤炼意志、陶冶性情、净化心性，使心中毫无恶念、言行充满善意，如此提升人格品性，必然趋向佛陀圣道。

## 原文

我昔所造诸恶业[①]，皆由无始贪嗔痴，从身语意之所生，一切我今皆忏悔。（《华严经·普贤行愿品》）

## 注释

① 业：梵语"摩羯"，"造作"之义，人在思想上或因思想而发之于身体语言的善恶诸造作都叫"业"，包括意业、语业、身业。所有的业都可分为善、恶、无记三业，善业招致善果，恶业招致恶果，无记业既不善也不恶，故不招果。善业可以克除恶业甚至消除恶业的果报，比如以十善业（放生、布施、净行等身业，诚实语、质直语、柔软语、和诤语等语业，不净观、慈悲观、因缘观等意业）对治十恶业（杀生、偷盗、邪淫等身业，妄语、绮语、两舌、恶口等语业，贪欲、嗔恚、邪见等意业）。

## 解读

佛陀说，我过去所造作的一切恶业，都是由不知何时开始的贪欲、嗔恚和愚痴邪见这三种恶念所造成的，而这些恶业则来自于不善的行动、言语和心念，我应该对这一切认真反省、检讨，努力纠正过失、改正错误、洗涮罪过。古印度阿底峡提醒我们如何忏悔，如何洗心革面、重新做人："无我为学问第一，调伏身心励令清净为持戒第一，利他不贪为布施第一，观照自心为口诀第一，知一切如幻为对治根尘第一，不同凡夫为行动第一，远离三毒为成就第一，一切不贪著为神通第一，常居卑下为忍辱第一，舍离世事为精进第一，妄心不起为禅定第一，一切相不取不著为智慧第一。"（根桑泽程仁波切述《密宗法义精要》）这比较全面地论述了如何远离恶业，修得般若智慧的问题：无我、清净、利他、自省，六根清净、六尘不染，忍辱、精进、禅定等，缺一不可，值得我们深思、借鉴。

## 延伸阅读


1. 潘明权，李叔严．佛经故事．天津：天津古籍出版社，2008.
2. 弘一法师．佛教格言精选．武汉：长江文艺出版社，2011.
3. 洪丕谟．梵唱的天籁——禅宗那些大师们．武汉：长江文艺出版社，2011.
4. 甄隐．禅宗证悟理法辑要．北京：宗教文化出版社，2012.
5. 陈兵．佛教格言，北京：华文出版社，2012.
6. 秦宁．佛学人生态度评析．改革与开放，2013（8）．
7. 陈兵．常诵佛经十种．北京：华文出版社，2013.
8. 陈秋平译注．金刚经　心经．北京：中华书局，2013.
9. 尚荣译注．坛经．北京：中华书局，2013.
10. 陶金．世界文明对话与东方佛学智慧——池田大作宗教对话思想探析．世界宗教文化，2014（4）．

# 第十五章　慈悲度众

吴文新

## 概　述

如果说上一章旨在论佛学的出世或超世，本章则论“入世”，即“慈悲度众”，既是超世“内圣”的最终归宿，也是心性清净、安忍精进并修得般若智慧之后的“外王”表现。大乘佛学谓“无缘大慈、同体大悲”，意即无条件地慈爱利他、视同己身地悲悯度他，有些类似儒家的“老吾老以及人之老，幼吾幼以及人之幼”，但进一步把这种慈悲推广到宇宙间一切有情，是人我一体、骨肉相连、休戚与共的，是佛那种特有的无边大爱及大胸怀、大善德和大公心。佛法在世间，众生在世间，因此，本章从“善生报恩”“布施济众”“和乐天下”三个方面，帮助同学们体悟社会和人生真相，学会合理如法地谋生，学会知恩报恩，启迪同学们立志发愿以自己的才能去帮助一切需要帮助的人，最终以自己的德性和智慧，实现天下和谐、大众安乐，达到人人清净解脱、自在安详的理想境界。

## 一、善生报恩

### 原　文

谓善男子[①]种种工巧处以自营生，谓种田商贾，或以王事，或以书疏算画，于彼彼工巧业处精勤修行，是名方便具足[②]。（《杂阿含经·卷四·第91经》）

### 注　释

① 善男子：指良家男子，佛经中对在家的信男、信女，常称“善男子”“善女人”，

是梵语“优婆塞”“优婆夷”的意译。

② 方便具足：佛学中在家居士必须修行安详喜乐的四种方法，即“方便具足、守护具足、善知识具足、正命具足”，“方便具足”就是在日常生产和生活中修行正法所必须具备的方便、灵巧的方法。

## 解读

这段经文告诉在家修行的居士，要通过种种正当的技能、技巧来谋取生存资料，比如种田、经商，或者做官侍奉国君，或者著书立说、精算运筹、书法绘画等，从事任何行业都要精益求精、勤奋不辍，特别是在生产生活中修行善法，在种种琐事上磨炼心性，求得智慧解脱。这类似儒家入世修养人生的做法，在事上磨炼，“洒扫应对皆通玄”。这说明，不一定出家才能修行，在家亦可修行，从事各种人间俗务，一方面解决家庭生计问题，另一方面也可通过这些事情磨炼心性，如能不着于具体事相，必能获得般若智慧。

## 原文

六损财业者：一者耽湎于酒，二者博戏，三者放荡，四者迷于伎乐，五者恶友相得，六者懈堕。（《长阿含经·卷十一·善生经》）

## 解读

根据《善生经》的论述，有六种损失财产的罪业要尽量避免。第一，酗酒，因为酗酒会耗费钱财，会导致身体患病，会引起酒后打斗争讼，会不经意中暴露自家隐私或秘密，会引起别人的讨厌、嫌弃，会使人失去理智、变得愚钝顽痴等。第二，赌博嬉戏，因为沉醉于博戏也有六种害处：输了就会心生怨恨，损失了钱财就会颜面尽失、深感耻辱，如果输了就会夜不能寐，就会令你的仇人心生欢喜、幸灾乐祸，会让你的亲朋好友心怀忧愁，会让你的同事、同学等认定你不讲信用。第三，放荡不羁、随意散漫，就是不遵守正当的作息时间，生活毫无规律、工作毫无保障，这也有几种危害，比如会损害身体健康，会无意中浪费钱财，会让妻子儿女缺乏生存保障，还会让别人怀疑为偷盗、淫荡等，会引发很多意外的烦恼和痛苦，还会引起别人的妄议和诽谤。第四，沉迷于艺妓娱乐，也会招致几种损害，比如听歌（特别是无病呻吟的流行歌曲）上瘾，喜欢放纵跳舞（特别是舞厅里噪音光色中的狂舞），特别喜欢追求感官的刺激和快乐，在娱乐时不知不觉地手舞足蹈，喜欢到各种人群混杂的地方或参加大聚会。第五，亲近恶友，也有几种危害，比如亲近恶友就像是每天和盗贼生活在一起；恶友往往缺乏诚信，若亲近他，你就生活在被欺骗和诳惑的环境之中；恶友往往像疯子和酒鬼一样，你也会疯狂而不能自制；恶友一般都言行无检点，跟他们在一起必然滋长放逸；恶友一般喜欢吃喝玩乐，你就会被带到污秽之地而远离增长善法的地方；亲近恶友让你整天跟这些毫无诚信、毫无规矩的人在一起，与他们为伴，必然事事无成，人生堕落。第六，懒惰懈怠，这有几种表现，比如太早了不工作，太晚了不工作，太冷了不工作，太热了不工作，太饱了不工作，太饿了不工作，懒惰的人总能找到懈怠的借口，显然结果只能是一事无成、光阴徒费。为了避免财产损失，还是要修行善法，持守五戒，勤行十善，比如不饮酒、不嬉戏赌博、不放纵散漫、不过度娱乐、不交恶友、不懒惰懈怠。此段经文也向我们展示了佛家思想对于现实人生的净化和提升价值。

### 原文

无病最利，知足最富，厚为最友，泥洹[1]最快。(《法句经·卷下·泥洹品》)

### 注释

① 泥洹：即涅槃，有寂灭的意思。

### 解读

这句经文意思简单明了，即健康是最大的利益，知足是最大的财富，忠厚者是最好的朋友，涅槃是至上的寂乐。引申说来，前三句说的是世间的常理，也就是人在社会生活中最简单、方便的快乐感受，一是身体健康，二是知足常乐，三是忠厚挚友。“泥洹最快”，是说如果认识到为什么这样的生活能够获得简朴的快乐，那就能轻快地获得对涅槃的理解。也就是说，不一定出家才能修得涅槃，通过深刻地体验和觉悟现实生活也能达到自性清净的境界。《四十华严·卷十一》有这样的告诫：“从四大身，能生四病：所谓身病、心病、客病及俱有病。……如是众病，贫贱人少，多劳役故，富贵人多，过优乐故。”意思是贫贱人家由于勤劳且清淡寡欲，很少得这些病；富贵人家则由于好逸恶劳、养尊处优，极易罹患这些身体、心理的疾病，以及遭到外界环境干扰、侵袭、蛊惑而身心受损，这也说明了健康、知足、忠厚和清净的价值。

### 原文

佛告善生[1]：“有四亲可亲，多所饶益，为人救护。云何为四？一者止非，二者慈愍，三者利人，四者同事。是为四亲可亲，多所饶益，为人救护，当亲近之。”(《长阿含经·卷十一·善生经》)

### 注释

① 善生：佛经里一位长者的名字。取其意，一切生命、生活与善相应就叫善生。

### 解读

佛陀对善生说：有四种对待亲人的事情，有很多益处，可以救护亲人，此为“善亲”

之法，要好好去做。一是制止错误，二是慈悲怜悯，三是利益他人，四是合作共事。《善生经》里还详细告诉我们，每种事情都有几种体现或好处：制止错误言行，主要是见亲人作恶就及时制止，并对亲人示范正直的言行规矩，要对亲人有慈悲和怜悯之心，并告诉他们通往圣境的道路；慈悲怜悯，就是要看到亲人做有利别人的事情就为之高兴，看见亲人作恶就心怀忧愁，经常称誉亲人的恩德，听到毁谤亲人就及时制止；利益他人，就是要保护他不让其放纵逸乐，防止他由于纵情享乐而损失财产，保护他使之没有恐怖，劝诫他远离是非危险之地以免被幻相所惑；合作共事，主要是为同事服务不惜生命，为同事谋利不惜财宝，为同事安全而消除恐怖，为同事幸福而劝解他远离颠倒幻相。这些事情都很有益处，能够救护亲人，故多多益善。实际上，这也是建设家风、养成家道的有效途径。《印光大师文钞续编·复永嘉某居士书五》说到这样的话题，认为："教子女，当于根本上着手。所谓根本者，即孝亲济众，忍辱笃行。以身为教，以德为范。如熔金铜，倾入模中。模直则直，模曲则曲。大小厚薄，未入模之先，已可预知，况出模乎。"他主张从孝亲济众、忍辱笃行这个根本点入手，以言传身教，就像用一个模子来塑造人的德性一样，引导化育子女，使之养成良好的人格品质。

## 原文

奉养父母亲，爱护妻与子，从业要无害，是为最吉祥。（《吉祥经》）

## 解读

成就家庭幸福吉祥的最佳方法就是，用感恩之心奉养父母，用恭敬之心爱护妻子和儿女，用无害而有益的职业来养家糊口。《印光法师文钞续编·到光明之路·序》提出："善事其亲者，其子必孝；善事其兄者，其子必悌。如屋檐水，后必继前。"善于赡养长辈亲人的，他们的子女一定孝顺；善于侍奉兄弟姐妹的，他们的子女一定懂得兄友弟恭之道，就像屋檐上的水一串连着一串，紧紧相随，孝悌之家必然家风淳朴、家道凛然，这显然是最吉祥、最安乐的家庭了。

## 原文

是故诸比丘，当如是学：知恩报恩，其有小恩尚报，终不忘失，况复大恩！（《杂阿含经·卷四十七·第1 264经佛言》）

## 解读

这段经文告诫我们，人生在世，成长不易，有多少人、多少资源为我们服务和付出！国家和社会为我们搭建平台、创造机会，我们才有如此的成就和幸福的生活，因此知恩、怀恩、感恩、报恩最为重要。别人对自己有小小的恩惠或帮助都要牢记在心，更何况大恩大惠呢！《胜天王般若经·卷一》有言"受恩常感，轻恩重报"；《优婆塞戒经·卷二·自他庄严品》也说“少恩加己，思欲大报”。这和我们常说的“滴水之恩当以涌泉相报”完全一致。

## 原文

世间所高，莫过山岳，悲母之恩，逾于须弥①；世间之重，大地为先，悲母之恩，亦过于彼。……善男子！于诸世间，何者最富？何者最贫？悲母在堂，名之为富；悲母不在，名之为贫。悲母在时，名为日中；悲母死时，名为日没。悲母在时，名为月明；悲母亡时，名为暗夜。是故汝等勤加修习，孝养父母，若人供佛，福等无异，应当如是报父母恩。（《大乘本生心地观经·卷二·报恩品上》）

## 注释

① 须弥：在佛学世界观里，我们所住的世界中心是一座大山，叫须弥山。须弥即“妙高”“妙光”“善积”之义，以这“妙高山”“善积山”为中心的世界又称“须弥界”，就是遍存虚空、无边无际的空间。

## 解读

这段经文比喻母恩之崇高伟大。人世间最高的莫过于山岳，而大慈大悲之母亲的恩德却大过须弥山；人世间最重要的莫过于大地的优先存在，而大慈大悲之母恩比大地还重要。一切在家修行的居士们，请问人世间什么最富、什么最穷？有悲母在家就最为富贵，悲母不在就最为贫穷；悲母在家就像日在中天前途光明，悲母不在就像日落西山前景黯淡；悲母在家就像日月一样光辉灿烂，悲母不在就像三更半夜暗无天日。因此，大家要勤加修习，就像供奉佛那样孝养父母，一定能收获同样的福报；人生在世，就应该这样报答父母之恩。可见跟儒家一样，佛家也特别强调孝道，把回报父母之恩、恭敬孝养父母作为人世间最重要的事情。

## 原文

世出世恩有其四种：一父母恩，二众生恩，三国王恩，四三宝恩。如是四恩，一切众生平等荷负。（《大乘本生心地观经·卷二·报恩品上》）

## 解读

世间和出世间共有四种恩德，是一切众生都平等担负的，都必须要心怀感恩，那就是人世间父母的生养培育之恩、众生的资助扶持之恩、国王（领导）的体恤范导之恩，以及出世间的佛法僧三宝之恩。按照佛学道理，世间恩虽大，但是未若出世间恩之大，我们身体虽从父母而来，父母对我们的色身（身命）有养育之恩，三宝则滋育了我们的法身慧命，它像一盏黑暗中的明灯，指示我们迷途的方向，使我们了生脱死，直到彼岸。见诸现实生活，三宝之恩，可以引申为引导你学会做人、走向崇高的人的辛勤培育、谆谆教诲之恩，因为他让你的人生有方向、有目标、有道德、有规范、有榜样、有动力。

## 二、布施济众

原文

自利益者不名为实，利益他者乃名自利。（《优婆塞戒经·卷二·自利利他品》）

解读

只为自己谋利益者不是真正的自利，只有为他人谋利益者才是真正的自利。《优婆塞戒经·卷二·名义菩萨品》说："不念自利，常念利他，身口意业所作诸善，终不自为，恒为他人。"认为必须完全利他，身口意三业诸善行恒为他人；《佛说未曾有因缘经·卷下》说"自利利人，故名大士"；诃梨跋摩《成实论·卷一》也说"自利利人，故名善人"；《大般若经·卷五七二·显德品》说得更加清晰："自利利他心平等，是则名真供养佛。"《佛说首楞严三昧经·卷上》也有类似的经文："为欲利益一切众生，发阿耨多罗三藐三菩提心，是为第一供养如来。"真正的供佛拜佛，不是在佛堂里摆上佛像、放些贡品、烧香磕头，而是把别人当成和自己一样，平等、无分别地利他，能够做到自利利他融合为一体的，那是真正的大士、名士、善人。这里阐述了一种自利利他的人生价值观，即无论做任何事情，在利他的同时利己，在利己的同时要利他，而此"利"并非单纯物质之利，应是更为广泛、丰富而深刻的人性利益。

原文

此菩萨于诸众生发十种心，何者为十？所谓利益心、大悲心、安乐心、安住心、怜悯心、摄受心、守护心、同己心、师心、导师心，是为十。（《华严经·卷十六·须弥顶上偈赞品》）

解读

菩萨面对众生就自然生出十种心，那就是利众益生之心、大慈大悲之心、安详喜乐之心、安然住法之心、怜惜悲悯之心、感同身受之心、守卫保护之心、视同己出之心、师父教化之心、传道开慧之心。这十种心不是菩萨有意为之，而是自然而然的心念，是《金刚经》所谓"应无所住，而生其心"的"生发之心"，是一种修养境界。

## 原文

孤独鳏寡，衣食不充，疾病困笃，无以自济，当给医药，糜粥消息，令其得愈。（《佛说阿难四事经》）

## 解读

修行佛菩萨之圣道的人，面对鳏寡孤独、衣不蔽体、食不果腹的人，被疾病厄运捆缚的人，没有任何生计活路的人，就应当给他们医药、饭食，以及情感、心理安慰，让他们疾病痊愈、生活改善、内心幸福。《华严经·卷六十三·入法界品》也有类似经文："贫者令足，病者令愈，危者令安，怖者令止，有忧苦者咸使快乐。"近代弘一法师认为："既为佛教徒，即应努力做利益社会之种种事业。"可见，佛家并非消极避世，真正的佛教徒是要用自己修行得来的慈悲和智慧造福于社会大众的，为处于种种困苦之中的民众提供种种解脱痛苦和烦恼、获得幸福和快乐的便巧方法。

## 原文

发菩提心[①]者，所谓发大悲心，普救一切众生故。发大慈心，平等祐一切世间故。发安乐心，令一切众生灭诸苦故。发饶益心，令一切众生离恶法故。发哀愍心，有怖畏者咸守护故。发无碍心，舍离一切诸障碍故。发广大心，一切法界咸遍满故。发无边心，等虚空界无不往故。发宽博心，悉见一切诸如来故。发清净心，于三世法智[②]无违故。发智慧心，普入一切智慧海故。（《华严经·卷六十八·入法界品》）

## 注释

① 发菩提心：即发下证悟涅槃智慧、普度众生的宏愿。

② 法智：即观见欲界苦集灭道四谛法的无漏智慧。

## 解读

这段经文讲的是菩提心的十一个特征或表现：发大悲心就是誓愿普救一切众生；发大慈心就是誓愿平等护佑世间万众；发安乐心就是誓愿消除一切众生的所有痛苦；发饶益心就是誓愿帮助众生远离一切恶法的威胁；发哀愍心就是誓愿守护一切心有恐怖的众生使之有安全感；发无碍心就是誓愿让众生舍离一切烦恼障碍；发广大心就是誓愿使自己的慈心善意遍布一切空间；发无边心就是誓愿将自己的心念扩充到无边无际的虚空法界；发宽博心就是誓愿见到一切如来真相；发清净心就是誓愿绝不违背自古以来观照苦集灭道四苦谛

的无漏智慧；发智慧心就是誓愿觉度众生进入宽阔无垠的智慧大海。实际上就是要让这种菩提心在我们日常生活的方方面面无所不在、无时不有，整个地佛化、禅化、善化我们的生存状态。

## 原文

喜心内充满，而行于布施①，施已心无悔，其意益欢悦。（《大宝积经·卷七十七·富楼那会》）

## 注释

① 布施：梵语 dāna 的意译，为佛教大乘修行的六度之一，居六度之首，即布施度，即以慈悲心给予他人福祉与利益之事，普施一切众生。布施有三种：法施、财施和无畏施。

## 解读

经文告诉了我们布施时应有的内心状态。布施前后及其过程，要内心充满喜乐、愉悦，布施之后内心毫无悔意，反而更加欢喜、愉悦。布施是一种随喜功德，要高高兴兴、轻松愉快地去做，既不能作为一种任务或负担，也不能怀有收获名利的企图。正如《大般若经·卷四〇二·欢喜品》所说，“应以无舍而为方便，圆满布施波罗蜜多，施者、受者及所布施物不可得故”，亦即要做到“三轮体空”，对布施的我、接受布施的人以及所布施的东西都完全不会惦念，不着于相，而是自然而然、超然而行。布施跟现代社会所谓行善、为社会大众提供义务志愿服务等有相通之处。

## 原文

凡所施为，一切功德，行恩于人，不望现报，不望生报，不望后报①，是名为舍②。（《佛说未曾有因缘经》）

## 注释

① “不望现报”三句：现报、生报、后报：僧人慧远著《三报论》关于业（人的造作）的三种报应。现报是现身作善作恶，现身就得善报恶报；生报是来生受报应；后报是在二生、三生、百生、千生以后终受报应。

② 舍：施舍，亦即布施，舍掉自己而为他人；佛学用“慈悲喜舍”一语表达满心欢喜地布施行善的状态。

解读

修行菩萨道者，所做一切布施行为，一切随喜功德，都只是帮助他人、为他人提供某些方便，因此就一定不要期望得到现世报答、来生报答，乃至以后千百代人的报答，这就要求完全去除任何功利心、受恩心来布施行善。《吉祥经》说“布施好品德，帮助众亲眷，行为无瑕疵，是为最吉祥”，按照佛学道理，众亲眷跟其他众生是平等的，也要像布施亲眷一样布施有情众生。近代太虚大师在《菩萨学处》中也说：“凡能牺牲自己利益人群的都是布施。”

原文

有五种施，名为大施，何者为五？一者时施；二者道行之者；三者病人及看病者；四者说正法人；五者诣他国者。（《大宝积经・卷一二〇・广博仙人会》）

解读

佛教认为，有五种布施可称为“大布施”：时施，就是适时或及时地布施于人，在人最需要也最危急的时候提供帮助；道行之，即为那些旅行或修行中的人指明方向和路径；病人及看病者，就是为患病的人提供治疗帮助或为那些看病治病的人（医护人员）提供帮助；说正法，就是向人如法讲说佛法、宣扬正法；诣他国，即到别的国家传法弘道。引申而言，布施行善，要多做雪中送炭的事，多做为迷途人指点迷津的事，尽己之能救死扶伤，随时随地善巧方便地向众生宣扬真理、传播正能量，随机随缘向全世界弘扬增益和平幸福、促进可持续发展的文明理念。

## 三、和乐天下

原文

佛法在世间，不离世间觉；离世觅菩提，犹如求兔角。（《坛经・般若品》）

解读

这是六祖慧能为在家出家修行者所作的一首“无相颂”中的几句，意思是佛法就在人世间，真正的觉悟是在人世间得到的；离开人世间去寻求觉悟和解脱，就像寻找根本不存在的兔角一样。因为兔子是没有角的，六祖这句话是说要出世间求菩提是不可能求到的。

这告诉人们，最好的修行是人世间的修行，出家固然便于证悟圣道，但要慈悲行世、救度众生，那就必须回归并深入人世间的凡俗生活，用自己的般若智慧成就自己的慈悲胸怀。延伸而言，佛法乃至一切正法都离不开凡俗世间，世间法和出世间法是一不是二，好比水和波浪，平静时是水，风吹生成波浪，可是波浪本质上还是水，只不过你看到的水的形状有改变，不是本质变了。我们众生也一样，一颗妙明本心亦即自性，也就是如如不动的佛性，并不因为你这一生在人道，另一生在修罗道、鬼道或者天道便有什么改变。在学佛法时迷了的人就求出世间，以为有一个方法可以离开世间而成就超脱到六道轮回之外。其实，行者去西方极乐世界修成了，超脱了六道轮回，还是要学观世音菩萨、地藏王菩萨、文殊菩萨、普贤菩萨等来到十方国土度化众生的。就像我们学习各种科学知识、学习马克思主义，并不是在知识层面上记住了就完了，而是必须联系我们生活的这个世界，将之应用到实际生活之中，才能领悟这些科学的真谛，真正实现它们的价值。

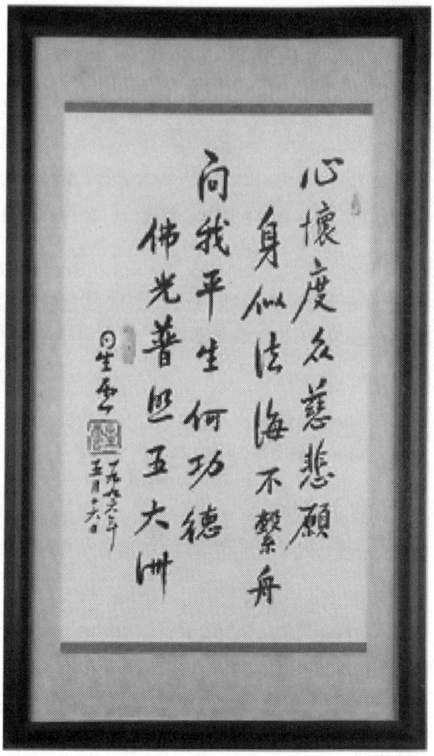


## 原文

成就众生，净佛国土。（《大品般若经·卷二十五·教授教戒品》）

## 解读

众生存在于佛国之中，成就众生也就是要利益众生、觉悟众生、救度众生，只有这样，才能使佛性国土清净、庄严。这句经文告诉我们，佛之一切修行证悟最终都归于众生的利益、觉悟和救度解脱。成就众生，《维摩经·佛国品》所谓“众生之类是菩萨净土。所以者何？菩萨随所化众生而取净土”。菩萨感念佛土，必有所化的众生，佛土的净秽，随着所化众生的净秽，所化众生清净，则其土清净；所化众生污秽，则其土也污秽。因此菩萨为庄严佛国土而教化众生，众生随其教化，而成就清净善业，最终往生这佛国土，共得清净。因此教化众生即成就众生。《维摩经》所谓“若菩萨愿得净土，当净其心，随其心净则佛土净”。佛国土即菩萨成佛时感得之国土，要想使自身所住的国土清净，必先清净己心，己心清净，则其国土必得清净。因此菩萨发大愿心，成就自身净土，而清净心行，谓之净佛国土。五代延寿《万善同归集·卷四》以更通俗的说法表达此意：“或尽忠立孝，济国治家，行谦让之风，履温恭之道，敬养父母，成第一之福田，承事尊贤，开生天之净路。”还是让我们清净自身己心，进而成就众生自心佛性，以此使整个世界庄严、清净、幸福、自由。

## 原文

净佛世界者，有二种净：一者菩萨自净其身，二者净众生心令行清净道。以彼我因缘清净故，随所愿得清净世界。（《大智度论·卷五十》）

## 解读

佛学认为，净土的方法有两种：一种是菩萨自己清净自己的身心，二是菩萨净化众生身心使他们修行清净圣道。因为菩萨和众生都有佛性，菩萨固有救度之心，因而因缘甚深，这就为菩萨自净其身并净化众生提供了条件，因此，菩萨可以随愿随缘得到清净的佛性世界。在这里，“得清净世界”即是修得净土，作为其重要条件，“彼我因缘”就是菩萨“自净其身”及“净众生心”。其中，自净是净他的前提。通过利他而自净，通过自净而净他，这是六波罗蜜的基本思路。要净他，除了首先得自净之外还必须亲近他、调服他、摄受他。这就涉及如何处理好人际关系的问题，亦即如何使“彼我因缘清净”。古人讲“未结法缘，先结人缘”。可见，结人缘是非常重要的，它是净化众生的前提条件。先结人缘，后结法缘，用法缘统摄、提升和净化人缘，最后达到人缘与法缘的不二。这是菩萨度化众生的方便法门，彰显了净土宗的菩萨修行也是以“自净净他”的方式来实现“自觉觉他”“自度度他”的佛学宗旨。

## 原文

在家出家共相习近，同喜同忧，同乐同苦，凡所为作，悉皆共同，是名习近相赞叹。（《杂阿含经·卷二十·第551经》）

## 解读

这段经文是佛陀住世时，诃梨聚落长者到佛陀讲经的一个道场，请教摩诃迦旃延尊者，尊者回复“什么是彼此习近相赞叹”时的答语。其意思是，在家人与出家人彼此的生活习惯比较接近，同喜、同忧、同乐、同苦，凡有所作为，都是共同去做，这就叫作彼此习近而相赞叹。初入佛门还没有解脱的出家人，还会有与在家众亲相互攀缘系缚的情况，这时还会和家里亲人有种种联系，那就要按照佛法正理结交亲缘善缘。相反，如果在家人与出家人彼此不相习近，不同喜、不同忧、不同苦、不同乐，凡有所作为，都不会彼此欢悦认同，这就叫作不相赞叹。这种情况势必影响修行。经文的总体意思依然是让所有修行者都能够与凡俗世间的人们和谐相处，以众生心为心，以众生的苦乐为自己的苦乐，不是让你混同于流俗，而是要心存大众，胸怀慈悲，能够以种种方便的形式住于世间，以便随缘行善，救度众生。

## 原文

为家忘一人，为村忘一家，为国忘一村，为身忘世间。（《增一阿含经·卷三十一·力品》）

## 解读

一般认为，这段经文表达了佛学的“和平观”，特别是出家人如何为社会和谐、世界和平做贡献。一个出家人要有这样的心愿，其中“为身忘世间”不是忘掉世间、逃避现实，而是“忘却我所有的世间，勘破自我”（印顺法师语）。一般凡夫即使能爱家、爱村以至爱国，但到生命结束时最爱的还是自己；不从自我的立场来看世间才是真正地理解世间，进而救护世间。作为在家的凡夫，我们的分别心都很强，要做到无我，是要慢慢修养和提升的。因此出家的真正意义不是离开家庭反而是更接近人间，因为看破了自我的、私有的家庭、个人，而把自己给了所有的众生。显然，“为身”不是为一人，“忘世”也不是隐遁山林，“为身忘世间”，是比为国家民族的生存而不惜牺牲自己更为高级的境界。佛家修行人中，确有为自我的解脱与真理的掘发，而割断自我与世间爱索的必要，这样的“为身”才能为大众，“忘世”才真正走入人间，真正理解世间，促进世间的和乐善生。就是说为了国家安定、社会和谐、世界和平，要不惜放弃个人和小集体的利益。这对我们有重要的启发。

## 原文

我当于彼诸恶道①中，代诸众生受种种苦，令其解脱。菩萨如是受苦毒时，转更精勤，不舍不避，不惊不怖，不退不怯，无有疲厌。何以故？如其所愿，决欲荷负一切众生令解脱故。（《华严经·卷二十三·十回向品》）

## 注释

① 恶道：即佛教的地狱道、饿鬼道、畜生道“三恶道”，是一切众生由于造作恶业而可能生活其中的地方。地狱道，处在地下，由嗔恚沉积而招致；饿鬼道，多由吝啬贪婪所造成；畜生道，即回归禽兽，是由愚痴感召而来。

## 解读

众生在世，生存不易，必然有贪、嗔、痴等恶习而经受种种痛苦，甚至沦陷于地狱、恶鬼和畜生等恶道之中。作为修行菩萨道的人，就应当以“我不下地狱，谁下地狱”的精神誓愿，代替众生承受所有痛苦，以达到解脱众生的目的。而菩萨在承受痛苦毒害之时，就会更加勤奋、精进，无论遭遇什么境况，都决不放弃、不回避、不惊惧、不恐怖、不退缩、不胆怯，不知疲倦、毫无厌烦。为什么会这样呢？因为只有这样做才能实现菩萨修行的宏大誓愿，决心承担一切众生的所有痛苦，而帮助他们得到大解脱。佛经里记载，佛弟子问谁当下地狱，佛说：“我当下地狱，不惟下地狱，且常住地狱。不惟常住地狱，且常乐地狱。不惟常乐地狱，且庄严地狱。”（《华严经》）学道而至于庄严地狱，此愿力之宏大，威神之广大，岂可思议？《梵网经》也说：“应代一切众生受加毁辱，恶事向自己，好事与他人。”大乘佛法的真精神在此得以彰显，最贴切地说明了佛教徒应具有的崇高伟大的人格。这对我们共产党人也有极为深刻的启示。

### 原文

愿为众生趋走给使[①]，令彼安稳欢愉受乐。（《优婆塞戒经·卷二·名义菩萨品》）

### 注释

① 给使：服侍，供人差使、役使，或供役使之人。

### 解读

这是对在家修行的居士而言的。在家修行菩萨道，也要发下宏愿，愿意为众生当仆人、作差役，为他们的健康幸福奔走呼号、不辞劳苦，让众生能够安享欢喜、愉悦和快乐。这部佛经还说：“所有技艺，欲令人学，见学胜己，生欢喜心。”这是从另一方面说，修行菩萨道，要去努力学习所有的技能才艺，如果教导他人来学习，看到学得很好并超过自己的，要自然而然地生出欢喜心，为他的进步和成就感到由衷的高兴。这就是菩萨，众生处于痛苦中，他要替之受苦、为之做奴，使之快乐起来；众生有健康幸福和成就，菩萨会由衷地为之高兴。我们也要像菩萨那样，以众生的痛苦为痛苦，以众生的快乐为快乐，做人民大众的勤务员、公仆。

### 原文

若一切众生福德，若布施，若持戒，若修定，若随喜[①]，是菩萨摩诃萨随喜福德，与一切众生共之，回向[②]阿耨多罗三藐三菩提，其福德最上第一，最妙无上无与等。（《摩诃般若经·卷十二·随喜品》）

### 注释

① 随喜：见他人行善或离苦得乐，随之心生欢喜；听闻经典而心生欢喜；随他人修成善因，喜他人修成善果；随己所喜，如布施时，富者施金帛，贫者施水草，各随所喜，皆为随喜。

② 回向：转向、施向，是佛教非常重要的一种修行功夫，是指并不独享自己所修的功德，而将之“回转归向”与法界众生同享，以开拓自己的心胸，并且使功德有明确的方向而不致散失，使自己趋入菩提涅槃；或以自己所修之善根，为亡者追悼，以期亡者安稳。

## 解读

这段经文主要是讲修行之人要学会做随喜福德。就像一切众生的福报和功德，比如布施、持戒、修习禅定，欢喜他人的善行、快乐和福报，这就是所有修行菩萨道的人的随喜福德，它与众生共同享有，并回向给般若智慧那样的无上正等正觉，这样的福报和功德就是至高无上、位居第一、最深奥妙的，也是无与伦比的。佛学向我们阐明了很多这样的道理，告诉我们，不仅要自己行善积德并随之欢喜快乐，而且要学会在看到别人行善时也发自内心地为之高兴，别人行善遇到困难时又愉快地帮助他完成善行。真正的人生智慧，不只是成就自己、完善自己，而是进一步成就他人、完善他人；不只是使自己获得幸福自由，也要使他人获得幸福自由；而且只有他人、大家都获得了幸福自由，自己也才能获得永久的幸福自由。这跟马克思主义关于共产主义社会“每个人的自由发展是一切人自由发展的条件”的观点具有深刻的相通之处。

## 延伸阅读

1. 潘明权，李叔严．佛经故事．天津：天津古籍出版社，2008.
2. 袁了凡．了凡四训．北京：中华书局，2008.
3. 徐志远，蕾蕾．听南怀瑾讲人生感悟．武汉：长江文艺出版社，2010.
4. 牛牧．慈悲的力量——现当代高僧德行录．武汉：长江文艺出版社，2011.
5. 弘一法师．佛教格言精选．武汉：长江文艺出版社，2011.
6. 陈兵．佛教格言．北京：华文出版社，2012.
7. 陈兵．常诵佛经十种．北京：华文出版社，2013.
8. 陈秋平译注．金刚经　心经．北京：中华书局，2013.
9. 刘鹿鸣译注．金光明经．北京：中华书局，2013.
10. 人格伟岸　书艺颠峰——赵朴初的佛学人生．社会科学战线，2014（11）.

# 第十六章　兼爱利人

黄蕉风

## 概述

"世之显学，儒墨也。儒之所至，孔丘也；墨之所至，墨翟也。"（《韩非子·显学》）在先秦时代和儒家并称两大显学，由墨子所创立的墨家，是中国历史上最讲"爱人""利他"的思想学派。现存于世的《墨子》五十三篇包含墨家在修身齐家、协和社群、治国理政等方面的伟大智慧。墨家所提倡的兼爱、非攻、尚贤、尚同、节葬、节用、尊天、事鬼、非命、非乐（简称"墨学十策"）等理念为彼时和后世所称道，其"兼爱利人"的特色主张更对中国传统文化产生了十分重要的影响。

本章将"兼爱利人"概括为四种观点：

其一，"兼爱利他"，此说肯定人皆有利于他人的本能，自利与利他可以并行而不悖。在"义利之辨"上，墨家采取"义利合一"的原则，凡事务求能够兴利除害，以达到兼相爱、交相利、不相攻的理想社会。

其二，"务实利他"，此说展现了先秦墨家对经济生产和器物技术的态度，即务求实用、适可而止。以满足最广大人民的实际利益为唯一标准来衡量"利他何以可能"所能推演的边界和限度。

其三，"修身利他"，此说强调修身的重要性。凡欲行天下大义之人士，必先正己而后能正人。唯有追随圣王的榜样，留意外界环境的熏染作用，常存大公无私的公义之心，才能真正垂范世人，以为众人效法。

其四，"择务利他"，此说彰显了墨家利他主义的方法论维度。"能谈辨者谈辩，能说书者说书，能从事者从事，然后义事成也。"（《墨子·耕柱》）。细分市场，择务从事，各展其能的分工协作，日拱一卒的恒久忍耐，是行义成功的必由之路。

# 一、兼爱利他

## 原文

若使天下兼相爱，爱人若爱其身，犹有不孝者乎？视父兄与君若其身，恶[①]施不孝？犹有不慈者乎？视子弟与臣若其身，恶施不慈？故不孝不慈亡[②]有，犹有盗贼乎？故视人之室若其室，谁窃？视人身若其身，谁贼？故盗贼亡有。犹有大夫之相乱家、诸侯之相攻国者乎？视人家若其家，谁乱？视人国若其国，谁攻？故大夫之相乱家、诸侯之相攻国者亡有。若使天下兼相爱，国与国不相攻，家与家不相乱，盗贼无有，君臣父子皆能孝慈，若此则天下治。故圣人以治天下为事者，恶得不禁恶而劝爱？故天下兼相爱则治，交相恶则乱。故子墨子曰："不可以不劝爱人者，此也。"（《墨子·兼爱上》）

## 注释

① 恶：什么地方。

② 亡：无。

## 解读

假使天下人都能同时相爱，爱他人好像爱自己本身，还有不孝的吗？看待父兄和君主好像看待自己本身，在何处施行不孝？还会有不慈爱？看待弟弟、儿子和臣下好像看待自己本身，在何处施行不孝？因此，不孝不慈都没有了，还会有盗贼吗？对待别人的家族好像是自己的家族，谁还去偷窃？视别人身好像自己本身，谁去残害？所以盗贼、残害没有了，还会有大夫互相侵乱家族、诸侯相攻其国的事吗？看待别人的家族好像自己的家族，谁还去扰乱？看待别国好像自己的国家，谁还去攻打？所以像大夫相乱其家族，诸侯相攻其国的事都没有了。假使天下的人都能相爱，国与国不相攻，家族与家族不相扰乱，盗贼没有了，君臣父子都能忠孝仁慈，这样天下就能治理好了。所以圣人从事于治理天下，怎么可以不禁人民之间相互憎恨，而劝导人民之间相爱呢？所以天下能同时相爱就治，同时相憎恨就乱。因此，墨子说"不可以不劝人民相爱"的道理，就在这里。

兼爱是墨家学派最有代表性的理论之一。所谓兼爱，其本质是要求人们爱人如己，彼此之间不要存在血缘与等级差别的观念。墨子认为，不相爱是当时社会混乱最大的原因，只有通过"兼相爱，交相利"才能达到社会安定的状态。这种理论具有反抗贵族等级观念的进步意义，但同时也带有强烈的理想色彩。墨子的"兼爱"在实质上是非常接近孔子的"仁者爱人"思想的；有所不同的是，孔子所谓"仁者"是指"君子"，而墨子的"兼爱"则似乎包括所有的人。正是根源于儒墨思想的这种异同，墨子才提出了诸如"非儒""节用”“节葬”“尚贤”“尚同”等一系列表面看来不同于儒家的观点。其实，这一系列观点与其说是对儒家的批判，不如说是对儒家的补充、校正——具体说来，就是对儒家“仁者爱人”根本观点的补充、校正。

## 原文

欲天下之治，而恶其乱，当兼相爱①、交相利②。（《墨子·兼爱中》）

## 注释

① 兼相爱：人与人之间彼此相爱。

② 交相利：人与人之间彼此互利。

## 解读

在墨家的观念里面，只要天下人彼此相爱，彼此互利，就能平定天下、消除纷争。人们不愿意这样去做，是因为没有充分认识到“兼爱交利”所能带来的好处以及“兼爱交利”之所以成行的道理。如果你爱人利人，别人也会以爱你利你报答；如果你憎人害人，别人也会以憎你害你报复，此即“夫爱人者，人必从而爱之；利人者，人必从而利之；恶人者，人必从而恶之；害人者，人必从而害之”（《墨子·兼爱中》）。

春秋战国时代，战乱频仍，民不聊生。诸子百家都汲汲寻求能够治世安邦的方法。以墨子为代表的墨家学派认为天下纷乱的原因，起自人人自肥、各不相爱、各不互利。如果一个社会以损人利己为荣，以为人奉献为耻，那么这个社会就离秩序崩毁、学绝道丧的境地不远了。败坏的社会风气不但影响个人，也影响家庭、社群和国家——“今诸侯独知爱其国，不爱人之国，是以不惮举其国，以攻人之国。今家主独知爱其家，而不爱人之家，是以不惮举其家，以篡人之家。今人独知爱其身，不爱人之身，是以不惮举其身，以贼人之身。是故诸侯不相爱，则必野战；家主不相爱，则必相篡；人与人不相爱，则必相贼；君臣不相爱，则不惠忠；父子不相爱，则不慈孝；兄弟不相爱，则不和调。”（《墨子·兼爱中》）

墨子认为，如果人与人之间彼此相爱（兼相爱），则会天下太平；如果人与人之间相互憎恶（交相恶），则会天下大乱。墨家学派提倡“兼爱”的价值理念，即不把天下所有人都视为另类他者，一切人爱一切人，不分彼此地平等对待。如果人人都能够做到看待别人的身体如同看待自己的身体，看待别人的家族如同看待自己的家族，看待别人的国家如同看待自己的国家，那么“强不执弱，众不劫寡，富不侮贫，贵不敖贱，诈不欺愚”（《墨子·兼爱中》）的和谐社会就有希望建成。“兼爱”是墨家学派的核心义理之一，作为治疗“交相恶”的药方，它要求单体化、原子化的个人有“走出一己小我、走向陌生他者”的觉悟。此外亦须付诸行动，“视人之国，若视其国；视人之家，若视其家；视人之身，若视其身”（《墨子·兼爱中》），以“兼相爱”来代替“别相恶”——“兼以易别”（《墨子·兼爱下》）。否则“爱人如己”停留在口号上，于救治乱世而言仍属枉然。“兼爱”意味着陌生者之间的“信任让渡”。现代社会的人际关系网络不再完全依赖传统的“熟人关系圈”，因此只有“兼相爱”“交相利”才能消弭彼此之间因为讯息不对称、不对等所产生的一系列社会问题，若“交相恶”则沟通合作绝难成行。

## 原文

是故子墨子曰：“今且天下之王公大人士君子，中情将欲求兴天下之利，除天下之害，当若繁①为攻伐，此实天下之巨害也。今欲为仁义，求为上士，尚欲中②圣王之道，下欲中国家百姓之利，故当若‘非攻’之为说，而将不可不察者此也！”（《墨子·非攻下》）

## 注释

① 繁：频繁。

② 中：符合。

## 解读

凡事务求“兴天下之利，除天下之害”（《墨子·兼爱下》）的墨家学派无疑是中国历史上最著名的和平主义团体。墨家的反战观点“非攻”收录于《墨子·非攻》上、中、下三篇。先秦时代，各诸侯国之间征战不已，给人民的生命财产造成极大的损失。战争带来的损害，主要有两个方面：第一，“不中圣王之道”，即“不义”。墨子认为发动战争犹如偷盗，犯了知小不知大的错误。世人都知道偷窃一只狗、一头猪是不义的，然而对偷窃一个国家、一个城市却认为是正义的——“今有人于此，窃一犬一彘，则谓之不仁，窃一国一都，则以为义。是故世俗之君子，知小物而不知大物者，此若言之谓也。”（《墨子·鲁问》）。第二，“不中国家百姓之利”，即“不利”。兼国覆军，贼虐万民，倾覆社稷，攘杀其牲，这些都不符合上天的利益。灭鬼神之主，废灭先王，贼虐万民，百姓离散，这些都不符合鬼神的利益。竭天下百姓之财用，则不符合老百姓的利益。所以战争实乃有百害而无一利之举。

墨子救宋

战争引发的种种灾难和祸患，都同等作用在侵略者和被侵略者身上。墨子曾设比喻来描绘此一光景。有人用利刃割削人头，人头一下就削断了；利刃可谓锋利，但谁将承受恶名和不幸呢？很明显，砍人的人将承受恶名和不幸——“试者受其不祥”（《墨子·鲁问》）。因此，大国攻打小国，乃不兼爱、交相恶的行为，必将导致“国为虚戾，身为刑戮”“诸侯报其雠，百姓苦其劳”“过必反于国”（《墨子·鲁问》）的严重后果。所以墨子才说战争是“天下之巨害”（《墨子·非攻下》）。

然而“非攻”并不等于消极避战、被动挨打、一味非暴力。为了维持和平局面，保护人民生命财产安全，面对侵略者发动的不义战争，墨家提出了“大国之攻小国也，则同救之”（《墨子·非攻下》）的“积极自卫”主张。《墨子·公输》记载墨子“止楚攻宋”的事迹，即为一证。墨家“非攻”所宣扬的积极非攻、永续和平、绝不轻易放弃武力自卫的“积极的和平主义”，即便是放在世界文明历史的视域下，对当下人类的和平事业也具有十分重要的意义。墨家的军事伦理，乃不事攻战，止于守御。

古往今来，战争的形态各有各的不同，就其本质而言无非两种：非正义战争和正义战争。墨子非攻但赞“诛”：禹征三苗、汤克夏桀、武王伐纣，则“非所谓攻也，所谓诛也”（《墨子·非攻下》）。先秦时代儒家代表人物孟子亦曰：“贼仁者，谓之贼；贼义者，谓之残。残贼之人，谓之一夫。闻诛一夫纣矣，未闻弑君也。”（《孟子·梁惠王下》）对商纣这样的独夫民贼行诛灭讨伐之事，是正义之举，谓之“诛一夫”。“赞诛”是为了支持“非攻”，和平有时候需要牙齿来武装，保障国家族群的自卫权利和人民生命财产安全，有时需要适当运用武力对侵略者进行必要威慑和吓阻。在反法西斯战争中浴血奋战的同盟国军民身上，在为维护区域和平而牺牲生命的联合国维和部队兵士身上，人们皆能看到墨家“非攻”精神的彰显。

## 二、务实利他

**原文**

诸加费[①]，不加民利者，圣王弗为。（《墨子·节用中》）

**注释**

① 费：费用。

**解读**

勤俭节约、艰苦朴素，是中华民族的传统美德。国史中流传“由俭入奢易，由奢入俭难”的教训，皆是用来劝勉彼时人民和后代子孙要有居安思危的思想准备，正所谓“生于忧患，死于安乐”（《孟子·告子下》），“俭节则昌，淫佚则亡”（《墨子·辞过》）。

先秦时期，物质生产力比较低下，可供给调配的社会资源十分有限。如果一个国家的统治者奢靡败坏，就有可能给国家和人民带来毁灭性的灾难。是故墨家对在上掌权者发出“节用利民”的呼声，要求君王臣宰将之作为个人修身的基本要求，并以此为准则向国民垂范，“故节于身，诲于民”（《墨子·辞过》）。不仅如此，“节用利民”还被拔高到等同古圣先贤美德的高度，“去无用之费，圣王之道，天下之大利也”。（《墨子·节用上》）墨家相信，若能做到这些，则天下安定，四海清平，“财用可得而足”（《墨子·辞过》）。

先秦墨家始终强调一种“节制”“知止”的精神。墨家认为，从事生产，只要足够支撑人民的日常生活需求，就该适可而止，“凡足以奉给民用，则止”（《墨子·节用中》）——此为“知止”；凡是增加费用，却不能给人民带来实际利益的事情，就不要徒耗精力，“诸加费，不加民利者，圣王弗为”（《墨子·节用中》）——此为“节制”。之所以提倡“节制”和“知止”，正是因为统治阶级“不节制”和“不知止”。“当今之主”与古代圣王节用利民的品德相异，“以奢侈之君，御好淫僻之民”（《墨子·辞过》），上行下效，自然天下大乱。

墨家站在平民阶级的立场，控诉了统治阶级的腐败。墨家指出，“当今之主”逾越圣王节用利民法度的行为，如横征暴敛、夺民衣食、厚葬久丧、沉湎音乐等，都必须加以禁止。墨家以圣王大禹为榜样，汲汲奔走于各国，摩顶放踵以利天下。他们力行节俭以免拖累后人，力避铺张以免浪费物力，身体力行以免空谈理论，用严格的纪律约束自己，为了救世不惜赴汤蹈火、死不旋踵，“不侈于后世，不靡于万物，不晖于数度，以绳墨自矫，而备世之急”（《庄子·天下》）。

墨家对社会生产和个人消费的态度，固然有其偏颇之处，这是时代所限；开源节流二者不可偏废，没有“开源”、一味“节流”，社会一样不会可持续发展。然而墨家的节用利民思想并未过时，尤其是在拜金主义盛行、奢侈歪风流布、“三公”消费问题突出、部分地区脱贫未济的情况下，更有必要重温墨家伟大的教训。

## 原文

故所为功[①]，利于人谓之巧，不利于人谓之拙。（《墨子·鲁问》）

## 注释

① 功：功效。

## 解读

《墨子·鲁问》中记载了一段发生在墨子与被后世尊为“中国木匠祖师爷”的鲁班（公输班）之间的故事。班墨二人俱为先秦时期的巨匠，墨子及其弟子长于城防守御技巧，鲁班则擅制作精巧机械。一天，鲁班用竹木制作了一只能飞三日而不下的木鸟，以为这是天地间最精妙的发明。墨子却不以为然，他说：“你所做的木鸟还不如车轴上的车辖。匠人片刻就能砍剥三寸大小的木块，并用它制成负重五十石的车辖。所以凡制作器物，其最终效果有利于人的才算精巧，不利于人的即是拙劣。”鲁班认为飞天木鸟足堪世间至巧，墨子却认为木鸟之功用不如能任五十石重的车辖，由此我们可以看到二位巨匠在匠术应用性方面可谓趣旨大异。后世有人责难墨子，道他对木鸟这一工巧机械做实用主义的价值判断，认定有利于人的可称作精巧，不利于人的就叫作拙劣。

《墨子·鲁问》记载，鲁班为楚国制造钩、镶等舟战之器，楚国水军依此击败越国水军。鲁班善其巧，向墨子炫耀武力，"我舟战有钩强，不知子之义亦有钩强乎"。墨子回应道：我以仁义做钩，以恭敬来推拒。如此就能兼相爱、交相利。你用钩来阻止人，别人也会用钩来阻止你；你用镶来推拒人，别人也会用镶来推拒你，这是交相恶、别相害，所以"我义之钩强，贤于子舟战之钩强"。

墨家为了兴天下之利、除天下之害，可谓赴汤蹈火、死不旋踵，真正做到了摩顶放踵、剑及履及。墨子没有将自己及学派定位成匠术、包工头或雇佣兵集团，在诸侯争相延揽善巧之士以助攻战的战国时代，他们致力于奠定文明秩序和输出组织资源。器物技艺，能利人能害人；术用之外，尚有大道人道；技术本身，并非万恶之源。鲁班的超绝匠术之所以沦为一纯粹工具理性的死体，乃因缺乏人道主义的光与热以及人性的润滑，故为墨子及其门徒所不取。

身处战火纷飞、民不聊生的战国时代，墨家据其基层手工业者的阶级立场，自然倾向凡事务求于对平民有用、至满足日常温饱即止的资源最佳配置方案，无法顾及更多审美、精神上的文化附加值，的确在一定程度上限制了墨家在技艺进取方面的想象力空间。想象力和审美情趣总应先行于应用技术一步，社会才会发展。对木鸟和车辖的价值取舍，代表了古代中国两种风格迥异的匠术倾向。墨家对匠术的路径取舍乃是其基于"务实利他"的"大巧"精神所做的主动决断。

## 三、修身利他

**原文**

忍所私[①]以行大义，钜子可谓公矣。(《吕氏春秋·孟春纪·去私》)

**注释**

① 私：偏爱

**解读**

与墨家相关的典外文献《吕氏春秋·孟春纪·去私》记载了一则父亲诛子、"大义灭亲"的事例："墨者有钜子腹䵍，居秦，其子杀人，秦惠王曰：'先生之年长矣，非有他子也；寡人已令吏弗诛矣，先生之以此听寡人也。'腹䵍对曰：'墨者之法曰：杀人者死，伤人者刑。此所以禁杀伤人也。夫禁杀伤人者，天下之大义也。王虽为之赐，而令吏弗诛，腹䵍不可不行墨者之法。'不许惠王，而遂杀之。"

《吕氏春秋》高度赞扬了墨家钜子腹䵍杀子奉法的行为——“子，人之所私也。忍所私以行大义，钜子可谓公矣”（儿子是人们所珍爱的，忍心割舍自己所珍爱的血缘亲情而去推行普天之下的大义，墨家钜子腹䵍可谓真正的“大公无私”）。我们该如何评价腹䵍违背血亲伦理的杀子举动呢？特别是在秦王许诺特赦的情况下还如此行事？“子，人之所私也”，血缘亲情是人人珍视的，维护血亲之间的情理乃“无所逃遁于天地间”的责任；钜子“忍所私以行大义”以至杀子，那么，被置于血亲情理之上的因素是什么？

其实，“杀人者死，伤人者刑”并非墨者之法独有，在传世文献以及出土文献等诸先秦文献中多有记载，例如：“以公灭私，民其允怀”（《尚书·周官》）；“大义灭亲”（《左传·隐公四年》）；“公家之利，知无不为，忠也”（《左传·僖公九年》）；“刑过不避大臣，赏善不遗匹夫”（《韩非子·有度》）；“公生明，偏生暗”《荀子·不苟》等。如果从墨学原典义理出发，墨家也至少给出了两种回应：第一，《墨子·尚同》篇说“信身从事”，墨家认为法律在君王自己也遵守之后，才会成为有效的法律。所以腹䵍的行私刑恰是行公义，而秦王的特赦恰是破坏公义。第二，墨家认为王公大人是“天下器”（《墨子·亲士》），必须守法，以身戴行，否则就不是兼王之道，不能“兴天下之利”。也就是说，对于墨家而言，如果有什么价值置于血亲伦理之上，以至于违反亲亲相隐而大义灭亲的，那就是“兼爱”的最高原则。因此我们可以理解为，墨家在血亲情理之上尚悬置了一个高于五伦的、行天下之大义的价值所在。

当代社会，对于党纪国法等公德公法公领域和日用伦常等私情私领域应有区分，不能混淆。换一种角度来讲，秦王的法外开恩，恰是徇私枉法。墨家钜子的大义灭亲，反是奉公执法。在国家整顿吏治、反腐倡廉的当下，墨家钜子腹䵍杀子奉法“大义灭亲”，更显出对法治的坚守，不但不应该给予责难，反而要大力赞扬。法治精神和正义原则要在社会中贯彻始终，有赖于执法者自律、奉法者自觉，二者不可偏废。部分国人容易将实践效果上的不义行为混淆为亲亲为大的美德，任由其无限扩展，导致“任人唯亲”和“裙带腐败”，这种倾向值得警惕。

## 原文

子墨子言见染丝者而叹，曰：染于苍[①]则苍，染于黄则黄，所入者变，其色亦变。五入必而已则为五色矣。故染不可不慎也！（《墨子·所染》）

## 注释

① 苍：青色。

## 解读

墨子曾看见有人染丝，感叹道：“用青色染料染丝，丝就成为青色；用黄色染料染丝，丝就成为黄色。所用的染料不同，丝的颜色也就不同。用五种染料染丝，就能染出五种不同颜色。因此熏染这件事情，不可以不慎重啊！”墨子悲染丝，绝非惺惺作态、无病呻吟。他由丝入染料而呈不同颜色这个现象，推演出君王治国和个人修身的道理。丝物并非自己会变色，乃因投入不同的颜料熏染而成。国家或个人的处境亦复如是，如果外部环境熏染得当，则会受到正面影响；如果外部环境熏染失当，则会受到不良影响。

于治国理政而言，像大舜、大禹、商汤、周武王这四位圣王，以及齐桓公、楚庄王、吴王阖闾、越王勾践这四位霸主，正是因其熏染得当，受到贤人的正面影响，才能功名蔽天地，称霸诸侯，成就不世出的伟业。像夏桀、商纣王、周厉王、周幽王这四位暴王，以及范吉射、中行寅、吴王夫差、知伯摇、中山尚、宋康王这六位昏君，正是因其熏染失当，受到奸人的负面影响，才导致遗臭万年，身死国灭，得到昏庸的恶名。

于个人修身而言，熏染的作用更加明显，“非独国有染也，士亦有染”（《墨子·所染》）。“孟母三迁”的例子告诉我们，一个人后天习得的行事风格、道德品行，很大程度上取决于其周围环境和朋友圈的影响。人性犹如白纸，环境犹如染缸，所谓“近朱者赤，近墨者黑”，正是其理。尤须依靠自身的意志力，自觉抵制来自外部的不良熏染。要考察一个人的品行如何，通过他所交的朋友即可得知；一个人所居处的环境是一面镜子，可以映射出他未来所能达到的格局和高度。因此孔子认为，见到贤能的人就以他们为正面示范，虚心看齐；见到不贤能的人就以他们为反面教材，反躬自省——“见贤思齐焉，见不贤而内自省也”（《论语·里仁》）。榜样的力量是无穷的。

内因决定外因，外因通过内因起作用。一个人无法决定外部环境如何，但他有自由意志判断外部环境的熏染是否得当，同时他也有自由选择自己是否接受外部环境的熏染。杨朱在分岔路口，发现歧路纷繁，踏错一步将谬以千里，是故悲哭；墨子见染丝，因其“染于苍则苍，染于黄则黄”，不禁叹息——“杨子见逵路而哭之，为其可以南可以北；墨子见练丝而泣之，为其可以黄可以黑。”（《淮南子·说林训》）“不会选择”往往比“不让选择”更加考验一个人的理性思维和决断力。当下社会是一个信息泛滥、自由过度、社交扁平的时代，尤其是年轻人在构建朋友圈、营造人脉网的时候，都当特别留意“熏染”的作用。是择善从之还是同流合污，是改变环境还是接受环境，皆存乎一心，不假外求。

## 四、择务利他

### 原文

子墨子曰：“凡入国，必择务而从事焉。国家昏乱，则语之尚贤尚同；国家贫，则语之节用节葬；国家憙音湛湎[①]，则语之非乐非命；国家淫辟无礼[②]，则语之尊天事鬼；国家务夺侵凌[③]，则语之兼爱非攻。故曰择务而从事焉。”（《墨子·鲁问》）

## 注释

① 憙音湛湎：沉湎音乐，嗜好饮酒。

② 淫辟无礼：荒淫怪癖，不知礼节。

③ 务夺侵凌：以侵占欺凌别国为务。

## 解读

墨子外出游历，魏越问他："你见到四方的国君，会对他们先讲什么呢？"——"既得见四方之君，子则将先语？"（《墨子·鲁问》）。墨子答曰，凡是到了一个国家，必定要挑选最重要的事情去做。国家昏乱无道，就告诉他们要尊重贤能、凝聚共识；国家贫穷积弱，就告诉他们要节制财用，节葬薄丧；国君沉湎音乐，嗜好饮酒，就劝导以节制享乐、自力更生的道理；国君荒淫怪癖，不知礼节，就劝导以敬畏上天、尊重鬼神的道理；如果一个国家以侵占欺凌别国为能事，就要向他们宣讲彼此相爱、止战非攻。

兼爱、非攻、尚贤、尚同、节用、节葬、天志、明鬼、非命、非乐，刚好是墨家思想十大核心要义，简称"墨学十策"。由墨子和魏越的对谈中，我们可以发现墨家在游说各国君主接受自己的主张时，均秉持"择务从事"的原则。即便从事纾困解难的伟大志业，墨家在帮助对方解决问题的时候，也必须应不同国家的不同国情，选择最紧迫、最重要、最棘手的去解决，一切从实际出发。

治徒娱、县子硕曾问墨子：行义最要紧的事是什么？墨子设一比喻来回答。墨子说，行义如同修筑城墙，能够筑墙的就筑墙，能够填土的就填土，能够测量的就测量，如此墙才能建成。行义也如是。能谈辩的人就谈辩，能讲书的人就讲书，能做事的人就去做事，如此行义才能成功——"为义犹是也，能谈辩者谈辩，能说书者说书，能从事者从事，然后义事成也。"（《墨子·耕柱》）细分市场，择务从事，各展其能的分工协作，日拱一卒的恒久忍耐，是行事成功的必由之路。罗马不是一天建成的，伟大功业亦无法一蹴而就。一哄而上、急功近利、胡子眉毛一把抓，往往做不成任何事情。

"择务而从事"的思维给人们提供了一种实事求是、迅速接近事务本质的认知图景。大到修身齐家和治国理政，小到人生规划和职业安排，都能从中汲取无穷的智慧。

## 延伸阅读

1. 秦彦士．墨学的历史使命．天府新论，1994（5）．
2. 秦彦士．"学诗""非乐"与理想国——兼论东西方早期文艺观及其影响．天府新论，1995（4）．
3. 黄朴民．墨家战争观念的逻辑起点及其历史命运．管子学刊，2001（4）．
4. 李昭昊．墨翟和平观的哲学基础．安徽大学学报，2004（3）．
5. 王晓河．慎"染"．党政干部学刊，2007（10）．
6. 朱传棨．"仁爱"与"兼爱"：两种不同的和谐文化传统．武汉大学学报，

2009（2）.

7. 李雷东．先秦墨家的义利观．西北大学学报，2009（3）.

8. 杨武金．从墨家节用思想看科学发展观的内在要求和实现途径．职大学报，2013（5）.

9. 毕明良．墨子“义”概念探析——从儒墨义利之辨角度审视．江淮论坛，2016（1）.

# 第十七章　循法成德

宋洪兵

## 概　述

循法成德，必须以最普遍的经验事实为前提，必须尊重现实生活的客观事实。最普遍的经验事实，就是人们趋利避害、好利恶害的“人情”特质。绝对的圣人与恶人都只占社会的极少部分，普通人（“中人”）占绝大多数，他们都无法避免名利之心与自为之心。准确把握这一最普遍的客观事实，遂使一厢情愿的内在道德修养无法成为治国的有效措施，由此凸显出外在强制性规则的重要性。外在强制性规则的核心内涵在于赏罚。以赏罚两种方式来对待人们趋利避害的本性，赋予赏以正面的伦理价值，积极提倡；赋予罚以负面的伦理价值，猛烈抨击，此所谓“因人情”。道德养成离不开外在强制性规则的引导与约束，仅仅靠内在的道德自觉，无法真正提升整个社会的道德水平。社会整体道德水平的高低，取决于社会规则体系是否完善以及是否落实到位。如果一个社会盛行例外规则，那么这个社会的整体道德水准必然很低，个人德性的养成无补于整体社会道德水平的提升。社会整体道德水平低下之根源，不在伦理层面高尚道德之有无，关键在于社会所期待的正当规则有没有得到切实贯彻。阻止例外规则蔓延，提倡正当规则，确保社会道德底线不被突破，成为“循法成德”理论的关键一环。社会个体内在道德意愿稀薄并且脆弱，必须经由外在合理、正当的强制性规则体系公正、公平地实施，法行所爱，信赏必罚，才能最终将公共原则体现的一种公共善内化为人的道德意愿。道德意愿是否最终呈现为道德行为，还取决于实际生活中客观普遍的规则体系是否鼓励人们去做正直、善良的人，是否真正说到做到，是否在社会各个领域最大限度地得以落实。所有这一切，都要脚踏实地专注于外在强制性规则的贯彻落实，竭力避免道德理想主义。法家的“法治”理想国，是一个善恶分明的道德社会，是一个落实了规则之治的和谐社会。

# 一、人情好利

**原文**

人无毛羽，不衣则不犯寒；上不属[1]天而下不著[2]地，以肠胃为根本，不食则不能活。是以不免于欲利之心。(《韩非子·解老》)

韩非子像

**注释**

① 属（zhǔ）：连接。

② 著：通“着”，附着。

**解读**

法家对人性的认识，并不执着于先天色彩的善恶判断，而是格外注重人与生俱来的自然属性。人有趋利避害之心，是由人们维持生命的自然欲望决定的。衣食住行，均与利益相关。法家思考人性的起点，与儒家尤其是孟子的人性善明显不同。孟子的性善论，在于发掘人内在的善源，论证人之所以为人的内在依据，主张人可以通过自我修养而达到高尚的道德境界。韩非子并不特别关注人兽之别，而是强调人生来就是如此这般的状态，治国也好，教育也罢，都应该以此为前提。在韩非子看来，善并非源自人的内在德性，而在于外在规则的引导与约束。人们的道德行为，并不取决于人的内在品格，而是取决于外在规则的属性。好的规则，必然引导绝大多数人向善；坏的规则，必然导致绝大多数人作恶。

**原文**

夫安利者就[1]之，危害者去[2]之，此人之情[3]也。(《韩非子·奸劫弑臣》)

**注释**

① 就：接近，趋向。

② 去：离开，放弃。

③ 情：实情，情实。

## 解读

韩非子格外强调人情。此人情不是现代汉语意义上的“人情世故”之“人情”，而是人之实情。人之实情就是趋利避害、好利恶害。人性与人情的关系在于，人性是与生俱来的生理属性，人情则是人性的具体体现。人之所以具有趋利避害的人情，归根结底在于人具有欲利之心。人们对于安全有利的事情，往往乐意去做，甚至争先恐后地抢着去做；对于危险而又有害的事情，则避之唯恐不及。韩非子认为，此乃人之常情。显然，与孟子的性善论不同，韩非子对人的趋利避害特性，具有强烈的悲观预期。人很难通过柔性教化而向善，这就为其以强制性规则为核心的“法治”理论提供了思想基础。

## 原文

夫民之性，恶[①]劳而乐佚[②]，佚则荒[③]，荒则不治，不治则乱。（《韩非子·心度》）

## 注释

① 恶（wù）：厌恶。
② 佚：安逸。
③ 荒：荒废。

## 解读

韩非子立足于人性难免有好利之心以及趋利避害特征的理论，主张普通民众具有好逸恶劳的本性。原因很简单，如果能够不劳而获，不经过辛苦劳作就能过上安逸的生活，谁还愿意付出辛苦的劳作呢？所以韩非子在民众能否自觉贡献自己的聪明才智为国家效力的问题上，持有悲观的看法。一旦百姓好逸恶劳成为一种社会风气，国家正当的事业就会荒废，社会秩序亦将因此而陷入混乱。在此，韩非子其实是站在如何有效治国的层面来思考问题的，带有思想精英的色彩。普通民众只顾自己的利益，很难有长远眼光。故而韩非子从思想精英的视角，认为如果不对民众善加引导，任由他们趋利避害的人性发挥作用，极有可能带来负面的社会影响。

## 原文

夫凡人之情，见利莫能勿就，见害莫能勿避。（《管子·禁藏》）

## 解读

《管子》一书，也是先秦法家的经典之一，其中体现了管子及其后学的政治思想。法家对于人性的看法，具有高度一致性。《管子·禁藏》认为，大凡人之实情，看到利益都会去争取，见到危害都会极力躲避。从利益而非道德的视角去分析人性，一方面对于人性的负面功能具有充分而务实的认识，另一方面又对人性表现出的趋利避害特征具有同情的理解。商人早出晚归，披星戴月，在于利益；渔夫冒险出海，不辞辛劳，也在于利益。法家认为，只要把握了人性趋利避害的特征，就等于找到了认识社会、解决问题的一把钥匙。凡事因势利导，就能取得成功。

### 原文

民之生[1]，饥而求食，劳而求佚，苦则索[2]乐，辱则求荣，此民之情也。(《商君书·算地》)

### 注释

① 生：通“性”。

② 索：追求。

### 解读

《商君书》主要体现商鞅及其后学的思想，同样也是先秦法家的经典之一。《商君书·算地》认为，百姓的特性在于，饥饿的时候就会追求吃饱，劳累的时候就会追求安逸，悲苦的时候就会追求安乐，困辱之际则渴望显荣。这是民众之实情。商鞅认为，趋利避害与追名逐利本是一体两面的关系。生则计利，死则虑名。如果说“利”直接关涉人的生存状态，那么“名”则是人们在社会生活中获得成就感的突出表征。“名”虽不能带来直接利益，但却能在更长远的利益面前占有更多优势资源。获得他人认同，往往是与现实利益联系在一起的。辱则求荣，实则一种追求“名”的欲望。因此，名利之心，本质上也是人性欲利之心的体现，《韩非子·内储说上》也曾借管子之口说出这样的话：“凡人之有为也，非名之则利之也。”

## 二、因人情而治

### 原文

人生而有好恶，故民可治也。人君不可以不审[1]好恶。好恶者，赏罚之本也。夫人情好爵禄而恶刑罚，人君设[2]二者以御[3]民之志，而立所欲焉。夫民力尽而爵随之，功立而赏随之。人君能使其民信于此如明日月，则兵无敌矣。(《商君书·错法》)

## 注释

① 审：认真分析。
② 设：创设，确立。
③ 御：统治，管理。

## 解读

人之实情在于好利恶害。商鞅主张充分利用这一实情，来实现富国强兵的目的。作为君主，应该正确认识并认真对待人性好利恶害的特征，并据此确立赏罚。人们趋利避害的心理，决定了人们必然追求爵禄而厌恶刑罚。君主以赏罚作为统御百姓的手段，借此来实现君主想要实现的目标。需要借助民众力量的，就运用爵禄来赏赐，只要民众做得好立了功，就兑现奖赏；相反，不希望民众具有某些行为，就运用刑罚来加以禁止，一旦违背，就说到做到，严厉惩罚。如此一来，百姓趋利避害的心理就与国家的政治目标结合在一起了。法家讨论人性论，在于阐述如何运用民众力量而服务于国家。从某种程度上可以说，民众在法家眼里，是实现其政治目标的工具。但从终极意义而言，法家的政治理想并不在于富国强兵，而在于天下大治。天下大治，终利于民。

## 原文

凡治天下，必因[①]人情。人情者，有好恶，故赏罚可用；赏罚可用，则禁令可立而治道[②]具矣。君执柄[③]以处势[④]，故令行禁止。柄者，杀生之制[⑤]也；势者，胜众之资[⑥]也。(《韩非子·八经》)

## 注释

① 因：依据，顺应。
② 治道：治国的道理。
③ 柄：权柄。
④ 处势：占据君主的权势。
⑤ 制：古代君主的命令曰“制”。
⑥ 资：凭借，资本。

## 解读

治理天下，必须依据人之实情。人之实情的内涵，就是好利恶害，赏罚亦因此能够发挥其政治作用。如果能够做到信赏必罚，就能做到令行禁止，就能确立起治国之道。其中的关键又在于，君主手执权柄，要牢牢看守自己的权位，不被奸臣或权臣僭越。权柄和君主权位，是落实赏罚最为关键的政治保障。韩非子之所以不断强调君主手握权柄与守护势位的重要性，原因就在于，君权稳固是社会秩序的前提，也是法家“法治”理想得以落实的关键一环。君主善用权力，厉行赏罚，顺应人情，赏善罚恶，最终才能确立起公平、公正的社会规则。

## 原文

天道①因②则大，化③则细。因也者，因人之情也。人莫不自为④也，化而使之为我，则莫可得而用矣。是故先王见不受禄者不臣，禄不厚者，不与入难⑤。人不得其所以自为也，则上不取用焉。故用人之自为，不用人之为我，则莫不可得而用矣。此之谓因。（《慎子·因循》）

## 注释

① 天道：宇宙万物的总原理。

② 因：顺应。

③ 化：王念孙认为“化”应为“作”的讹字。人为改变，使之发生变化。

④ 自为（wèi）：自利，为自己谋利益。

⑤ 不与入难（nàn）：不与之共赴困难之事。

## 解读

慎子是战国中期的著名思想家，也是先秦法家的代表人物之一。其思想主要体现在《慎子》一书中。《慎子》大部分已经亡佚，只有极少内容流传下来。慎子突出强调了“因”的重要性。他将“因”上升到形而上的方法论高度来加以认识。因天道，则所得大；不因天道，试图去改造天道，则所得小。对于人趋利避害的实情，也需要“因”而不能“化”。人情莫不为了自己的利益，如果强行改变人情这一特征使之利他（所谓“为我”，使他人为我，从他人角度看，就是利他），则必然无法调动人的主动性与积极性。慎子借用“先王”来表达权威观点，认为先王不与淡泊爵禄的人成为君臣，俸禄不丰厚，则不要求臣民与其共赴患难。用人的基本原则，首先在于满足人们的利益需求，然后才能调动其积极性，为我所用。慎子强调，这就是“因”的方法论。法家因人情而治的政治观念，实际就是承认人们追求名利的心理，并以利益驱动机制来治国。

## 原文

政之所兴，在顺民心。政之所废，在逆民心。民恶忧劳，我佚乐之。民恶贫贱，我富贵之。民恶危坠，我存安之。民恶灭绝，我生育之。（《管子·牧民》）

## 解读

管仲像

《管子·牧民》将法家"因人情"的政治观念更为具体地呈现出来。"民心"，实则人皆有自为之心，人皆有好利恶害之心。法家的"民心"与孟子的"民心"有所不同。孟子的"民心"在于统治者行仁政，获得民众心悦诚服的认同，其中关键又在于统治者自身的道德修养。法家的"民心"，则侧重于利益满足与需求响应，突出了公平规则的重要性，这是儒家与法家各自"民心说"不同的地方。百姓怕忧劳，我便使他安乐；百姓怕贫贱，我便使他富贵；百姓怕危难，我便使他安定；百姓怕灭绝，我便使他生生不息。如此，才是真正的"因人情"。法家的政治正当性，建立在民众切实的利益满足层面，并且不讳言利益。

# 三、不务德而务法

## 原文

仲尼①，天下圣人也，修行明道②以游海内，海内说③其仁、美其义而为服役者七十人。盖贵仁者寡，能义者难也。故以天下之大，而为服役者七十人，而仁义者一人。(《韩非子·五蠹》)

## 注释

① 仲尼：孔子，字仲尼。
② 修行明道：修养德行，明晓道理。
③ 说：通"悦"，喜欢。

## 解读

韩非子认定人性的特征在于好利恶害，对人性自觉向善的主动性深表怀疑。因此，他主张真正有效的治国方略，应该以强制性的规则体系（即"法治"）来实现，而不应寄希望于人们自觉向善、主动向善。他以孔子为例，孔子是举世公认的圣人，天下对他宣扬的仁义观念都深表赞同。然而，作为圣人的孔子却只有七十个门徒心甘情愿地跟随他周游列国。天下之大，能称得上圣人的仁义之人只有孔子一人，而孔子能够以自己的德性影响到的人也仅仅只有七十人。韩非子由此得出结论：真正崇尚仁义的人，其实是很少的，做仁义之人，其实很难。

## 原文

且夫尧、舜、桀、纣千世而一出，是比肩随踵①而生也。世之治者不绝于中②，吾所以为言势者，中也。中者，上不及尧、舜，而下亦不为桀、纣。抱法处势③则治，背法去势④则乱。今废势背法而待尧、舜，尧、舜至乃治，是千世乱而一治也。抱法处势而待桀、纣，桀、纣至乃乱，是千世治而一乱也。（《韩非子·难势》）

## 注释

① 比肩随踵：肩膀挨着肩膀，脚跟接着脚跟。

② 中：中人，普通人，相对于尧舜般的圣人与桀纣般的恶人而言。

③ 抱法处势：掌控法度、手握权势。

④ 背法去势：背离法度、废弃权势。

## 解读

儒家崇尚圣人，主张德治。法家则认为圣人可遇不可求，尤其期待君主像尧、舜般的圣人，更是概率极低。韩非子认为，大善的明主与大恶的暴君，其实都是非此即彼的两极思维模式，尧、舜般的至善与桀、纣般的大恶基本是千年才出现一个。人类社会治理的实际情况表明，绝大多数治理好国家的君主基本都是上不及尧、舜，下不为桀、纣的普通人。因此，真正务实的政治态度，应该思考如何让作为普通人的君主治理好国家。韩非子给出的解决方案，就是“抱法处势”的“中人”政治理论。抱法处势，简单地讲，就是运用规则与制度来治国，规则与制度又离不开权力作为后盾，否则任何规则与制度都将是一纸空文。韩非子主张，如果做到抱法处势，即便君主是中人，也能治理好国家。那种期待尧、舜才能治理国家的想法是不现实的，因为尧、舜千年才出现一个，没有尧、舜的时代就必定是乱世，所以会千世乱而一治。同样，桀、纣也是千年才出现一次，如果实行法家的中人政治，那么即使出现桀、纣而导致乱世，但也是千世治而一乱。相对于儒家的千世乱而一治，法家的千世治而一乱的政治设想更为务实。显然，韩非子在提倡中人政治理论的同时，重点批判了儒家的贤人政治理论。

## 原文

治也者，治常①者也；道②也者，道常③者也。殆物妙言④，治之害也。天下太上之士⑤，不可以赏劝也；天下太下之士⑥，不可以刑禁也。然为太上士不设赏，为太下士不设刑，则治国用民之道⑦失矣。（《韩非子·忠孝》）

## 注释

① 治常：依据绝大多数人的情况来进行治理。常：通常情况，绝大多数人体现的情况。

② 道：通“导”，引导。

③ 道常：依据绝大多数人的情况来进行引导。

④ 殆物妙言：危险的事情，玄妙难懂的话语。

⑤ 太上之士：道德极高的圣人。

⑥ 太下之士：道德极差的恶人。

⑦ 治国用民之道：治理国家、利用民力的原则。

## 解读

法家认为，治国不应以极少数人的特征为依据，而是应该根据绝大多数人的实际情况来进行治理。这是一种非常务实的政治理念。韩非子把人群区分为太上之士、太下之士与中人三个层次，并做了比例划分。太上之士，品德高尚，功名利禄均不放在眼里，所以用利益激励方式无法打动这部分人；太下之士，毫无品格可言，唯利是图，乃穷凶极恶之辈，我行我素，任何规则与惩罚都不放在眼里。太上之士常出微妙难懂之言，太下之士常常铤而走险，做出诸多危害社会的事情。但是，这两种人均不是社会绝大多数群体的实际状态。绝大多数人的实际状态就是普通人的状态，即趋利避害、好利恶害。因此，不能因为有太上之士的存在，就放弃利益激励机制；也不能因为有太下之士藐视任何惩罚而为所欲为，就放弃以强制性规则体系来治国的基本原则。法家政治思想的务实特征，于此充分体现。法家并不否认圣人存在，只是反对依据圣人为标准来治国。任何圣人，都不及客观普遍的规则有效。

## 原文

夫圣人[①]之治国，不恃[②]人之为吾善[③]也，而用其不得为非也。恃人之为吾善也，境内不什数[④]；用人不得为非，一国可使齐。为治者用众而舍寡，故不务德而务法。夫必恃自直之箭，百世无矢；恃自圜[⑤]之木，千世无轮矣。自直之箭、自圜之木，百世无有一，然而世皆乘车射禽者何也？隐栝[⑥]之道用也。虽有不恃隐栝而有自直之箭、自圜之木，良工弗贵也，何则？乘者非一人，射者非一发也。不恃赏罚而恃自善之民，明主弗贵也，何则？国法不可失，而所治非一人也。故有术之君，不随适然之善[⑦]，而行必然之道[⑧]。（《韩非子·显学》）

## 注释

① 圣人：韩非子提倡“中人”政治，反对圣人政治；但其“中人”政治以“抱法处势”为核心内涵，实又离不开法家理想中的君主来落实。故此处所谓“圣人”，并非儒家意义上的“圣人”，而是法家理想中“抱法处势”的“圣人”。

② 恃：依赖，倚靠。

③ 为吾善：自觉地为君王利益而做好事。
④ 不什数：不到十个人。什：通“十”。
⑤ 圜：同“圆”。
⑥ 隐栝：矫正曲木的工具。
⑦ 适然之善：偶然的善行。
⑧ 必然之道：把握必然如此的治国道理。

## 解读

法家的政治智慧，突出体现在他们对于人性的准确把握以及由此提出的务实政治主张。作为执政者，不可幻想民众主动为国家、为社会的公共利益而做善事。这种情况不是没有，而是极为少见，因为人依靠自觉的道德修养而去做善事的情况是不多的，所谓自直之箭、自圆之木，都是少见的。因此，治国不应该以人的自觉道德修养为逻辑起点，而应该考虑到绝大多数人都不能做坏事，不得为非，做好自己分内的事。法家不指望民众从情感层面自觉主动地为国家和社会尽力，而是强调民众应该依据公平的规则，以君臣互利的形式来实现共赢。在法家看来，客观公正的规则是至关重要的。真正英明的统治者，应该立足于通常的情况，以法治而非德治来治国。韩非子此处的“不务德而务法”是从多寡层面来立论的，并未完全否定道德的功能，只不过强调道德的教化功能不显著而已。法家主张，治国不能以人偶然表现出的善行为标准，而应该以人必然体现的心理特征为依据。这种必然之道的内涵，实际就是人所具有的趋利避害的特征。趋利避害及不务德而务法，构成了具有内在逻辑联系的思想链条。

## 原文

治强①生于法，弱乱生于阿②，君明于此，则正赏罚而非仁下也。爵禄生于功，诛罚生于罪，臣明于此，则尽死力③而非忠君也。君通于不仁，臣通于不忠，则可以王④矣。（《韩非子·外储说右下》）

## 注释

① 治强：安定与富强。
② 阿：偏袒，偏私。
③ 死力：拼命效力。
④ 王（wàng）：称王。

## 解读

此篇内容往往被人误解为韩非子公然否定仁义忠信的道德。韩非子反对不讲原则的仁与忠，因为带有个人情感色彩的仁与忠，会损害法的公平与公正。因此，所谓“君通于不仁，臣通于不忠”，并不是说君主“不仁”就意味着残暴，臣子“不忠”就意味着僭越，而是说在客观、公正的法度面前，带有个人情感色彩的仁与忠都是不必要的。当君臣都以法度为行事原则，私忠与仁爱都不应该上升为基本的治国原则。君主治国，当赏则赏，当罚则罚。赏并非仁，罚并非暴。臣子辅政，有功则受爵禄，有罪则受惩罚，一切均以客观法度为准绳。从最终效果层面来讲，规则本身的公平与公正，已经蕴涵了仁与忠的色彩。君主按照规则办事，即能达到仁的效果；臣子按照规则办事，即是大忠。因此，不能简单地从字面意思认定韩非子反对仁与忠的价值，他只是反对规则之外的私仁与私忠，凸显了法家对客观规则的极端重视。

## 四、法不阿贵

### 原文

夫生法[①]者君也，守法[②]者臣也，法于法[③]者民也，君臣上下贵贱皆从法，此谓为大治。（《管子·任法》）

### 注释

① 生法：立法，制定法度。
② 守法：守护法度的落实。
③ 法于法：以法度为行事的准绳。

### 解读

法家主张“法治”，强调“以法治国”。然而，法从何来，却是一个无可回避的问题。在现实政治面前，法家将立法权赋予君主，大臣与官员负有维护法度落实的义务，百姓则须以法度为自己生活与行事的标准，不得违背。问题在于，是否意味着君主与官员都能凌驾于法度之上呢？回答是否定的。法家主张“君臣上下贵贱皆从法”，皆以法为行动与做事的准则，即使君主亦不得例外。君主拥有立法权，是不是意味着君主可以任意立法，进而随心所欲让自己不受法度约束呢？在具体政治实践中，法家确实很难确保君主不滥用立法权，商鞅也曾感慨：“法之不行，自上犯之。”（《史记·商君列传》）但在法家的思想设计中，君主不仅不可以随意凌驾于法度之上，而且立法时必须体道、悟道。因为先秦法家具有“道生法”的观念，道是绝对权威的，法应具有道的品格。君主立法，不是以君主的主观意志和个人好恶来立法，而是在体道、悟道的前提下，通过内化道的品格进而以制度化的法来呈现道的品格。因此，法家的法，具有道的公正、公平品格，具有形而上的正当性。君主、大臣与百姓，都必须遵守法。

## 原文

吏民欲知法令者，皆问法官，故天下之吏民，无不知法者。吏明知民知法令也，故吏不敢以非法遇民，民不敢犯法以干法官也。遇民不修法，则问法官，法官即以法之罪告之，民即以法官之言正告之吏。吏知其如此，故吏不敢以非法遇民，民又不敢犯法。（《商君书·定分》）

## 解读

法家主张“法治”。如何确保“法治”得以贯彻和落实，却是一个非常重要的问题。法家的理念是，欲行“法治”，必须全民知法，确立起明确的守法意识。百姓欲学法令，必须以吏为师，以法官为师。当自天子以至庶人，皆通晓法令规定并树立起明确的守法意识时，任何违背法令的言行，都能被发现进而被及时制止。在此过程中，吏很清楚百姓都懂法，故不敢枉法徇私，欺压百姓的事亦得以杜绝。若吏不守法，百姓可向法官检举，法官将相关规定告知百姓，百姓即可以此为据，对抗吏之不法行为，从而维护自己的权益不受吏的损害。当然，百姓若不守法，吏拥有依法惩罚的权力。当代不少学者认为法家之“法治”只是君主统治的工具，不具有保护普通百姓权利的现代法治意味，这其实是一种误解。通过《商君书·定分》的这段话，我们可以看出，中国古代法家的“法治”观念其实也同样蕴含权利色彩，并且也具有在法律面前人人平等的观念。

## 原文

故以法治国，举措而已[1]矣。法不阿贵[2]，绳不挠曲[3]。法之所加[4]，智者弗能辞，勇者弗敢争。刑过不避大臣，赏善不遗匹夫。故矫上之失，诘[5]下之邪，治乱决缪[6]，绌羡齐非[7]，一民之轨[8]，莫如法。（《韩非子·有度》）

## 注释

① 举措而已：意谓确立法度，加以施行，仅此而已。举措：安排，处理。举：提举；措：放置。

② 法不阿贵：意谓法度不偏袒有权势的贵族。阿：迎合，偏袒。

③ 绳不挠曲：墨线不会迁就弯曲的东西。绳：匠人所用墨线。挠：迁就。

④ 法之所加：法度的施行，加之于人。

⑤ 诘：追究。

⑥ 治乱决缪：治理纷乱，判决谬误。缪：通“谬”。

⑦ 绌羡齐非：削除法度之外多余的事情，纠正人们错误的行为，向法度看齐。绌：通“黜”，削减；羡：多余。

⑧ 轨：规则。

## 解读

法家主张法不阿贵，一视同仁，这与儒家“礼不下庶人，刑不上大夫”的政治观念完全不同。法度的普遍性与公正性，必须在如何对待有权势的贵族时经受考验。西周以来，实行以礼乐等级制度为基础的王道政治，礼乐刑政是王道政治的主要内涵，亲亲尊尊的宗法观念深入人心。刑罚是作为礼乐等级制度的补充而存在的。法家的“法治”观念，超越宗法等级制度，打击贵族特权，以客观普遍的法度为标准来治国，这是先秦时期政治观念的一大转折。“法治”的政治功能，在于公平性、普遍性、客观性与权威性，任何人都不得凌驾于法度之上，智者不能对法度说三道四，勇者不敢以勇力抗法，归根到底，法度的权威性不容挑战。普通的百姓有功劳，亦应根据法度规定予以奖赏，大臣犯法，理应受到应有的惩罚。上下的过错，都应纳入法度的范围。法家认为，最好的治国方略，莫过于“法治”。

## 原文

法者，宪令①著②于官府，刑罚必于民心③，赏存乎慎法④，而罚加乎奸令⑤者也。此臣之所师⑥也。（《韩非子·定法》）

## 注释

① 宪令：法令。
② 著：制定。
③ 刑罚必于民心：百姓心目中牢牢树立起有罪必罚的观念。
④ 赏存乎慎法：对谨守法令的人给予奖赏。乎：于。慎法：谨守法令的人。
⑤ 罚加乎奸令：对触犯法令的人施加惩罚。奸令：触犯法令的人。
⑥ 师：遵循。

## 解读

法家认为，大臣与官吏负有“守法”的义务，维护法度的落实。当国君以官府的名义制定法度之后，随之就需要普法，使民众皆知之，这是“法治”得以施行的基本途径。法的普遍性与权威性，由此得以凸显。刑罚必于民心，就是全民确立起明确的规则意识。《韩非子·说疑》说：“禁奸之法，太上禁其心。”这不是进行思想控制，而是强调确立起规则意识的重要性。当规则意识深入人心时，奸邪行为自然就会减少甚至消失。法家的“法治”理念，主张赏善罚恶，有功必赏，有过必罚，无有例外，从而确立起法度的权威性。唯有公正、普遍而又权威的法度，才能真正赢得民众的真心拥护和信赖。美国当代著名法理学家伯尔曼曾说：“法律必须被信仰，否则它将形同虚设。”法律之所以被信仰的基础，在于其公平性与正当性。唯有在全民范围内形成规则意识与守法传统，才能真正形成和谐有序的良好社会秩序。

原文

（晋文公[1]问于狐偃[2]）曰："然则何如足以战民[3]乎？"狐子对曰："令无得不战[4]。"公曰："无得不战奈何？"狐子对曰："信赏必罚，其足以战。"公曰："刑罚之极安至？"对曰："不辟[5]亲贵，法行所爱。"（《韩非子·外储说右上》）

注释

① 晋文公：名重耳，晋国国君，春秋五霸之一。
② 狐偃：字子犯，晋文公的舅父，又称"舅犯"，晋文公的重要谋臣之一。
③ 战民：使民战，使百姓舍生忘死为国君杀敌。
④ 令无得不战：使他们不得不去打仗。
⑤ 辟：通"避"，回避。

解读

儒家主张德治，德治的基础又在于维护亲情，因为儒家认为亲情是美德的基础。所以，当外在规则与亲情发生冲突时，儒家主张优先维护亲情，亲情都没了，社会哪里还有美德可言？然而，与儒家的情感主义思路不同，法家主张规则的公平性与公正性，即使亲情也不例外。倘若有了规则，而又因亲情及情感缘故，漠视规则，区别对待，其结果将导致人们对于规则权威性与公正性的怀疑。一个社会如果没有公平、公正的规则，完全靠理想化的圣人或贤人来统治，只能越来越糟糕，因为圣人或贤人是可遇不可求的。正因如此，法家提倡一视同仁的"法治"，主张刑赏必罚，说到做到，以规则的权威性确立起民众对规则的信赖，从而达到社会治理的目的。要调动百姓为国家服务的积极性，必须赏善罚恶，即使国君最喜欢的人、最亲近的人违犯了法，也一样应当受到应有的惩罚。当统治者就连自己最亲近的人犯法都要绳之以法时，人们怎么可能怀疑"法治"的公平与诚信呢？唯其如此，人们才会真正确立起信赖法度的规则意识。这是先秦法家相对于儒家来说非常重要的一个政治观念。

## 五、循法成德

原文

刑生力[1]，力生强[2]，强生威[3]，威生德[4]，德生于刑。（《商君书·说民》）

### 注释

① 力：民众之力。

② 强：国家富强。

③ 威：法度的权威。

④ 德：遵守法度的美德。

### 解读

商鞅像

这段话充分体现了法家循法成德、由法返德的观念。商鞅的法治观念，立足于富国强兵的时代语境，强调充分利用人们趋利避害的心理特征，主张“利出一孔”。所谓“一孔”，就是法令规定的耕战。若要获得利益，必须响应国家的耕战政策，服务于国家的总体目标。若有违背，就会受到严刑峻法，并且是轻罪重罚。在此观念之下，轻罪重罚必然把民力汇聚起来，实现国家富强。国家越是富强，“法治”功能越能得到充分发挥，法度的权威性就越得到尊重。法度的权威性，最终将塑造一个规则之治的社会秩序。在此社会秩序之下，人们树立起普遍的规则意识，由外而内地塑造出整个社会风气和道德习惯，从而实现一种由客观规则主导而非内在德性培育的道德观念。法家的道德，是一种由外而内慢慢培育起来的层次较低的规则意识。儒家道德尤其是孔子、孟子的道德观念，则是由内而外形成的高层次道德。

### 原文

圣君知物之要①，故其治民有至要②。故执赏罚以辅壹教③，心之续也④。圣君之治人也，必得其心，故能用其力。力生强，强生威，威生德，德生于力。圣君独有之，故能述⑤仁义于天下。（《商君书·靳令》）

### 注释

① 知物之要：知道事物的根本道理。

② 至要：至关重要的根本道理。

③ “故执赏罚”句：壹：“利出一孔”之“一”，获得利益的唯一方式。

④ 心之续也：充分利用民众趋利避害心理而产生的效果。心：民众好利恶害、趋利避害之心。

⑤ 述：宣扬，普及。

## 解读

法家主张，英明君主治国，应该把握最根本的道理。这个根本的道理就是民众趋利避害的心理特征。运用赏罚之“法治”，规定人们获得利益的渠道只有耕战之途，其余皆禁止，最终不仅能够实现富国强兵，而且还能满足人们的利益需求，让人们过上安居乐业的生活，同时培养起规则意识，这就是法家心目中的仁义。今日看待商鞅的上述观点，一方面我们要认识到“利出一孔”是出于特定历史语境下富国强兵的需要，强制规定人们追求利益的方式，存在严重不足；另一方面我们应该看到，循法成德的思路具有积极意义，由落实强制性规则体系，改造散漫的风俗习惯，慢慢形成一种遵守规则的社会风气，培养出最为基本的社会道德。尽管这种社会道德属于底线道德，然而底线道德恰恰是高尚道德能够得以成长的社会土壤。如果一个社会缺乏最为基本的底线道德，越强调高尚道德，社会就越是虚伪，因为连最基本的社会道德都不具备，侈谈高尚道德又有何益？结果将导致大量伪君子出现，人格分裂现象比比皆是。

## 原文

古秦之俗，君臣废法而服私[①]，是以国乱兵弱而主卑。商君说秦孝公以变法易俗而明公道[②]，赏告奸，困末作而利本事[③]。当此之时，秦民习故俗之有罪可以得免，无功可以得尊显也，故轻犯新法。于是犯之者其诛重而必，告之者其赏厚而信，故奸莫不得而被刑者众，民疾怨而众过日闻。孝公不听，遂行商君之法。民后知有罪之必诛，而告私奸者众也，故民莫犯，其刑无所加。是以国治而兵强，地广而主尊。此其所以然者，匿[④]罪之罚重，而告奸之赏厚也。此亦使天下必为己视听之道也。至治之法术已明矣，而世之学者弗知也。（《韩非子·奸劫弑臣》）

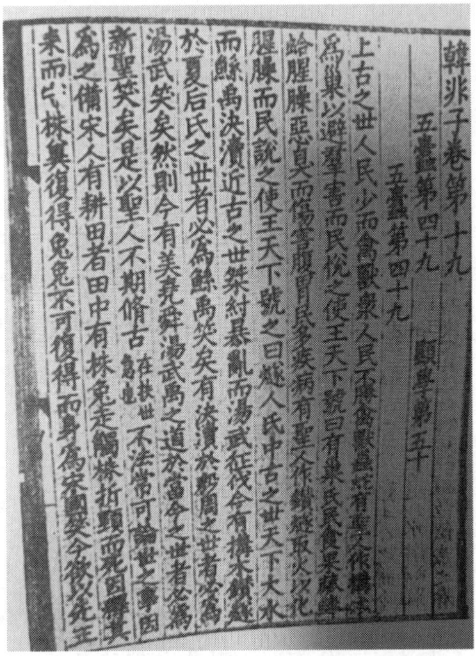
韓非子卷第十九
五蠹第四十九
五蠹第四十九　顯學第五十
上古之世人民少而禽獸衆人民不勝禽獸蟲蛇有聖人作構木
爲巢以避群害而民悅之使王天下號曰有巢氏民食果蓏蚌
蛤腥臊惡臭而傷害腹胃民多疾病有聖人作鑽燧取火以化
腥臊而民說之使王天下號之曰燧人氏中古之世天下大水
而鯀禹決瀆近古之世桀紂暴亂而湯武征伐今有搆木鑽燧
於夏后氏之世者必爲鯀禹笑矣有決瀆於殷周之世者必爲
湯武笑矣然則今有美堯舜湯武禹之道於當今之世者必爲
新聖笑矣是以聖人不期脩古不法常可論世之事因
爲之備宋人有耕田者田中有株兔走觸株折頸而死因釋其
耒而守株冀復得兔兔不可復得而身爲宋國笑今欲以先王

## 注释

① 废法而服私：漠视公利，徇私枉法。服：行，用。

② 公道：奉法为公的道理。

③ 困末作而利本事：末作：工商业；本事：农业。

④ 匿：隐匿，藏匿。

## 解读

法家的循法成德，必须通过移风易俗的途径来实现。移风易俗的手段，无外乎轻罪重罚，鼓励告奸，惩罚窝藏，反对任何理由的容隐。这是一套雷厉风行的手段，在一个尚未确立起规则以及规则意识的社会，要确立起规则之治，其难度可想而知。韩非子以商鞅变法为例，说明法家循法成德的观念。商鞅之前，秦国政治毫无公平规则可言，国家衰弱，社会混乱，有罪可以得免，无功可以尊显。商鞅变法，突出特征在于利出一孔、重农抑商、轻罪重罚、鼓励告奸、严惩隐匿，这其实是一个移风易俗的艰难过程。一开始，秦国百姓依然按照过去的社会风俗行事，接踵而来的是严厉的惩罚，很多人受到惩罚，民怨沸腾，改革遇到了前所未有的社会阻力。此时，秦孝公顶住社会舆论压力，坚决支持商鞅，最终实现了秦国的富强，社会风气大为好转。韩非子认为，这是一套行之有效的治国方略，劝诫君主应该效仿。

## 原文

圣王[①]之立法也，其赏足以劝善，其威足以胜暴，其备足以必完法[②]。治世之臣，功多者位尊，力极者赏厚[③]，情尽者名立[④]。善之生如春，恶之死如秋，故民劝极力而乐尽情，此之谓上下相得[⑤]。（《韩非子·守道》）

## 注释

① 圣王：韩非子理想中的实行法治的君主。
② 其备足以必完法：其措施必定能够维护法度的完善。备：措施。
③ 力极者赏厚：尽心竭力做事的人获得丰厚的奖赏。
④ 情尽者名立：光明磊落、坦荡无私的人获得好的名声。情：真实的想法。
⑤ 上下相得：君臣百姓和谐相处，各自实现自己的利益。

## 解读

法家有自己的道德观念，否则善恶也就无从谈起。韩非子主张，通过“法治”来惩恶扬善，最终实现和谐道德的良好社会。圣王立法，不是随心所欲任意规定，必须具备伦理正当性，必须有利于引导人们的善行，惩罚恶行。法度的相关规定，赏必须有利于鼓励人们向善，罚必须有助于禁止暴行。法度必须具备惩恶扬善的政治功能，必须是完善的法，而非恶法。西方有“恶法亦法”的观念，法家没有这种法律实证主义的特征。法家的理想社会，是一个善恶分明的道德社会，是一个落实了规则之治的和谐社会。在这个“法治”理想国中，人与人之间涉及利益的问题时，都按照规则来处理，人人都尽心竭力做好自己分内的事，人际关系空前简单化。当然，我们也可以说，这是法家的“乌托邦”，现实生活的复杂性远远超过理想化的纯粹性。

## 延伸阅读

1. 朱贻庭，赵修义．评韩非子的非道德主义思想．中国社会科学，1982（4）．
2. 张申．再论韩非子的伦理思想不是非道德主义．中国哲学史研究，1989（2）．
3. 冯国超．人性论、君子小人与治国之道：论《韩非子》的内在逻辑．哲学研究，2000（5）．
4. 夏伟东．法家重法和法治但不排斥德和德治的一些论证．齐鲁学刊，2004（5）．
5. 宋洪兵．韩非子政治思想再研究．北京：中国人民大学出版社，2010.
6. 宋洪兵．循法成德：韩非子真精神的当代诠释．上海：生活·读书·新知三联书店，2015.

# 第十八章　令文齐武

朱康有

## 概　述

兵家思想在我国传统文化中占有特别显著的位置，军事教育是整个国学教育中的重要组成部分。文治武备，也是国家治理的核心内容之一。能文能武，是传统文化对于士人的一项根本要求。兵学的“诛暴禁乱”理念，反映出中华民族有强烈的战争道义意识。中国古代的军事思想家对军事规律、战争规律（“兵道”）有着深刻的把握，强调在“知己知彼”的基础上，善于运用“虚实奇正”的作战方法，追求谋略制胜的“全胜”境界。在建军治军上，主张“教而后战”，以法治军，同时对将帅提出了具备多方面素质的要求。

## 一、慎战重战

### 原文

兵①者，国之大事，死生之地，存亡之道②，不可不察也。（《孙子兵法·计篇》）

### 注释

① 兵：本义指兵械，《说文解字》：“兵，械也。”后引申为兵士、军队、战争等，此处作战争、军事解。

② 死生之地，存亡之道：意谓战争直接关系到军民的安危、国家的存亡。

## 解读

军事是国家作为主体活动的一个重要领域，战争是一种极富感情色彩的社会现象，必须理智地去认知和把握。在战争观上，中国古代的认识是非常辩证的：既反对“偃兵”的消极态度，强调重视研究战争，又慎重地对待战争，“慎战”和“备战”相结合。认为“以和好为权宜，以战守为实事”，“苟欲弥兵，莫如备兵”，所以应“无日不治兵，无时不备战”（《兵法史略学·卷一》），强调“兵者百岁不一用，然不可一日忘也”（《鹖冠子·近迭》），“居安思危，思则有备，有备无患”（《左传·襄公十一年》）。孙子最先提出“战道必胜”，认为应在重视客观条件的基础上，重视发挥人的主观能动性，通过研究战争中复杂的主客观关系，把握战争的制胜规律。

## 原文

故国虽大，好战必亡；天下虽安，忘战必危。（《司马法·仁本第一》）

## 解读

这句话辩证地分析了战争与国家兴衰的关系：好战的国家必然灭亡，而没有战备的国家就会处于危险之中。一味好战，终究会自食其果，走向失败；但苟且偷安、懈怠战备同样将导致丧师辱国、葬送社稷。这两种极端的情况显然是要不得的。因此，如何正确处理慎战与备战的矛盾关系，对于国防建设具有重大的意义。当然，在战争频繁、兼并日炽的现实面前，《司马法》将更多的注意力投放在加强战备上，强调“不忘战”；至于如何做好战备工作，它提出了具体的措施。比如说：主张“阜财”，即广集资财，使民众富足，国力充实，从而为战争准备好物质基础；建设兵员充足而且战法熟练的强大军队；收罗具有专门军事技能的人才，以提高军队的战斗力。

## 原文

兵者，凶器①也；争者，逆德②也；将者，死官③也。故不得已而用之。（《尉缭子·武议第八》）

## 注释

① 凶器：凶险的器具。
② 逆德：违背道德。
③ 死官：掌握生死命运的官。

## 解读

这句话体现了对战争极其慎重的态

度。虽然它把战争以及战争指挥者描写为“凶器”“逆德”“死官”等不祥之词，但本义上并不是贬斥战争和人类的军事活动，而是要国家统治者、将帅乃至社会舆论在一般不涉及生死存亡等核心利益上切勿轻举妄动，“不得已而用之”。毕竟，人类社会的建设非一朝一夕之功，但战争的破坏力却是有目共睹的。它反映了一种基本的人道主义精神，体现出对国家和民族命运以及百姓生死深沉的关怀。

## 原文

非利不动，非得①不用，非危不战。主②不可以③怒而兴师，将不可以愠④而致战。合于利而动，不合于利而止。（《孙子兵法·火攻篇》）

## 注释

① 得：取胜。
② 主：国君。
③ 以：因为，由于。
④ 愠：恼怒，怨愤。

## 解读

孙子指出，“智者之虑，必杂于利害”。所谓“智者”，也就是现在所讲的有理性的“决策者”。任何决策者（包括“主”和“将”在内）在做决定时的考虑必然会包括正反两面，既要争利又要避害，而利害之间的关系又非常复杂，往往利中有害，而害中又有利，所以一切考虑也就必然是“杂于利害”。孙子是一位标准的理性主义者，他完全了解在战略领域中唯一的考虑即为利害，而绝无感情用事之余地。君主和将帅对战争要谨慎从事。对于那种缺乏政治目的和战略目标而轻启战端的愚妄行为，孙子持坚决反对的态度。古代国君是一国的主宰，他的一举一动直接关系着国家的安危存亡，在战争问题上尤其如此。至于将帅，乃是一军的统帅，他指挥是否得当，与战争的胜负关系极大。遇事冷静，处乱不惊，不为利诱，不为辱怒，是将帅应有的优良素质，也是军队克敌制胜的重要保证。

## 原文

兵者，以武为植①，以文为种②；武为表，文为里。（《尉缭子·兵令上第二十三》）

## 注释

① 植：枝干。
② 种：种子，引申为根基。

## 解读

将军事问题政治化是中国古代军事一个非常显著的取向。古人讲“仁爱”是治国的根本，以合乎情理的政治方法去处理国家大事叫作“政”，用这种政治达不到目的的时候就需要用权来变通一下，这个“权”就是特殊的手段和方法，也就是战争。《战国策》说，“虽古五帝、三王、五伯，明主贤君，常欲坐而致之，其势不能，故以战续之”，在上位者都想垂拱而治，但形势发展不允许这样，只好用战争继续解决问题。而且，战争胜利的根本因素也在于政治。《淮南子》就认为，“兵之胜败，本在于政”，《孔子家语·相鲁》说，“有文事者，必有武备；有武事者，必有文备”，《吴子·图国第一》亦讲“内修文德，外治武备”，都认为政治必须以军事为后盾，军事必须以政治为基础，战略和政略相结合。所以我国古代军事思想史上少有单纯的军事观。

## 原文

古者以仁为本，以义治之之谓正①。正不获意则权②。权出于战，不出于中人③。是故杀人安人，杀之可也；攻其国，爱其民，攻之可也；以战止战，虽战可也。(《司马法·仁本第一》)

## 注释

① 正：正常的途径，正当的手段。

② 权：权变，不得已而采取的特殊手段。

③ 中人：中和仁慈。人：古同“仁”。

## 解读

武力是国家的主权和领土完整、民族统一受到侵犯和威胁时的最后选择。《孙子兵法》中有“唯人是保”的说法，这个“人”是指老百姓，即最广大的阶层。从本国集体性的人道关怀出发重视军事的价值，把国家、民族和人民的生死存亡放在养兵用战的首位。支持正义战争，反对非正义战争，这就使得中华民族有强烈的是非观念，对于培育民族气节无疑是一种正面的价值导向。“安国保民”是衡量军人价值的最高原则和最终标准。《吕氏春秋》指出，“兵苟义，攻伐不可，救守不可”，战争如果是正义的，那么进攻讨伐也行，救护自守也行。战争如果是不正义的，那么进攻讨伐不行，救护自守也不行。

## 原文

凡兵之所起者有五：一曰争名，二曰争利，三曰积恶，四曰内乱，五曰因饥。(《吴子·图国》)

## 解读

我国古代思想家认为，战争的根源在于人的本性即“生存竞争”。《周易·序卦传》中说：“需者，饮食之道也。饮食必有讼，故受之以讼，讼必有众起，故受之以师。”还有一种观点认为，战争是人类发展到一定历史阶段的产物。《礼记·礼运》就认为人类曾有过一个“天下为公”的“大同”世界，没有战争；后来“大同既隐，天下为家……故谋用是作，而兵由此起”。这两种观点都认为战争产生的原因是争夺生存必须具备的衣食等生活条件，是为了物质利益。这里，《吴子》对战争的现实起源或近期原因论述最为精辟，它进一步深化了对战争深层本质的认识，可以说是世界上最早系统探讨战争根源问题的记述。

## 原文

故用兵之法，无恃①其不来，恃吾有以待也；无恃其不攻，恃吾有所不可攻也。（《孙子兵法·九变篇》）

## 注释

① 恃：依赖，倚仗。

## 解读

孙武是清醒的现实主义者。鉴于战争不可避免，战争对社会经济、国家前途的巨大影响，他把准备战争和指导战争的问题提到了极其重要的位置，强调做到有备无患。这就是说，要把立足点放在做好充分准备，不打无准备之仗，以强大的军事实力迫使敌人不敢轻易发动战争的基点上。这也揭示了国防建设的一般规律。在阶级社会里，战争是不可避免的社会现象。历史上，总有少数战争狂人，出于满足称霸等私欲，穷兵黩武，将战争强加在人们的头上。乞求这些人发慈悲、偃旗息鼓是幼稚而不现实的。正确的对策是，既反对战争，又不惧怕战争，以战止战，争取和平；必须修明政治，动员民众，发展经济，加强军队建设。这些都是确保国家安全的基本条件。

## 原文

彼兵者①，所以禁暴除害也，非争夺也。（《荀子·议兵》）

## 注释

① 兵者：用兵打仗。

## 解读

中国古代的思想家、军事家基本上都是从政治上考虑军事问题的。很多人一谈到军事活动，总是说使用什么样的武器、怎么排兵布阵、运用什么样的计谋，这并没有错；但我们应当首先把握为什么要进行战争，或者作战是为了什么，这些似乎是“军事”以外的问题。通过认清战争的本质，然后再去进行战争。“师直为壮，曲为老”。一支军队出去打仗，如果为正义而战，士气就会旺盛而富有战斗力；如果站在不义的一面，士气就会衰落。“诛暴保民”，是中国古代兵家普遍接受的观点。大凡用兵攻战的根本在于使民众与自己团结一致，善于使人民归附的人才是善于用兵的人。强调“义士”“义战”，这与传统文化主流儒家思想确立的以道德为中心的价值体系影响是分不开的。

## 原文

止戈为武。（《左传·宣公十二年》）

## 解读

价值取向对于人类活动具有定向作用。如果一个国家的军事舆论崇尚武力，视战争为解决国际争端的根本手段，它就会倾向于通过战争这种对抗性手段来消除外来的威胁。如果这种军事文化传统认为战争是不得已而采取的手段，它就会倾向于以和平手段来解决争端。重视和平手段，慎用战争手段，这是中国军事价值取向的一个重要特征。历代战略家无一例外地将“天下太平，长治久安”作为最高战略目标。春秋时期楚庄王说“止戈为武”，对“武”字做这样的结构分析，本身已昭示了中国传统文化中热爱和平这一特征。《管子》中最早出现了“和平”一词——“致德，其民和平以静”，施之以德，老百姓就和平而安定。从这句话里可以看出，中国人认为和平的本质是消除战争的一种安定平和的状态。由此可见，和平发展道路，这是中国文化历史上的“内生规定”。

## 原文

举事以为人者，众助之；举事以自为者，众去之。（《淮南子·兵略训》）

## 解读

做大事如果出于公心，人们都会来到你的身边，帮助你；做大事情如果出于私心，大家都会离开，不去帮助你。中国有句老话：“善人善缘。”所谓善就是对大众有利，大众喜欢；善事就是对大家有利的事，大众欢迎。如此大众共举之。“举事以为人”不是你说就可以“众助之”，人们是要看行动的。中国还有句老话：“听其言，观其行。”如果你只是说一套而做的是另外一套，大众是不会买账的；即使你假以圣贤的名义，获得了一些人的暂时追随，一旦他们看清了你的用心，他们会迅速离去。所以，不管多么聪明的人，都不要以为自己是这个世界最聪明的人：除我之外，尔等皆为愚钝，皆可骗之，这就大错特错了。中国还有一句话："人在做，天在看。"

**原文**

得道者多助，失道者寡助。（《孟子·公孙丑下》）

**解读**

古人是宗法式的"天下一家"，它以"德化"作为处理对外事务的基本原则。儒家把国与国之间的关系看作"亲亲"关系，自然十分反对国与国争战这种"亲者痛"之事。在战争不可避免时，一定要合乎道义，就是强调"师出有名"。"以道取胜"把伦理和战争胜负进一步联系起来。礼义、道义就是一种战争中的力量。孟子认为，如果仁义通行于天下，就可以"使制梃以挞秦楚之坚甲利兵"，拿着棍棒可以还击秦国的强军，"德"的作用要比"力"的作用大。受儒家影响，兵家认为取胜可分为三个层次："有以道胜，有以威胜，有以力胜。"这里面伤害最小的"道胜"是取胜的最高境界，而死伤严重的"力胜"则是不得已而为之。一场战争结束了，对战争的评价却远未有定论。"以理评战"，用道义道德去评论战争，就把战争限定在了有限的范围内。在历史发展的长河中，任何战争都要经受后人的不断拷问。对那些兴衰成败道义的评价，实际上对后世的军事领袖、帝王来说都具有很强的警示作用。孟子曾说过，"孔子成春秋，而乱臣贼子惧"，这就体现出了战争道义的评价反过来强烈地影响着双方对于战争手段、规模、后果等方面的抉择，从而制约着战争的整体面貌。

## 二、制胜之道

**原文**

兵①者，诡②道也。（《孙子兵法·计篇》）

**注释**

① 兵：用兵打仗。

② 诡：欺诈，诡诈。

**解读**

"诡道"，顾名思义便是"诡诈之道"。这里，"诡"指的是手段运用的特色：诡秘神奇，阴损绝恶，变幻莫测，杀敌于无形之中，害人于不意之间。至于“诈”，指的是手段运用的性质：骗招迭出，诈敌唬人，用尽可能小的代价，换取尽可能大的胜利。孙子传授给我们十多条如何使诈的方法，这就是所谓的“诡道十二法”：明明要打你却装出不想打的模样，明明能够打却装出不能打的姿态，要从远处打却装出会从近处打，要从近处动手却装出会从远处下手……不一而足，总之是要实施全方位、多层次的军事欺骗，以假象迷惑对手，真真假假，以假乱真，因势利导，造成不利于敌人而有利于自己的态势。后来的《三十六计》可谓是集“诡道”（也即军事欺骗）的大成之作。“诡道”亦非一般而言的欺诈或阴谋，仅表示毫无常规、随机应变的形式而已，欺诈的确是诡道，但诡道却非限于欺诈。

### 原文

攻其无备，出其不意。此兵家之胜，不可先传也。（《孙子兵法·计篇》）

### 解读

在敌人没有防备之处发动进攻，在敌人意料不到之时采取行动。可是要真正理解和掌握其中的精髓和奥秘却并不容易，“此兵家之胜，不可先传也”。从《孙子》经常使用“凡用兵之法”的口气来看，孙子无疑十分重视一般用兵常法，但他更注重军事认识的“变法”。单按常规，就有可能失败；把特殊战法和一般战法结合起来才能取胜。孙子发现的这条定律，对于所有一切的“战”都适用。这也正是以万变来应万变的认识方法，而“变”无非是“常”之“变”，无“常”也就无所谓“变”了。

### 原文

百战百胜，非善之善者也；不战而屈①人之兵，善之善者也。故上兵②伐谋，其次伐交，其次伐兵③，其下攻城。（《孙子兵法·谋攻篇》）

### 注释

① 屈：屈服、降服，用作使动。

② 上兵：上乘的用兵之法。

③ 伐兵：通过军队间交锋而一决胜负。兵：此处指进行野战，“以力胜”。

### 解读

按现代的看法，战争是在多维空间中展开的，包括人的认知心理空间。在战争中，打击敌方首脑的核心认知，不失为“釜底抽薪”之计。所以孙子把“伐谋”列为战略中的第一等，“伐”的意义就是打击，换言之，最好的战略就是打击敌方的战略计划（谋），使敌方的计划失效而根本不能应用，迫使其放弃原有的意图，于是自然能达成“不战而屈人之兵”的理想。即令不能直接打击敌方的计划，但若能打击敌方的同盟国或附庸，也足以削弱敌方的实力，并使其原定计划难于执行，故不失为次好的战略。事实上，伐谋与伐交往往不可分，而必须联合运用，若能使敌方众叛亲离，则其原定计划自难实施，所以，伐交实乃间接的伐谋。如果说，实现高层次的“全胜”的基本途径是“伐谋”（跟敌人拼智慧、斗计谋，让对手甘拜下风）和“伐交”（向敌人显实力、展威风，让对手知难而退），那么，实现低层次的“全胜”的主要手段便是“伐兵”（在野外旷地上拼个你死我活），在没有其他招数的情况下也不排斥“攻城”。当然，这种“伐兵”与“攻城”，同样立足于对战争效果的积极追求，绝不是鲁莽进攻，死打硬拼，也要依靠智谋奇计，开动脑筋，胜得巧、胜得妙。

## 原文

运筹于庙堂之上，而决胜乎千里之外。（《淮南子·兵略训》）

## 解读

我国传统军事家在战略和策略上都偏好用谋略手段。战争是一种流血的暴力行为，是以激烈的外部对抗形式解决矛盾的最高方式，不到万不得已的时候一般不采取。最理想的是通过伐谋、伐交等间接手段来达到“不战而屈人之兵”，用非流血手段与方法达到战场上所要达到的目的，或者在战场上以最小的代价换取全局性的最大胜利。中国古代军事家推重庙算、重视谋略绝不是偶然的。因为战争在很大程度上就是智谋的较量，大脑比手脚管用，计谋比力气有效，“深谋远虑”往往是胜利的代名词、成功的敲门砖。

## 原文

知彼知己，百战不殆①；不知彼而知己，一胜一负②；不知彼，不知己，每战必殆。（《孙子兵法·谋攻篇》）

## 注释

① 殆：危险。

② 一胜一负：杜佑注为“胜负各半”，指无必胜之把握。

## 解读

全面了解和掌握各种情况，在此基础上筹划战略全局，实施战役指导，才能赢得战争胜利。从事战争的先决条件是要做到“知彼知己”，因为只有正确估量敌我情况才能做出正确的判断，定下正确的决心，制定正确的方针。为此，孙子主张在开战之前就要对敌我双方的主客观条件——“五事七计”有全面的了解，进行仔细、周密的考察，以期对战争胜负趋势做出正确的预测，并据此制定己方的战略战术。在实施作战指导过程中，也要随时将“知彼知己”“知天知地”作为行动的纲领。

## 原文

故明君贤将，所以动①而②胜人，成功出于众者，先知也。先知者，不可取于鬼神，不可象③于事，不可验于度④，必取于人，知敌之情者也。（《孙子兵法·用间篇》）

## 注释

① 动：行动、举动。此处指出兵。
② 而：则、就。
③ 象：类比、比附。意为不可用与其他事情作类比这一办法去求知敌情。
④ 不可验于度：指不能用征验星辰运行度数（位置）的办法去求知敌情。

## 解读

“明君贤将”，足以显示孙子知道情报不仅限于军事层次，而更延伸到国家层次。在我国古代思想家中像孙子这样否定鬼神的人极为少见，他认为一切求神问卜的行为都是迷信，毫不足取，这也充分表现出其思想中的科学精神。古今中外的战略家都莫不重视历史经验，但由于时代和环境的不同，历史的类比很可能产生误导作用。所以，不可依赖类比以求先知。“度”就是数值分析，用计算方法来推测未来的趋势，但还是不能代替人脑，也不可能先知。唯一的途径就是人。什么样的人？能知敌情的人，即情报专家。情报专家（即所谓的“间”）对于敌情能提供正确的信息，所以，以其为依据，就能对于敌情的演变趋势做出正确的判断。用“间”始能先知，而先知又是一切战略计划和战略运作的基础。情报是一种非常重要而困难的工作，它构成国家战略计划的基础，所以若欲建立适当的情报体系，则必须要有第一流人才。事实上，今天先进国家的情报体系所拥有的各种专家真是多得不可胜数。因此，孙子主张“以上智为间”实乃一种超时代的远见。良好的情报体系、优秀的情报人才，实为国家安全的必要基础。

## 原文

故善战者，致人而不致于人①。（《孙子兵法·虚实篇》）

## 注释

① 致人而不致于人：致人：调动敌人。致：招致、引来。致于人：为敌人所调动。

## 解读

众所周知，主动权乃是军队行动的自由权。在战场上，谁失去行动自由，让对手束缚住了手脚，进退不得，攻守无措，谁就可能一败涂地。可见，主动权即军队命脉之所系。无怪乎《唐太宗李卫公问对》要这么说古代兵法："千章万句，不出乎致人而不致于人而已。"如何夺取作战的主动权？不外乎创造条件，争取优势：加强军队实力，造成对敌力量对比上的绝对优势；造势任势，发挥主观能动性，主动、灵活地打击敌人；奇正并用，避实击虚。这句话的核心含义是争取把握作战中的主动权，这是孙子作战指导思想的精髓。推演开来，从事任何人类活动，都有一个创造条件、把握主动权的问题。

### 原文

夫兵形象水[①]，水之形，避高而趋下；兵之形，避实而击虚。水因地而制流，兵因敌而制胜[②]。故兵无常势[③]，水无常形[④]，能因敌变化而取胜者，谓之神。(《孙子兵法·虚实篇》)

## 注释

① 兵形象水：用兵的规律如同水的运动规律一样。兵形：用兵打仗的方式方法。
② 制胜：制服敌人以取胜。制：制约，决定。
③ 常势：固定永恒的态势。势：态势。
④ 形：一成不变的形态。

## 解读

所谓"虚实"，是一个重要的兵学范畴。它的含义十分广泛，一般而言，无者为虚，有者为实；空者为虚，坚者为实。"虚实"，同时也指作战行动中虚虚实实、示形佯动等手段。要打赢仗，窍门是让自己处于"实"而让对手据于"虚"。正如《管子·兵法》所讲的，善于指挥打仗的统帅，总能让对手处于无可奈何的尴尬境地，就像双脚踩在虚空当中，全身上下使不出一点劲；就像同影子搏斗，忙活半天全是白费力气。构成"虚实"的因素不是一成不变的，这需要指挥员去发现、去创造、去把握，就是在军事行动中努力做到"避实击虚"，完成敌我虚实态势的转变：在用兵打仗时，避开敌人的强点，攻击敌人虚弱却性命攸关的部位，使得敌人欲守不得，欲战不能，进退失据，从战略全局上置敌人于死地。

### 原文

凡战者，以正合[①]，以奇胜。(《孙子兵法·势篇》)

**注释**

①　合：交战，合战。

**解读**

“奇正”作为范畴最早出于《老子》的“以正治国，以奇用兵”，真正把它用于军事领域并作系统阐发的则是《孙子兵法》。奇正的含义，指兵力的使用（用正兵当敌，用奇兵取胜）和战术的变换（奇正相生，奇正相变）。后世兵家无不奉之为圭臬，广为沿用和阐述。《唐太宗李卫公问对》的论述更完备：“善用兵者，无不正，无不奇，使敌莫测。故正亦胜，奇亦胜。”奇正相生，奇正相变，虚虚实实，真真假假，变化无端，出神入化。“战势不过奇正，奇正之变，不可胜穷也。奇正相生，如循环之无端，孰能穷之？”根据战场情势的变化来灵活理解和巧妙运用“奇正”战术，做到正面交锋与翼侧攻击浑然结合，兵力使用上正兵当敌与奇兵制胜相辅相成，作战指挥上遵循“常法”与新创“变法”互为弥补，当正则正，当奇则奇，因敌变化，攻守自如，就能进入驾驭战争规律的自由王国。

**原文**

投之亡地然后存，陷之死地然后生。（《孙子兵法·九地篇》）

**解读**

孙子论述了部队作战中普遍的心理活动规律，这就是“兵之情，围则御，不得已则斗，过则从”。指出要想让部队官兵肯卖命杀敌，最好的办法是把他们安置到无路可走的“绝境”中，这样，全军上下就会在求生意识的驱使下，奋不顾身去战斗了。这是军队作战心理的一般共性。这一思想透露着冷酷残忍的血腥味儿，反映了古代上层统治者与普通士兵之间对立的本质属性。然而，我们也应该看到，贪生怕死乃是人的本能，所谓“蝼蚁尚且惜命，而况人乎”！没有一些绝招是无法让人在战场上克服对死亡的恐惧的。但这并非用兵之教条，换句话说，实践这一原则，要有一定的条件，不能生搬硬套，死守拘泥。

## 三、治军之道

**原文**

用兵之法，教戒为先。（《吴子·治兵》）

## 解读

战争的经验告诉人们，打仗固然要靠勇敢精神，但是，光凭勇敢而不懂战术，也是不能打胜仗的。“从战争学习战争”，这是在战争环境下提高部队作战技能的重要方法。但在和平条件下，抓好平时的教育训练，乃是提高部队军事素质的基本途径。平时教育训练卓有成效，战时才能多打胜仗，否则，就要吃败仗。孔子所说“以不教民战，是谓弃之”，正是这个道理。吴起强调的“教戒为先”，即把教育训练摆在治军首位的战略思想；他所创造的“一人学战，教成十人……万人学战，教成三军”的抓骨干带全体的训练方法，对我们今天抓军事教育训练，仍有十分重要的借鉴意义。

## 原文

故令①之以文②，齐③之以武④，是谓必取。令⑤素行以教其民⑥，则民服；令不素行以教其民，则民不服。令素行者，与众相得⑦也。（《孙子兵法·行军篇》）

## 注释

① 令：教育。
② 文：政治，道义。
③ 齐：整饬，规范。
④ 武：军纪，军法。
⑤ 令：法令，规章。
⑥ 民：这里主要是指士卒、军队。
⑦ 相得：指军队内部上下和睦，关系融洽。得：亲和。

## 解读

军队是国家政权机器的柱石，作为执行武装斗争任务的特殊团体，要确保其发挥强大的战斗力，关键之一是要搞好内部的治理，即所谓“以治为胜”。只有在正确原则的指导之下，再配合以具体的方法和手段（比如严格军纪、信赏必罚、强化训练等），才能使全军上下进退有节，团结一致，令行而禁止，无往而不胜。文武两手都要硬，双管齐下，互补协调，共同作用于治理军队的实践。这里所谓的“文”，指的是精神教育、物质奖励，是“胡萝卜”；这里所谓的“武”，是军纪军法，重刑严罚，是“大棒”。只有真正做到教罚并用，宽严结合，方可“与众相得”，有效地控御全军上下。

## 原文

凡制国治军，必教之以礼，励之以义，使有耻也。夫人有耻，在大足以战，在小足以

守矣。然战胜易，守胜难。（《吴子·图国》）

### 解读

《左传·僖公二十二年》曾指出“明耻教战”，《吴子·治兵》讲“教戒为先”，认为兵不在多，以治为胜。在治军建军上，既重视军事训练，也重视思想教育，即所谓“耻”的教育。“耻”的教育不只是让在战场上的士兵以“退缩”为耻，更重要地是在平时能以礼义（其中包括依法治军的内容）教化部队，使千万人组成的军队“居则有礼，动则有威”，在任何情况下都能够同心协力，保持强大的战斗力。这样的军队才可称为“父子之兵”，所向披靡，锐不可当，“师出之日，有死之荣，无生之辱”。

### 原文

视①卒如婴儿，故可与之赴深溪②。视卒如爱子，故可与之俱死。（《孙子兵法·地形篇》）

### 注释

① 视：看待，对待。

② 深溪：极深的溪涧，山涧河沟。这里喻危险地带。

### 解读

孙子阐述了官兵关系的基本准则，主张将领既要关心和爱护士卒，使其感恩戴德；又要严格治军纪律，使其敬畏权威。做到“爱”“严”结合，奖惩适宜，才能使广大官兵在沙场上视死如归，英勇杀敌，从而赢得战争。这一治军理论，在当时具有一定的进步性，对后人也不乏启迪。

### 原文

故先王明制度于前，重威刑于后。刑重则内畏，内畏则外坚①矣。（《尉缭子·重刑令第十三》）

### 注释

① 内畏则外坚：对内畏惧，就会对外坚强。

### 解读

在军队的管理方面，《尉缭子》贯穿着“明赏正罚”的理念，特别强调以法治军的思想。军队战斗力来源于严明的法制。在法制的执行方面，“杀之贵大，赏之贵小”“刑上究、赏下流”。尉缭虽然重视法制的作用，但他反对滥施刑罚、株连无辜，并主张法制的实施要与道德教化结合起来，要求将领对部下恩威并施，既要以军法严加约束，又要恤士爱卒，体察下情，二者结合，才能收到好的效果。

## 原文

夫将者，国①之辅②也，辅周则国必强，辅隙③则国必弱。（《孙子兵法·谋攻篇》）

## 注释

① 国：国君。

② 辅：原意为辅木，引申为辅助、辅佐。

③ 隙：缝隙，此处指有缺陷、不周全。

## 解读

将帅对于国家的关系，就好比辅木对于车毂一样。协调处理好将帅与国君的关系，使辅车相依、紧密合作，是一个不可忽视的问题。在将帅和君主这一对矛盾关系中，占矛盾主导方面的是君主一方，所以要协调处理好君将关系，首先需要解决的是将从中御的问题。他指出，君主过多地牵制将帅的行动必然会导致败军祸国的严重恶果。克服这个问题的途径，在于君主能真正赋予将帅指挥战争的实权，使将帅能充分发挥自己的才干，以追求“全胜”的理想结果。

## 原文

故战道必胜①，主曰无战，必战可也②；战道不胜，主曰必战，无战可也③。故进不求名，退不避罪，唯人是保，而利合于主，国之宝④也。（《孙子兵法·地形篇》）

## 注释

① 战道必胜：根据战争规律分析，具备了必胜的把握。战道：作战具备的各种条件，引申为战争的一般指导规律。

② 必战可也：可自行决断与敌开战，无须听从君命。

③ 无战可也：拒绝君命，不同敌人交战。

④ 国之宝：国家的宝贵财富。

## 解读

孙子对将帅提出了严格的道德要求，这就是要做到“进不求名，退不避罪，唯人是保，